Handkommentar
zum
Reichserbhofgesetz
vom 29. September 1933

Herausgegeben
von

Dr. M. Reitmair,
Amtsgerichtsrat,
Vorsitzender des Anerbengerichts
München

K. Kruis,
Amtsgerichtsrat,
stellv. Vorsitzender des Anerbengerichts
München

1934
H. W. Müller / München und Berlin

Druck von Dr. F. P. Datterer & Cie., Freising-München

Vorwort.

Der vorliegende Band will das Reichserbhofgesetz in einfacher und klarer Form aus dem Gesetzestexte heraus für die Bedürfnisse der Praxis erläutern. Literatur und Rechtsprechung sind berücksichtigt. Den Erläuterungen sind Übersichten vorangestellt, die den Gesetzesinhalt wiedergeben. Die wesentlichen reichsrechtlichen Ausführungsvorschriften sind im Texte angehängt. Ein Verzeichnis der landesrechtlichen Vorschriften ist angefügt. Von Beigabe eines Literatur- und Abkürzungsverzeichnisses wurde abgesehen.

München, im Juni 1934.

Die Herausgeber.

Inhaltsübersicht.

Reichserbhofgesetz vom 29. September 1933 — RGBl. I 685 —
Text mit Anmerkungen

4. Abschnitt: Beschränkung der Veräußerung und Belastung des Erbhofs. Zwangsvollstreckung.

5. Abschnitt: Die Anerbenbehörden.

6. Abschnitt: Erbhöferolle und Grundbuch.

7. Abschnitt: Schlußvorschriften.

Anlagen

Reichserbhofgesetz.

Vom 29. September 1933.

(RGBl. I S. 685).

Die Reichsregierung will unter Sicherung alter deutscher Erbsitte das Bauerntum als Blutquelle des deutschen Volkes erhalten.

Die Bauernhöfe sollen vor Überschuldung und Zersplitterung im Erbgang geschützt werden, damit sie dauernd als Erbe der Sippe in der Hand freier Bauern verbleiben.

Es soll auf eine gesunde Verteilung der landwirtschaftlichen Besitzgrößen hingewirkt werden, da eine große Anzahl lebensfähiger kleiner und mittlerer Bauernhöfe, möglichst gleichmäßig über das Land verteilt, die beste Gewähr für die Gesunderhaltung von Volk und Staat bildet.

Die Reichsregierung hat daher das folgende Gesetz beschlossen. Die Grundgedanken des Gesetzes sind:

Land- und forstwirtschaftlicher Besitz in der Größe von mindestens einer Ackernahrung und von höchstens 125 Hektar ist Erbhof, wenn er einer bauernfähigen Person gehört.

Der Eigentümer des Erbhofs heißt Bauer.

Bauer kann nur sein, wer deutscher Staatsbürger, deutschen oder stammesgleichen Blutes und ehrbar ist.

Der Erbhof geht ungeteilt auf den Anerben über.

Die Rechte der Miterben beschränken sich auf das übrige Vermögen des Bauern. Nicht als Anerben berufene Abkömmlinge erhalten eine den Kräften des Hofes entsprechende Berufsausbildung und Ausstattung; geraten sie unverschuldet in Not, so wird ihnen die Heimatzuflucht gewährt.

Das Anerbenrecht kann durch Verfügung von Todes wegen nicht ausgeschlossen oder beschränkt werden.

Der Erbhof ist grundsätzlich unveräußerlich und unbelastbar.

Das Gesetz wird hiermit verkündet:

1. Abschnitt
Der Erbhof
§ 1
Begriff

(1) Land-[1] oder forstwirtschaftlich[2] genutztes[3] Grundeigentum[4] ist[5] Erbhof, wenn es

1. hinsichtlich seiner Größe den Erfordernissen der §§ 2, 3 entspricht[6] und
2. sich im Alleineigentum[7] einer bauernfähigen[8] Person befindet.

(2) Höfe, die ständig durch Verpachtung genutzt werden, sind nicht Erbhöfe[9].

(3) Die Erbhöfe werden von Amts wegen in die Erbhöferolle[10] eingetragen. Diese Eintragung hat rechtserklärende, keine rechtsbegründende Bedeutung[11].

Die im Interesse der Gesunderhaltung von Volk und Staat nötige vernünftige Verteilung der landwirtschaftlichen Besitzgrößen verlangt, daß die kleineren und mittleren Bauernhöfe gesetzlich geschützt und so in ihrem Bestande erhalten werden. Für kleinste Besitze, die eine Bauernfamilie nicht ernähren können und für den Großgrundbesitz bestand ein Schutzbedürfnis nicht. Das Reichserbhofgesetz verleiht deshalb die schützende Erbhofeigenschaft nur solchem land- und forstwirtschaftlich genutzten Grundeigentum (siehe auch § 6), das zwischen einer gewissen Mindestgröße (Ackernahrung) und Höchstgröße (125 ha) liegt. Der Besitz muß außerdem, dem Gesetzeszwecke entsprechend, im Alleineigentum einer bauernfähigen Person stehen und darf nicht ständig verpachtet sein. Die Erbhöfe sind in ein öffentliches Buch (Erbhöferolle) einzutragen.

1. Landwirtschaftlich genutzt ist ein Grundstück, wenn die Ausnutzung der Fruchtbarkeit des Bodens zur Hervorbringung pflanzlicher oder tierischer Erzeugnisse, die als Nahrung oder sonst dem Menschen nutzbar sind, wesentlicher Zweck der Nutzung ist. In dem Begriff der Nutzung sind die erzeugten Pflanzen und Tiere eingeschlossen. Hierher gehören Wiesen, Weiden und Grundstücke, die dem feldmäßigen Obst- und Gemüsebau dienen (z. B. Krautfelder), Äcker aller Art.

Über Weinbau und gärtnerischen Obst- und Gemüsebau s. § 6.

2. Forstwirtschaftlich genutzt ist ein Grundstück, das den planmäßigen Anbau und Abschlag von Holz zum wesentlichen Zwecke hat. Hierher gehört der Wald, d. i. eine größere, mit wildwachsenden Holzarten bestockte Bodenfläche.

3. Die Nutzung muß:

a) Tatsächlich nach bäuerlicher Verkehrsanschauung möglich sein. Es scheiden also z. B. aus Torfstiche, Steinbrüche, Lehmgruben, Kiesgruben. Grundstücke, die sich zu einer land- oder forstwirtschaftlichen Nutzung überhaupt nicht eignen, werden auch dann nicht erbhoffähig, wenn der Grundeigentümer auf ihnen zwecklose Anbauversuche unternimmt. Durch Unterlassung der Nutzung geht die Erbhofeigenschaft, wenn sie einmal gegeben war, nicht verloren. Den Bauern, der die Nutzung unterläßt, kann aber der Vorwurf mangelnder Bewirtschaftungsfähigkeit treffen (§ 15 REHG.). Der Übergang von der land- und forstwirtschaftlichen Nutzung zu einer anderen Nutzungsart, z. B. der gewerblichen Nutzung des Grundeigentums, ist dem Bauern grundsätzlich nicht verwehrt. Hat jedoch dieser Wechsel in der Nutzungsart die Folge, daß das Grundeigentum hiedurch dauernd die Erbhoffähigkeit verliert, so liegt im Wechsel eine Entziehung der Erbhofeigenschaft, zu welcher gem. § 64 Abs. III S. 2 der 1. DV. die Genehmigung des Anerbengerichts notwendig ist (z. B. ein Bauer will auf einem bestimmten Grundstück ein Quetschwerk zur Kiesgewinnung errichten).

b) Regelmäßig durch den Grundeigentümer selbst erfolgen. Ständig verpachtete Grundstücke können nicht zu einem Erbhof gehören. Vgl. § 7 Abs. 2 REHG. Vorübergehende Verpachtung ist zulässig. Ein Bedürfnis für Verpachtung kann bestehen bei längerer Abwesenheit, Krankheit, Minderjährigkeit, Gebrechlichkeit infolge Alters. Im Falle der Verpachtung auf mehr als 3 Jahre ist Genehmigung des Anerbengerichts nötig (§ 63 Abs. 2 der 1. DV.).

c) Regelmäßig von der Hofstelle aus erfolgen (§ 7 Abs. 1 REHG.).

Die land- und forstwirtschaftliche Nutzung schließt auch diejenigen Nebenbetriebe in sich, welche dazu bestimmt sind, Erzeugnisse der eigenen Land- und Forstwirtschaft zu verarbeiten (Molkerei, Brennerei, Mühle, Sägewerk). Nebenbetriebe, welche nicht Erzeugnisse, sondern Bestandteile des Bodens (Bodensubstanzen) gewinnen und verarbeiten, z. B. Ziegeleien, Torfwerke, Kiesquetschwerke usw. sind keine land- und forstwirtschaftlichen Nebenbetriebe, sondern Gewerbebetriebe.

Nebenbetriebe, die nur zum Teil dem Zwecke des land- und forstwirtschaftlichen Hauptbetriebs zu dienen bestimmt sind, zum Teil einen selbständigen gewerblichen Zweck verfolgen (gemischte Betriebe), indem sie auch fremde, nicht auf dem Erbhof gewonnene Erzeugnisse verarbeiten wie ein Mühlenbetrieb, der fremdes Getreide vermahlt, eine Brennerei, die fremde Kartoffeln verarbeitet, sind Gewerbebetriebe und gehören nicht zum Erbhof. Nicht zum Erbhof gehören ferner Betriebe gewerblicher Art, welche sich in der Hand des Erbhofeigentümers befinden und mit dem Erbhof eine Wirtschaftseinheit nicht bilden (Doppelbetriebe), z. B. eine Gastwirtschaft, Krämerei, Bäckerei, Metzgerei usw.

Soweit nichtland- und forstwirtschaftliche Nebenbetriebe (gemischte und Doppelbetriebe einschließlich der Bodensubstanzbetriebe) grundstücklich vom Erbhof getrennt werden können, gehören schon die Grundstücke mit den gewerblichen Betriebsanlagen nicht zum Erbhof (§ 7 REHG.), gleichviel, ob etwa noch nebenbei eine Nutzung des Grundstückes oder eines Teiles desselben im Sinne des Reichserbhofgesetzes stattfindet oder nicht. Ist eine grundstückliche Trennung (Wegvermessung) eines solchen Nebenbetriebs vom Erbhof nicht möglich, weil z. B. der Nebenbetrieb innerhalb des Gebäudekomplexes der Hofstelle des Erbhofes untergebracht ist, so sind zwar die Gebäulichkeiten, in denen der Betrieb untergebracht ist, Erbhofbestandteile, das für den Gewerbebetrieb vorhandene Inventar aber ist nicht Erbhofzubehör, es sei denn, daß die Inventarstücke auch gleichzeitig dem wirtschaftlichen Zwecke des Erbhofes zu dienen bestimmt sind und somit gleichzeitig Zubehör des Erbhofes sind (z. B. Fuhrpark). Das gewerbliche Betriebsvermögen im weitesten Sinne und der Ertrag des Gewerbebetriebs sind freies Vermögen des Bauern und genießen nicht den Vollstreckungsschutz des Erbhofs. Die wirtschaftliche Verbundenheit eines Gewerbebetriebs mit dem Erbhof kann es im Interesse des Erbhofs erforderlich machen, eine dingliche Belastung des Erbhofs für Zwecke des Gewerbebetriebs in vernünftigem Rahmen zuzulassen (§ 37 REHG.).

Bei Prüfung der Frage, ob eine Ackernahrung gegeben ist, hat der Ertrag von Nebenbetrieben aller Art außer Betracht zu bleiben.

4. Grundeigentum: Hat hier zweifache Bedeutung, eine räumliche = Summe von Grundstücken, und eine rechtliche, indem für den Erbhof Eigentum im Rechtssinne nach §§ 903 ff. BGB. vorausgesetzt wird. Vgl. jedoch § 27 der 2. DV.

5. Ist, d. h. kraft Gesetzes (sog. unmittelbares Anerbenrecht); ein Antrag ist also nicht nötig. Ein solcher hätte nur Sinn, wenn Zweifel an der Erbhofeigenschaft bestehen. Er wäre dann nach § 10 REHG. zu behandeln. Steht dagegen die Erbhofeigenschaft außer Zweifel, so ist der Antrag als unzulässig abzuweisen, und zwar durch begründeten Beschluß, welcher beschwerdefähig ist (§ 21 der 1. DV.; §§ 48, 49 REHG.).

6. Eine Mindestgröße für den Erbhof ist nur durch den Begriff der Ackernahrung umrissen (§§ 2, 6 REHG.). Die im § 34 der 1. DV. angeführte Größe von 7½ ha gibt nur eine allgemeine Norm. Auch bei einer Größe des Grundeigentums mit weniger als 7½ ha Umfang kann eine Ackernahrung vorhanden sein (§ 34 Abs. 1 S. 1 und 2 der 1. DV.). Dagegen ist in § 3 des Gesetzes eine Höchstgrenze von 125 ha (1 ha = 2,935 Tagwerk = 4 Morgen) vorgeschrieben, die nur auf Grund besonderer Zulassung nach § 5 REHG. überschritten werden darf.

7. Alleineigentum: Ausgeschlossen ist grundsätzlich Miteigentum (vgl. § 17 REHG.), sei es, daß es zu Bruchteilen oder zu gesamter Hand (z. B. Gütergemeinschaft, Erbengemeinschaft) besteht. Wer Miteigentümer ist, ist ohne Belang. Die Übergangsbestimmung des § 62 der 1. DV. läßt ausnahmsweise die Erbhoffähigkeit zu, wenn das Grundeigentum am 1. Oktober 1933, d. h. bei Inkrafttreten des Gesetzes (§ 57) zum Gesamtgut einer ehelichen oder fortgesetzten Gütergemeinschaft gehört hat.

Befindet sich am 21. Dez. 1933 eine von einer gemeinsamen Hofstelle bewirtschaftete Besitzung:

a) zum Teil im Alleineigentum des Ehemannes und zum Teil im Alleineigentum der Ehefrau, oder

b) zum Teil im gemeinschaftlichen Eigentum beider Ehegatten und zum Teil im Alleineigentum eines oder jedes Ehegatten,

so hindert derartiges Mischeigentum die Erbhofentstehung vom 21. Dez. 1933 ab nicht, wenn sonst die Voraussetzungen der §§ 1—4, 6 REHG. erfüllt sind. Vgl. § 5 Abs. 1 der 2. DV.

Ansiedlerstellen (Reichssiedlungsgesetz vom 11. August 1919 und Gesetz über die Neubildung deutschen Bauerntums vom 14. Juli 1933), welche der Größe einer selbständigen Ackernahrung entsprechen und auch im übrigen abgesehen vom Alleineigentum die Voraussetzungen der §§ 1—4, 6 REHG. erfüllen, sind auch dann Erbhof, wenn sie im gemeinsamen Eigentum von Ehegatten im Sinne des § 62 Abs. 1 der 1. DV. stehen, vorausgesetzt, daß der Vertrag, auf Grund dessen der Erwerb erfolgte, vor dem 1. Oktober 1933 abgeschlossen wurde. Die Erbhofeigenschaft entsteht mit der Überführung in das Eigentum der Eheleute, d. i. mit der Eintragung im Grundbuch. Das gleiche gilt entsprechend für die Vergrößerung eines Kleinbetriebes auf die Größe einer selbständigen Ackernahrung gemäß § 1 Reichssiedlungsgesetz vom 11. August 1919. Mischeigentum im Sinne des § 5 Abs. 1 der 2. DV. kommt hier nicht in Frage. § 1 Abs. 1 und 2 der 3. DV.

Grundeigentum juristischer Personen ist nicht erbhoffähig. Vgl. § 17 REHG.; § 67 der 1. DV.

8. Über Bauernfähigkeit vgl. §§ 12 ff. REHG. Bei zulässigem Miteigentum genügt die Bauernfähigkeit eines Miteigentümers!

9. Verpachtung: §§ 589 ff. BGB. Zeitweilige Verpachtung § 7 Abs. 2 REHG. Bei ständiger Verpachtung fehlt die Verbundenheit des Eigentümers mit der Scholle. Der Eigentümer will hier mit der Bewirtschaftung des Bodens selbst nichts zu tun haben. Es überwiegen für ihn kapitalistische Beweggründe. Langfristige Verpachtung, § 64 Abs. 2 der 1. DV. Ständig verpachtet sind solche Höfe, welche bisher von den Eigentümern und meist auch deren Rechtsvorgängern regelmäßig in Pacht gegeben wurden.

10. Die Erbhöferolle wird beim Anerbengericht geführt (§ 52 Abs. 1 REHG., A.V. des RMinisters der Justiz vom 27. 2. 1934). Anlegungsverfahren §§ 34 ff. der 1. DV., allgemeine Vorschriften §§ 27—33 der 1. DV.) Die Erbhöferolle soll darüber Auskunft geben, welche Besitzungen einer Gemeinde Erbhöfe sind und welche Grundstücke im einzelnen zu diesen Erbhöfen gehören. Die Einsicht in die Erbhöferolle ist jedem gestattet, der ein berechtigtes Interesse darlegt (§ 31 der 1. DV.). Die Eintragung eines Besitzes in die Höferolle begründet die Vermutung, daß dieser Besitz und die bei ihm in der Rolle eingetragenen Grundstücke Erbhofeigenschaft besitzen. Diese Vermutung gilt von dem Zeitpunkt an, in welchem die Erbhöferolle als angelegt anzusehen ist. Von diesem Zeitpunkt an wird umgekehrt vermutet, daß Besitzungen und die zu ihnen gehörigen Grundstücke Erbhofeigenschaft nicht besitzen, wenn sie nicht in die Erbhöferolle eingetragen sind (§ 1 der 2. DV.). Die Vermutung der Erbhofeigenschaft durch Eintragung in die Rolle ist widerlegbar, s. Anm. 11. Tragweite der Eintragung in die Erbhöferolle, vgl. Gülland in JW. 1934, 385.

11. Die Eintragung in die Erbhöferolle hat keine konstitutive, sondern deklaratorische Bedeutung. Die Widerlegung der Vermutung nach § 1 der 2. DV. erfolgt im Verfahren gem. § 10 REHG.

Wird in diesem Verfahren die Nichterbhofeigenschaft des Besitzes festgestellt, oder verliert der eingetragene Erbhof nachträglich die Erbhofeigenschaft, so ist der Hof in der Rolle zu löschen. Das gleiche gilt für einzelne Grundstücke des Erbhofes, insbesondere wenn sie vom Erbhof abgetrennt werden (§ 28 Abs. 1 und 2 der 1. DV.).

§ 2
Mindestgröße

(1) Der Erbhof muß mindestens[1] die Größe einer Ackernahrung haben.

(2) Als Ackernahrung ist diejenige Menge Landes anzusehen[2], welche notwendig ist, um eine Familie unabhängig vom Markt und der allgemeinen Wirtschaftslage zu ernähren und zu bekleiden sowie den Wirtschaftsablauf des Erbhofs zu erhalten.

§ 2 legt die Mindestgröße des Erbhofs fest: Nur wenn der Besitz den vollen Unterhalt der Hoffamilie und außerdem den Wirtschaftsablauf des Hofes gewährleistet, ist eine Ackernahrung gegeben und damit das Erfordernis der Mindestgröße erfüllt.

1. Die Mindestgröße ist nicht in Hektar ausgedrückt, sondern auf den Begriff der Ackernahrung abgestellt. Von Besitzungen mit weniger als 7½ ha Grundeigentum wird allerdings vermutet, daß sie für die Regel eine Ackernahrung i. S. des Gesetzes nicht darstellen (vgl. § 34 der 1. DV.). Ob eine Ackernahrung vorliegt, hängt in erster Linie von der Ertragsfähigkeit des Bodens ab, die je nach der günstigen oder weniger günstigen geographischen Lage verschieden ist. Bei gutem Boden wird vielleicht eine Besitzung von weniger als 7 ha Umfang schon eine Ackernahrung enthalten, bei schlechtem Boden vielleicht ein Besitz weit größeren Umfangs eine solche noch nicht geben. Besonders günstige Umstände der Bewirtschaftungsmöglichkeit sind im Einzelfall ebenso zu berücksichtigen als besonders ungünstige Verhältnisse (Absatzverhältnisse, Stadtnähe, günstige oder ungünstige Verkehrslage). Besondere Umstände aber, die ausschließlich in der Person des derzeitigen Grundeigentümers liegen, müssen außer Betracht bleiben, z. B. besondere Tüchtigkeit, Genügsamkeit, Untüchtigkeit des Grundeigentümers. Es ist

Aufgabe des Anerbengerichts, dessen bäuerlichen Beisitzern die einschlägigen Verhältnisse regelmäßig bekannt sind, nach bestem Wissen das richtige Maß hinsichtlich der Mindestgröße des erbhoffähigen Grundeigentums zu finden, wenn sich Zweifel einstellen. Verfahren § 10 REHG. Vgl. auch Anm. 6 zu § 1. — vgl. auch Bode in JW. 1933, 2611 und Fischer in JW. 1934, 399.

Kleinsiedlungen sind nicht erbhoffähig. Vgl. aber § 1 der 3. DV.

2. Absatz 2 gibt eine bindende Auslegungsregel: Die Ackernahrung muß:

a) die Hoffamilie wirtschaftlich unabhängig machen,

b) den Wirtschaftsablauf des Hofes gewährleisten.

Der Ertrag des Besitzes muß für den gesamten Lebensbedarf der Hoffamilie ausreichen. Es ist auch zu berücksichtigen, daß Abkömmlinge auf dem Hofe bis zu ihrer Volljährigkeit unterhalten und erzogen werden müssen, daß sie ein Recht auf Heimatszuflucht haben und daß der überlebende Ehegatte des Bauern ein Recht auf den Altenteil hat. Ansprüche auf Berufsausbildung und Ausstattung brauchen nicht berücksichtigt zu werden, da diese nur gegeben sind, soweit die Mittel des Hofes sie gestatten. Vgl. §§ 30, 31 REHG. Über die der Berechnung der Ackernahrung zugrunde zu legende Größe der Hoffamilie schweigt das Gesetz. Nach seinem Sinn und Zweck, die nicht auf den jeweiligen Bestand der Hoffamilie abgestellt sind, sondern das Wohl des ganzen Hofgeschlechtes im Auge haben, ist kein Zweifel, daß nicht von der Kleinfamilie zu 3 Köpfen, sondern von einer Normalfamilie mit mindestens 5 bis 6 Köpfen auszugehen ist, was ungefähr statistisch ermittelten Ziffern entspricht.

Grundeigentum, das zwar eine Ackernahrung gibt, aber keine eigene Hofstelle hat, ist nicht erbhoffähig. Vgl. § 3 Abs. 2 REHG.

Es muß an die Ertragsfähigkeit einer Besitzung die Forderung gestellt werden, daß sie auf unbestimmte Zeit nicht nur den gesamten Lebensbedarf der Hoffamilie, sondern auch die sonstigen Aufwendungen für Erhaltung der Besitzung (Reparaturen, Viehersatz, Geräte, Dünger usw.), die Aufwendungen für öffentliche Schuldverpflichtungen, wie sie mit einem normalen Betrieb üblicherweise verbunden sind, sowie die Bereitstellung der üblichen Betriebsmittel (Futter, Saatgut usw.) bei ordnungsmäßiger Bewirtschaftung und zwar unabhängig vom Markt und der allgemeinen Wirtschaftslage, also auch in Krisenzeiten, sicherstellt.

Über Ackernahrung bei Weinbau vgl. § 6 Abs. 2 REHG., bei gärtnerischem Obst- und Gemüsebau § 6 Abs. 3 REHG. Zweifel über die Mindestgröße nach § 2 im Anlegungsverfahren, vgl. §§ 35, 36 der 1. DV. Im übrigen sind Zweifel über die Mindestgröße Zweifel über die Erbhofeigenschaft und nach § 10 zu entscheiden.

Da bei einem rein forstwirtschaftlichen Betrieb (Waldgut) eine Ernährung und Bekleidung der Familie durch Eigenerzeugnisse ausscheidet, ist hier bei Feststellung der Ackernahrung vom durchschnittlichen Mindestmarktpreis des gewonnenen Holzes auszugehen. Erfahrungsgemäß beträgt der Holzertrag bei ordnungsgemäßer Bewirtschaftung pro Hektar durchschnittlich 6 Festmeter als jährliche Endnutzung. Zur Endnutzung kommt noch hinzu die jährliche Zwischennutzung, d. i. der Holzanfall infolge jährlicher Durchforstung usw. Unter Zugrundelegung eines Roherlöses von 10 RM. für den Festmeter ergibt sich bei Abzug von 25% Unkosten ein Reinerlös von 7,50 RM. pro Festmeter. Die Zwischennutzung kann mit 60% des Reinerlöses, d. i. 7,50 RM. $\cdot \frac{60}{100} =$ 4,50 RM. pro Festmeter angeschlagen werden. Der gesamte Reinerlös pro Hektar und Jahr berechnet sich sonach auf 6 · (7,50 RM. + 4,50 RM.) = 72 RM. Wird der Bedarf einer Familie pro Jahr etwa auf 1440 RM. angesetzt, so sind zur Ackernahrung rund 20 ha Wald, der bei planmäßiger Bewirtschaftung obige Nutzung zuläßt, notwendig.

Auch das Waldgut muß übrigens eine Hofstelle haben.

§ 3

Höchstgrenze

(1) Der Erbhof darf nicht größer sein als einhundertfünfundzwanzig Hektar[1].

(2) Er muß von einer Hofstelle[2] aus ohne Vorwerke[3] bewirtschaftet werden können[4].

An einem besonderen Schutze des Großgrundbesitzes, für den das Gesetz eine Mindestgröße von 125 ha annimmt, besteht für den Staat kein Bedürfnis. Das Gesetz hat deshalb den Schutz des Reichserbhofrechts auf die Betriebe bis zur Höchstgrenze von 125 ha beschränkt.

1. Die warmen und klaren Worte der Gesetzeseinleitung gelten also den Betrieben zwischen Ackernahrung und 125 ha. Die Eigentümer von Besitzungen über 125 ha sind auch landläufig in der Regel nicht mehr als Bauern anzusprechen. Nach dem Gesetze sind sie gleichfalls nicht mehr Bauern, sondern Grundbesitzer oder Landwirte. Der maßgebende Zeitpunkt für Beurteilung der Höchstgrenze der Erbhoffähigkeit ist der 1. Okt. 1933 bzw. der 21. Dez. 1933 im Falle des § 5 der 2. DV. War in diesem Zeitpunkte ein Grundeigentum größer als 125 ha, so kann es Erbhofeigenschaft nur auf Grund besonderer Zulassung nach § 5 REHG. erwerben. Andererseits kann der Eigentümer eines Erbhofs seinen Besitz durch Hinzunahme von Grundstücken über eine Gesamtfläche von 125 ha hinaus nur vergrößern mit Zustimmung des Reichsministers für Ernährung und Landwirtschaft, § 60 der 1. DV.; Verfahren §§ 44, 45 der 1. DV.

2. Hofstelle ist der zur selbständigen Bewirtschaftung der Besitzung nötige Komplex an Wohn- und Wirtschaftsgebäuden. Fehlt es an einer Hofstelle in diesem Sinne, so kommt dem Besitz Erbhofeigenschaft nicht zu. Die Hofstelle muß zu den Grundstücken des Erbhofs in einem solchen räumlichen Verhältnis stehen, daß diese von ihr aus bewirtschaftet werden können (vgl. § 7). Ob eine vom Eigentümer bestimmte Gebäulichkeit als geeignete Hofstelle im Sinne des Gesetzes anerkannt werden kann, richtet sich nach dem Umfang des Grundeigentums und seines Wirtschaftsbetriebs. Die Hofstelle muß also alle Einrichtungen enthalten, die für die Unterbringung der Hoffamilie samt Angestellten und die Durchführung der Bewirtschaftung nötig sind (Wohn- und Wirtschaftsgebäude, Stallungen). Mängel einer Hofstelle (z. B. Fehlen von Wohnräumen), die bei gutem Willen des Eigentümers beseitigt werden können, hindern die Entstehung der Erbhofeigenschaft nicht. Dasselbe gilt, wenn der Eigentümer eine vorhandene, an sich geeignete, Hofstelle nicht benützt.

3. Vorwerk ist ein vom Hauptgut selbst abgetrennter Wirtschaftshof, der bei ausgedehnter Feldmark durch Abkürzung der Wegestrecken usw. Erleichterungen für die Bewirtschaftung gewährt. Häufig besteht ein Vorwerk nur aus Ställen z. B. für Jungvieh, Fohlen, Schafen, und aus Scheunen, oft auch Räumen für Dienstpersonal. Das Vorwerk dient bei relativer Selbständigkeit dem wirtschaftlichen Zweck des Hauptbetriebes. Seine Befehlstelle ist die Hofstelle. Unter Umständen bietet § 5 Abs. 1 und 3 REHG. die Möglichkeit, dem Hofe trotzdem die

Erbhofeigenschaft zu verschaffen. Beispiel: Dem Hofe fehlen Arrondierungsmöglichkeiten, Zufahrtsmöglichkeiten wie etwa in Grenzgebieten. Notwendiges Vorwerk s. § 5 Anm. 1.

4. Das bloße Vorhandensein eines Vorwerks schließt also an sich die Erbhofeigenschaft noch nicht aus. Hinderlich ist nur ein Vorwerk, ohne dessen Vorhandensein die Besitzung von der Hofstelle aus nicht bewirtschaftet werden kann. Fehlt dem Vorwerk ein gewisses räumliches Verhältnis zur Hofstelle überhaupt, so handelt es sich nicht um Vorwerk, sondern um selbständiges Grundeigentum, das für sich auf seine Erbhofeigenschaft zu prüfen ist.

Etwa nötige Entscheidungen s. § 10 REHG.

§ 4

Entstehung von Erbhöfen durch Teilung

Die Bildung mehrerer Erbhöfe durch Teilung größeren Grundbesitzes[1] ist zulässig, wenn

1. jeder Hof für sich den Erfordernissen der §§ 1 bis 3 entspricht[2] und
2. der Gesamtbetrag der Schulden des Eigentümers einschließlich der auf den zu teilenden Grundbesitz ruhenden dinglichen Lasten dreißig vom Hundert des vor der Teilung zuletzt festgesetzten steuerlichen Einheitswerts nicht übersteigt[3] [4].

Die Bildung möglichst vieler lebensfähiger Erbhöfe liegt im öffentlichen Interesse. Lebensfähiger Großgrundbesitz soll deshalb die Möglichkeit haben, die Vorteile des Reichserbhofrechts zu erlangen, wenn der Besitz in mehrere Erbhöfe geteilt wird. Die Teilung wird mit Rücksicht auf das bäuerliche Entschuldungsverfahren nur zugelassen, wenn die Schulden des zu teilenden Großbesitzes 30 vom Hundert des letzten steuerlichen Einheitswertes nicht übersteigen.

1. Unter größerem Grundbesitz sind die Besitzungen über 125 ha zu verstehen. Vgl. § 43 der 1. DV. Nur der Fall der Teilung solcher Besitzungen ist im § 4 des Gesetzes behandelt.

2. Jeder Teilhof muß also mindestens eine Ackernahrung bieten, den gesetzlichen Nutzungszweck aufweisen, innerhalb der Höchstgrenze von 125 ha bleiben und im Alleineigentum einer bauernfähigen Person sein. Die Teilhöfe können zunächst weiter im Eigentum des bisherigen Eigentümers bleiben, da es ja zulässig ist, daß jemand mehrere Erbhöfe besitzt (§ 23 REHG.). Gehörte der geteilte Großbetrieb zum Gesamtgut einer allgemeinen oder fortgesetzten Gütergemeinschaft und erfolgt die Teilung nach dem 1. Okt. 1933, so können die entstandenen Teilhöfe nicht im Gesamtgut bleiben (§ 17 REHG., § 62 der 1. DV.). Bei Mischeigentum von Ehegatten nach § 5 der 2. DV. muß die Teilung, wenn die Teilhöfe im Mischeigentum bleiben sollen, vor dem 21. Dez. 1933 erfolgt sein. Bei späterer Teilung ist ein Mischeigentum der Ehegatten nicht mehr zulässig (§ 17 REHG.).

Die Art und die Durchführung der Teilung unterliegt dem Ermessen des Eigentümers. Er entscheidet, welchem Teilhof die einzelnen Grundstücke zuzuteilen sind. Bei der Schaffung der Hofstellen ist zu berücksichtigen, daß sie vernünftiger Wirtschaftlichkeit entsprechen müssen. Es hat keinen Sinn, übergroße oder ungenügende Gebäulichkeiten, die schon vorhanden sind, als Hofstellen zu bestimmen. Oft werden sich bestehende Vorwerke als Hofstellen eignen.

Durch die Teilung muß eine vollständige wirtschaftliche Unabhängigkeit der Teilhöfe untereinander erreicht werden; denn diese ist für den Begriff des Erbhofs wesentlich.

Erhält das Anerbengericht von der erfolgten Teilung Kenntnis, so hat es für Ergänzung der Erbhöferolle Sorge zu tragen (vgl. § 47 Abs. 1 und 2 der 1. DV.) und die Berichtigung des Grundbuchs nach § 43 REHG. zu veranlassen. Hiezu hat das Anerbengericht vor Eintragung in die Erbhöferolle zu prüfen

a) ob die Teilung gesetzlich zulässig war

b) ob die Teilhöfe Erbhofeigenschaft erlangt haben.

Es kann die Eintragung in die Höferolle durch Beschluß ablehnen, gegen den Beschwerde und sofortige Beschwerde zulässig sind (§§ 21, 48, 49 REHG.). Den Beteiligten steht der Weg des Antrags nach § 10 REHG. zur Feststellung der Erbhofeigenschaft der Teilhöfe offen.

3. Die Verteilung der Schulden auf die Teilhöfe soll auf die Lebensfähigkeit der einzelnen Höfe vernünftige Rücksicht nehmen. Eine solche ist nur möglich, wenn der zu teilende Besitz nicht überlastet ist. Das Gesetz läßt deshalb die Teilung nur zu, wenn die Gesamtschulden des Eigentümers des zu teilenden Großbesitzes 30% des letzten vor der Teilung festgesetzten steuerlichen Einheitswerts nicht übersteigen. Ist die Teilung hiernach zulässig, so hat das Anerbengericht keinen Einfluß auf die Verteilung der Schulden. Als Schulden in diesem Sinne kommen die persönlichen Verbindlichkeiten des Eigentümers und die dinglichen Schulden in Betracht. Letztere sind so zu berücksichtigen, wie sie sich im Zeitpunkt der Teilung aus dem Grundbuch ergeben. Unbefristete und unverzinsliche Schulden sind mit dem Nennbetrage, befristete und unverzinsliche unter Diskontabzug, befristete und verzinsliche Schulden unter Hinzurechnung der Zinsen in Ansatz zu bringen. Wiederkehrende Sachleistungen sind mit dem vereinbarten Kapitalabfindungsvertrag, andernfalls zweckmäßig gem. §§ 17ff. Reichsbewertungsgesetz zu berechnen. Bei Gesamtschulden ist nur der Betrag anzusetzen, zu dem der Grundeigentümer unter Berücksichtigung seines Rückgriffsrechtes nach § 426 BGB. voraussichtlich wird Deckung erlangen können. Bedingte Rechte werden wie unbedingte behandelt.

4. Die Teilung eines bestehenden Erbhofs ist mit Genehmigung des Anerbengerichts zulässig (§ 64 Abs. 3 der 1. DV.). Die Einschränkung des § 4 Ziff. 2 REHG. findet in diesem Falle keine Anwendung. Dagegen müssen selbstverständlich die neugebildeten Erbhöfe die gesetzlichen Voraussetzungen der §§ 1—3, 6 REHG. erfüllen.

Ist die Teilung nach § 4 für einen Großbesitz nicht zulässig, so hat der Eigentümer noch die Möglichkeit, so viele Grundstücke zu veräußern (§ 37 REHG.!), daß der Rest, evtl. unter Anwendung des § 5 REHG., Erbhofeigenschaft erlangen kann, was wegen der hier nötigen Pfandfreigaben der Gläubiger auf Schwierigkeiten stoßen kann.

§ 5

Entstehung eines Erbhofs durch besondere Zulassung

(1) Der Reichsminister für Ernährung und Landwirtschaft kann nach Anhörung des Kreisbauernführers und des Landesbauernführers von den Erfordernissen des § 3 Ausnahmen zulassen[1].

(2) Eine Größe von mehr als einhundertfünfundzwanzig Hektar soll jedoch in der Regel nur zugelassen werden,

1. wenn es mit Rücksicht auf die Bodenart oder das Klima geboten erscheint[2];
2. wenn es sich um einen wirtschaftlich in sich geschlossenen und in seinen Ländereien abgerundeten Hof handelt, der sich nachweislich seit mehr als einhundertundfünfzig Jahren im Eigentum des Bauerngeschlechts befindet[3];
3. wenn ein um das Gesamtwohl des Deutschen Volkes besonders verdienter Deutscher in eigener Person oder in seinen Nachkommen geehrt werden soll[4];
4. wenn das auf dem Hof ansässige Geschlecht dort Werte (z. B. Bauwerke von künstlerischer oder kulturgeschichtlicher Bedeutung) geschaffen hat, die bei einer Größe des Hofs von nicht mehr als einhundertfünfundzwanzig Hektar keine genügende wirtschaftliche Grundlage für ihre Erhaltung finden[5].

(3) Von der Voraussetzung, daß der Erbhof von einer Hofstelle aus ohne Vorwerke bewirtschaftet werden kann, soll nur abgesehen werden, wenn besondere betriebswirtschaftliche Verhältnisse das Vorwerk notwendig machen[6 7].

Der § 5 ermächtigt den Reichsminister für Ernährung und Landwirtschaft, Besitzungen, die über 125 ha groß sind oder die ohne Vorwerke nicht bewirtschaftet werden können, entgegen der allgemeinen Regel des § 3 REHG. als Erbhöfe zuzulassen. Das Bedürfnis kann gegeben sein durch besondere Umstände, die in der Besitzung, dem darauf ansässigen Hofgeschlechte oder in der Person des Besitzers vorliegen. Ein Anspruch auf Zulassung besteht nicht.

1. Der Reichsminister für Ernährung und Landwirtschaft „kann" die Ausnahme zulassen. Die Zulassung steht also in seinem freien Ermessen, dies auch dann, wenn nach pflichtgemäßem Ermessen offensichtlich die Voraussetzungen vorliegen, unter denen nach dem Gesetze, seinem Sinn und Zweck, die Zulassung statthaft ist.

Von der in § 3 Abs. 1 REHG. vorgeschriebenen Höchstgrenze soll in der Regel eine Ausnahme nur in den in Abs. 2 angegebenen 4 Fällen zugelassen werden. Aus den Worten „in der Regel" ist zu folgern, daß die Zulassung der Ausnahmen auch ohne Vorliegen einer dieser 4 Voraussetzungen und auch aus anderen Gründen gestattet ist. Die Zulassung einer Ausnahme von der Höchstgrenze des § 3 Abs. 1 macht die Zulassung einer Ausnahme von der Vorschrift des § 3 Abs. 2 entbehrlich, da sich diese Vorschrift nur auf Höfe unter 125 ha bezieht.

Sowohl in Abs. 1 und 2 als auch im Abs. 3 ist die Anhörung des Kreisbauernführers und des Landesbauernführers vorgeschrieben. Eine Nichtanhörung derselben macht die trotzdem gewährte Zulassung nicht rechtsunwirksam, da die Zulassung eine reine Ermessensfrage ist.

2. Bodenart und Klima können zur Folge haben, daß der Ertragswert einer Besitzung von mehr als 125 ha den Ertragswert eines Hofes von weniger als 125 ha bei normalem Boden und Klima nicht erreicht, z. B. im Gebirge, in Moorlandschaften, sandigen und überkiesigen Gegenden, Heiden.

3. Bei Altbesitz, d. h. bei Grundeigentum, das sich nachweislich seit mehr als 150 Jahren im Besitze des Bauerngeschlechts befindet, soll die Bodenverbundenheit der Familie ihre verdiente Anerkennung durch Zulassung des Besitzes als Erbhof finden können. Wenn es in Ziffer 2 heißt „im Eigentum", so ist das nicht wörtlich zu verstehen. Um 1780 war der Bauer nämlich in der Regel noch Leibrechter, Erbrechter oder sonst Untereigentümer. Der Altbesitz muß „nachweislich" sein. Dieser Nachweis ist möglich auf Grund der alten pfarramtlichen Standesregister (Geburts-, Heirats-, Sterberegister) und der behördlichen Urkunden (Gerichts-, Amtsprotokolle), welche die Geschlechterfolge und die Besitzübergänge meist ohne weiteres ersehen lassen. Es ist hierbei nicht nötig, daß die Geschlechterfolge durch männliche Vorfahren vermittelt wird. Die unmittelbare Besitzerreihe aber darf nicht unterbrochen sein. Die Gleichheit des Namens ist kein genügender Nachweis: Es kommt vor, daß ein Hofname mit Familien geht, die den Hof früher einmal besaßen und daß den Hofnamen Familien übernehmen, ohne daß sie mit den Vorbesitzern verwandt wären.

Aber nicht jeder Altbesitz kommt für Ziffer 2 in Betracht: Es muß sich um einen Hof handeln, der

a) wirtschaftlich in sich geschlossen ist: Das ist der Fall, wenn der Erbhof in der gesamten Anlage und Wirtschaftsführung auf eine bestimmte Größe der zu nutzenden Bodenfläche derart abgestimmt ist, daß eine wesentliche Veränderung derselben die wirtschaftliche Harmonie des ganzen Betriebes zerstören würde. Eine wirtschaftliche Geschlossenheit kann auch darin liegen, daß die zum Hofe gehörigen Grundstücke nach ihrer örtlichen Lage nur von einer bestimmten Hofstelle aus wirtschaftlich rentabel genutzt werden können.

b) Der Besitz muß in seinen Ländereien abgerundet sein: Das ist der Fall, wenn die einzelnen zum Hof gehörigen Grundstücke in einem möglichst nahen räumlichen Verhältnis zueinander stehen, so daß sich ihre Bewirtschaftung möglichst nachhaltig gestalten kann. Die Abrundung (Arrondierung) des Besitzes findet ihren äußerlichen Ausdruck im einfachen Verlauf der Grenzlinien. Gegensatz: zerrissene Grenzen, Streubesitz.

4. Diese Ziffer bezieht sich auf Persönlichkeiten, die sich um Volk und Vaterland besonders verdient gemacht haben (Ehrendank der Nation), z. B. das Rittergut Neudeck der Familie von Hindenburg, die Besitzungen der fürstlichen Familie Bismarck.

5. Nach Ziffer 4 sollen bei Gewährung der Zulassung solche Besitzungen Berücksichtigung finden, die eine Verkleinerung auf die Höchstgrenze von 125 ha deshalb nicht zulassen, weil dadurch die wirtschaftliche Grundlage für die Erhaltung von Werten in Wegfall käme, welche das auf dem Hofe ansässige Geschlecht dort geschaffen hat. Die geschaffenen Werte müssen nach allgemeiner Verkehrsanschauung erhaltungsbedürftig sein. Persönliche Interessen an der Erhaltung dürfen keine Rolle spielen.

6. Absatz 3 bezieht sich nur auf Höfe bis zu 125 ha. Siehe oben Anm. 1. Eine Ausnahme soll hier nur zugelassen werden, wenn dies besondere wirtschaftliche Verhältnisse rechtfertigen, da im Normalfall ein Hof bis zu 125 ha aus Rentabilitätsgründen ohne Vorwerk auskommen muß und Grundstücke, die regelmäßig nicht von der Hofstelle aus bewirtschaftet werden können, nicht erbhoffähig sind (§ 7 Abs. 1 REHG.). Besondere betriebswirtschaftliche Verhältnisse können dort gegeben sein, wo sich eine Arrondierung nicht ermöglichen läßt, z. B. im Grenzgebiet.

7. Das Verfahren nach § 5 ist in den §§ 44 und 45 der 1. DV. geregelt. In der Regel wird ein Antrag des Eigentümers vorausgesetzt. Es kann aber auch von Amts wegen verfahren werden. Der begründete Antrag ist vom Eigentümer beim Anerbengericht einzureichen. Das Anerbengericht prüft, ob, abgesehen von §§ 3, 5 des Gesetzes, die Voraussetzungen für die Zulassung gegeben sind, d. h. die der §§ 1, 12, 13, 15 REHG. Ist dies offensichtlich nicht der Fall, so ist die Weiterleitung des Antrags durch begründeten Beschluß abzulehnen. Gegen die Ablehnung

Beschwerde und sofortige Beschwerde, §§ 48, 49 REHG. Die zulassende Entscheidung des Ministers ist dem Eigentümer und in Ausfertigung dem Anerbengericht zuzustellen. Die ersterfolgte Zustellung hat die Wirksamkeit der Entscheidung zur Folge (§ 45 Abs. 1 der 1. DV.).

Den zugelassenen Hof trägt das Anerbengericht in die Erbhöferolle ein, wobei es dem Eigentümer eine Abschrift der Eintragung übersendet. Es ersucht endlich gem. § 53 das zuständige Grundbuchamt um Eintragung des Grundbuchvermerks.

Sonderfälle: Soll ein nach § 5 zugelassener Hof vergrößert werden, so werden die Zugangsflächen nur dann Erbhofbestandteil, wenn der Reichsminister für Ernährung und Landwirtschaft hierzu die Genehmigung erteilt (§ 60 Abs. 2 der 1. DV.). Dasselbe gilt, wenn ein Erbhof kraft Gesetzes über die Höchstgrenze des § 3 Abs. 1 hinaus vergrößert werden soll (§ 60 Abs. 1 der 1. DV.). Für diese Verfahren gelten die Vorschriften der §§ 44, 45 der 1. DV. entsprechend.

§ 6

Wein-, Gemüse- oder Obstbau

(1) Die Vorschriften der §§ 1 bis 5 gelten auch für Grundstücke, die durch Wein-, Gemüse- oder Obstbau genutzt werden[1].

(2) Beim Weinbau ist als Ackernahrung ein Betrieb anzusehen, dessen Eigenerzeugung an Weintrauben zum Unterhalt einer Familie ausreicht[2].

(3) Beim Gemüse- oder Obstbau ist ein Betrieb als Ackernahrung anzusehen, wenn der genutzte Grundbesitz auch bei Umstellung auf eine andere Art landwirtschaftlicher Nutzung als Ackernahrung im Sinne des § 2 Abs. 2 anzusehen wäre[3].

Das Gesetz will der Erhaltung des Bauerntums und dem Schutz des bäuerlichen Besitzes dienen. In der Regel wird sich der Bauer mit Land- und Forstwirtschaft befassen. Da jedoch in bestimmten Gegenden Boden und Klima den Bauern auf die Pflege von Wein, Gemüse und Obstbau als günstigere Nutzungsart des Bodens hinweisen, hat das Gesetz durch § 6 seine Anwendbarkeit auf diese Nutzungsarten des Bodens ausgedehnt.

1. Weinbau ist die Grundstücksnutzung, welche die Kultur der Weinrebe zwecks Eigenerzeugung von Weintrauben zum Ziele hat.

Gemüsebau ist die Grundstücksnutzung, welche die gärtnerische Eigenerzeugung von Gemüsepflanzen (Kohlarten, Spargel, Schwarzwurzel, Spinat, Sellerie, Erbsen, Bohnen, Rüben, Möhren, Salate, Gurken, Kartoffel, Rettiche, Zwiebeln, Küchenkräuter, Gewürze) bezweckt.

Unter § 6 fällt nur der gärtnerische Gemüsebau. Der feldmäßige Gemüsebau ist eine landwirtschaftliche Nutzung nach § 1 REHG. Die gärtnerische Nutzung will im Gegensatz zur feldmäßigen Nutzung die möglichst vollkommene Ausnutzung des Bodens durch intensive Arbeitsleistung auf kleineren, meist umhegten, zu solch verfeinerter Bodenkultur bestimmten Grundstücken erreichen.

Obstbau ist die Grundstücksnutzung, welche die Kultur von Obstbäumen und Pflanzen zwecks Eigenerzeugung von Obst (Kernobst, Steinobst, Schalenobst und Beerenobst) zum Zwecke hat.

Nicht unter § 6 fallen Betriebe kaufmännischer oder handelsmäßiger Art, bei denen nicht die Nutzung des Bodens sondern der gewerbliche Charakter des Betriebs überwiegt, z. B. Kunst- und Handelsgärtnereien, Treibereien, Sämereien, Landschaftsgärtnereien, Blumengärtnereien, auch Baumschulen. Bei Ziergärten und Parks kommt eine Bodennutzung im Sinne der Ackernahrung überhaupt nicht in Frage.

Abgesehen von dem Begriff der Ackernahrung gelten für Wein-, Gemüse- und Obstbau dieselben gesetzlichen Voraussetzungen der Erbhofentstehung wie für die land- und forstwirtschaftlichen Betriebe nach § 1 REHG.

2. Beim Weinbau ist eine Ackernahrung im Sinne des § 2 Abs. 2 REHG. nicht denkbar, da der Weinbau immer von Markt und der Wirtschaftslage abhängig ist und infolge Spezialisierung seiner Nutzungsart die Beschaffung des gesamten Lebensbedarfs der Hoffamilie aus den Eigenerzeugnissen des Erbhofs nicht ermöglicht. Die Ackernahrung ist hier dann gegeben, wenn die Eigenerzeugung an Weintrauben zum Unterhalt einer Familie ausreicht. Auch der besondere Begriff der Ackernahrung nach § 6 verlangt, daß mit der Ertragsfähigkeit der Besitzung auf unbestimmte Zeit gerechnet werden kann. Es muß also auch hier der Wirtschaftsablauf des Betriebes gewährleistet sein.

3. Beim Gemüse- und Obstbau wird verlangt, daß der hierzu genutzte Grundbesitz auch bei Umstellung auf eine andere Art landwirtschaftlicher Nutzung eine Ackernahrung im Sinne des § 2 Abs. 2 REHG. gibt. Das Gesetz will damit erreichen, daß der Betrieb lebensfähig bleibt, wenn mißliche Markt- und Wirtschaftsverhältnisse den Übergang zu einer anderen Art landwirtschaftlicher Nutzung nötig machen. Für Gemüse- und Obstbau ist also bei Feststellung der Ackernahrung gleichfalls davon auszugehen, daß der Betrieb diejenige Menge Landes umfaßt, welche notwendig ist, um eine Familie unabhängig vom Markt und der allgemeinen Wirtschaftslage zu ernähren und zu bekleiden sowie den Wirtschaftsablauf des Hofes zu erhalten, wie dies bei der Bodennutzung nach § 1 verlangt wird. Vgl. auch Anm. 2 zu § 2.

Selbstverständlich ist auch das Vorhandensein einer Hofstelle für die Betriebe nach § 6 unerläßlich.

Umfaßt ein Betrieb verschiedene Nutzungsarten im Sinne der §§ 1, 6 REHG., so bleibt es bei Feststellung der Ackernahrung bei der Vorschrift des § 2 Abs. 2 REHG.

Ansiedlerstellen, s. § 1 der 3. DV.

§ 7

Der Erbhof

(1) Zum Erbhof gehören alle im Eigentum des Bauern stehenden Grundstücke[1], die regelmäßig von der Hofstelle aus bewirtschaftet werden[2], und das im Eigentum des Bauern stehende Zubehör[3].

(2) Eine zeitweilige Verpachtung oder ähnliche vorübergehende Benutzung von Hofgrundstücken, z. B. als Altenteilsland, schließt die Hofzugehörigkeit nicht aus[4] [5].

Da die Erbhofeigenschaft das Schicksal des bäuerlichen Grundbesitzes dauernd und abweichend vom bürgerlichen Recht bestimmt (Veräußerung, Belastung, Vererbung, Vollstreckung), muß das Gesetz Klarheit darüber schaffen, welche Vermögensteile des bäuerlichen Besitzes von den Wirkungen der Erbhofeigenschaft betroffen werden. Als erbhoffähige Vermögensteile in diesem Sinne kommen in erster Linie die Grundstücke des Bauern und deren Zubehör in Betracht.

1. Die Grundstücke müssen im Alleineigentum des Bauern stehen (§§ 1 Abs. 1 Ziff. 2, 17 REHG.). Ausnahmen vom Alleineigentum für die Übergangszeit: Miteigentum von Ehegatten, § 62 Abs. 1 der 1. DV., § 5 der 2. DV.; § 1 der 3. DV.; Miteigentum in fortgesetzter Gütergemeinschaft, § 62 Abs. 4 der 1. DV. Grundstücke, welcher der Bauer nicht als Eigentümer, sondern auf Grund eines anderen Rechtsverhältnisses (z. B. Pacht) nutzt, sind nicht erbhoffähig.

Der Begriff „Grundstück" umfaßt auch die Bestandteile des Grundstücks im Sinne der §§ 93, 94 BGB. Das sind insbesondere Gebäude samt den ihnen eingefügten Sachen, sowie die Erzeugnisse des Grundstücks, solange sie mit dem Boden zusammenhängen. Keine Bestandteile des Grundstücks sind Sachen, die nur zu einem vorübergehenden Zwecke mit dem Grund und Boden verbunden sind oder in ein Gebäude, das selbst Bestandteil des Grundstücks ist, eingefügt sind (§ 95 BGB.). So ist es möglich, daß z. B. eine gewerbliche Anlage (Bauwerk), die sich auf einem unausgeschiedenen Teil eines von der Hofstelle aus genutzten Grundstücks befindet, zum Erbhof gehört, z. B. ein Kraftwerk, eine Mühle, ein Kalkofen usw. Vgl. auch § 1 Anm. 3.

2. Von den im Eigentum des Bauern stehenden Grundstücken sind nur die erbhoffähig, welche regelmäßig von der Hofstelle aus bewirtschaftet werden; diese Grundstücke aber ohne Ausnahme.

Von einer regelmäßigen Bewirtschaftung von der Hofstelle aus, kann man sprechen, wenn die Nutzung des Grundstücks nach dem normaler Wirtschaftsführung entsprechenden Willen des Eigentümers von der Hofstelle aus nicht nur vorübergehend, sondern dauernd erfolgen soll. Vorübergehende Nichtnutzung von der Hofstelle aus schadet nicht, z. B. vorübergehende Verpachtung (s. Abs. 2). Einer normalen Bewirtschaftung von der Hofstelle aus würde es z. B. nicht entsprechen, wenn der Eigentümer einer von der Hofstelle 30 km weit entfernten Streuwiese diese von der Hofstelle aus abernten und die gewonnene Streu auf die Hofstelle schaffen ließe.

Die Bewirtschaftungsmöglichkeit von der Hofstelle aus muß dauernd gegeben und gewollt sein.

Gemeinsame Hofstelle bei Mischeigentum, § 5 Abs. 1 der 2. DV. Begriff der Hofstelle s. Anm. 2 zu § 3.

3. Zubehör sind bewegliche Sachen, die, ohne Bestandteil der Hauptsache zu sein, dem wirtschaftlichen Zweck der Hauptsache zu dienen bestimmt sind und zu ihr in einem dieser Bestimmung entsprechenden räumlichen Verhältnis stehen (§ 97 BGB.). Vgl. auch Anm. zu § 8. Eine Sache ist nicht Zubehör, wenn sie im Verkehr nicht als Zubehör angesehen wird. Aber nur das im Eigentum des Bauern stehende Zubehör ist erbhoffähig. Das ist eine Ausnahme von dem bürgerlichrechtlichen Begriff, wonach Hauptsache und Zubehör verschiedenen Eigentümern gehören können.

4. In Abs. 2 ist besonders hervorgehoben, daß eine nach Abs. 1 vorübergehende Nichtbewirtschaftung eines Grundstücks von der Hofstelle aus die Hofzugehörigkeit nicht deshalb ausschließt, weil die Nichtbewirtschaftung durch den Eigentümer infolge zeitweiliger Verpachtung oder auf Grund eines ähnlichen Rechtsverhältnisses vorübergehend unterbleibt. Das Gesetz nennt hier als Beispiel das „Altenteilsland". Es sind darunter Grundstücke zu verstehen, deren Benutzung der Anerbe dem Altenteiler aus § 31 REHG. vorübergehend, vielleicht auf Lebensdauer, überläßt.

5. Die erbhoffähigen Grundstücke sind in der Erbhöferolle nach Wirtschaftsart, Größe und Grundbuchstelle einzutragen (§ 27 Abs. 1 der 1. DV.) und tunlichst unter Vereinigung auf einem besonderen Grundbuchblatt, das im Titel den Erb-

hofvermerk enthält, vorzutragen (§ 53 REHG.). Auch der Zugang und Abgang von Erbhofgrundstücken muß sich nicht nur im Grundbuch, sondern auch in der Erbhöferolle zeigen. Deshalb soll das Grundbuchamt dem Anerbengericht Nachricht geben, wenn der Bauer ein Grundstück zum Erbhof hinzuerwirbt oder ein Erbhofgrundstück veräußert (§ 33 Abs. 2 der 1. DV.). Eintragung neuzugehender Grundstücke, § 27 der 1. DV.; Löschung veräußerter Grundstücke, § 28 Abs. 2 der 1. DV. Sachlich unrichtige Einträge in der Erbhöferolle sind von Amts wegen richtigzustellen. Von allen Eintragungen, Löschungen und Berichtigungen in der Rolle ist der Bauer zu benachrichtigen (§ 30 der 1. DV.).

§ 8

Das Hofzubehör im einzelnen

(1) Das Hofzubehör umfaßt insbesondere[1] das auf dem Hofe für die Bewirtschaftung vorhandene[2] Vieh[3], Wirtschafts- und Hausgerät[4] einschließlich des Leinenzeugs und der Betten, den vorhandenen Dünger[5] und die für die Bewirtschaftung dienenden Vorräte an landwirtschaftlichen Erzeugnissen[6].

(2) Zum Hofzubehör gehören außerdem die auf den Hof bezüglichen Urkunden, aus früheren Generationen stammende Familienbriefe, ferner Bilder mit Erinnerungswert, Geweihe und ähnliche auf den Hof und die darauf seßhafte Bauernfamilie bezügliche Erinnerungsstücke[7] [8].

Aus der wirtschaftlichen Verbundenheit der Zubehörstücke mit dem Erbhof ergibt sich zwangsläufig die Notwendigkeit, den Schutz der Erbhofeigenschaft auf die im Eigentum des Bauern stehenden Zubehörstücke zu erstrecken. Als besonders wichtige Zubehörstücke sind in § 8 Sachen aufgeführt, die ihrer Art nach die wirtschaftliche Verbundenheit mit einem Bauernhof hervortreten lassen (Hofzubehör).

1. Die Aufzählung ist nicht erschöpfend. Vgl. § 98 Ziff. 2 BGB.

2. Aus dem Begriff „Zubehör" ergibt sich, daß die Sachen dem wirtschaftlichen Zweck des Erbhofs zu dienen bestimmt sein und in einem entsprechenden räumlichen Verhältnisse zu ihm stehen müssen. Nur dann sind sie im Sinne des Abs. 1 „auf dem Hofe vorhanden".

3. Das im Eigentum des Bauern stehende Nutzvieh (Großvieh, Kleinvieh, Geflügel) ist Hofzubehör. Es muß der Bewirtschaftung des Hofes dienen, z. B. Zuchttiere, Milchkühe, Zugtiere, das zur Eiergewinnung gehaltene Federvieh, der Hofhund. Die durch die Zucht gewonnenen Jungtiere gehören nur dann zum Hofzubehör, wenn sie als Ersatzstücke oder zur Vergrößerung des Viehstandes aufgezogen werden. Jungtiere, die ausschließlich für den Verkauf bestimmt sind, sind Früchte des Hofes (§ 99 BGB.). Nicht Hofzubehör sind Tiere, die in Mast stehen, Tiere, die aus Sport, für Luxuszwecke gehalten werden, Vieh, das der Bauer zu reinen Handelszwecken hält (Viehhandel).

4. Hierher gehört alles dem Bauern eigentümliche Gerät, das für die Wirtschaftsführung und als Hausrat wirtschaftsüblich ist und einer bäuerlichen Lebenshaltung entspricht. Um keinen Zweifel über die Unpfändbarkeit zu lassen, sind Leinen und Bettzeug als Hofzubehör genannt. Nicht Hofzubehör sind vorhandene Wirtschaftsgeräte, welche im Verhältnis zum Umfang des Hofbetriebes überflüssig sind, ferner Wirtschaftsgeräte, das außer Dienst gestellt ist, auf Abzahlung gekauftes

Gerät, das noch nicht Eigentum des Bauern ist, Hausgeräte, das über den Rahmen einer bäuerlichen Einrichtung hinausgeht (Konzertflügel, Luxusautomobil usw.).

5. Künstlicher und natürlicher Dünger und zwar ohne Einschränkung, nicht nur der erforderliche Dünger.

6. Die gewonnenen landwirtschaftlichen Erzeugnisse, welche zum Zwecke der Bewirtschaftung angesammelt werden (Vorräte), sind Hofzubehör; nicht die für den Verkauf bestimmten angesammelten Erzeugnisse. Hofzubehör sind z. B. Vorräte an Brennholz und Torf für den Hausbrand, an Nutzholz für den Hofbedarf, Eiervorräte, Vorräte an Flachs, Schafwolle zum Hausgebrauch, Saatgut. Kein Zubehör sind z. B. Eiervorräte, Tierjunge, Holzvorräte, wenn diese Vorräte für den Verkauf bestimmt sind.

7. Der Erbhof soll die Geschlechter überdauern. Zubehör sind deshalb die Hofurkunden, Familienbriefe, Erinnerungsstücke aller Art, in deren ständiger Aufbewahrung auf dem Hofe die Seßhaftigkeit der Bauernfamilie augenfällig wird. Ob derartige Stücke einen besonderen Verkaufs- oder Verkehrswert haben, ist gleichgültig. Ein Bauer, der Familienstücke der in Abs. 2 bezeichneten Art böswillig vernichtet oder aus Gewinnsucht veräußert, verstößt gröblich gegen sein Standesbewußtsein.

8. Verfügung über Hofzubehör des § 8 Abs. 2, § 24 Abs. 2 REHG.; vgl. auch § 37 Abs. 1 REHG.

§ 9

Versicherungsforderung. Tilgungsguthaben

Zum Erbhof gehören auch[1] die Forderungen aus den für den Hof und dessen Zubehör eingegangenen Versicherungen nebst den hierauf ausgezahlten Entschädigungssummen, sowie ein zur Abtragung einer Hofschuld[2] angesammeltes Tilgungsguthaben[3 4].

Da § 96 BGB. nicht ausreicht, die Bestandteileigenschaft hinsichtlich solcher Rechte, die zwar mit dem Erbhof im Zusammenhang stehen, jedoch nicht mit dem Eigentum am Erbhof verbunden sind, vor dem Zugriff der Gläubiger zu schützen, hat § 9 ausdrücklich Versicherungsforderungen und Entschädigungssummen aus gewissen Versicherungen sowie Tilgungsguthaben als zum Erbhof gehörig bezeichnet. Sie werden damit zwar weder Bestandteile noch Zubehör des Erbhofes, teilen aber dessen Schicksal und Schutz. Der § 9 des Gesetzes wird noch durch § 2 der 2. DV. erweitert, der gewisse Nutzungsrechte und Anteile, falls sie dem Erbhof wirtschaftlich dienen, in gleicher Weise behandelt.

1. Zum Erbhof gehören (sog. Erbhofzugehör):

a) Rechte, die mit dem Eigentum am Erbhof verbunden sind und deshalb als Bestandteile des Erbhofs gelten, § 96 BGB. Solche sind z. B. Grunddienstbarkeiten (§§ 1018ff. BGB.), ein Vorkaufsrecht nach § 1094 Abs. 2 BGB., Reallasten nach § 1105 Abs. 2 BGB. Realpatronatsrechte, subjektiv dingliche Rechte, Fischereiberechtigung, Realgewerberechte, Realgemeindenutzungsrechte.

b) Forderungen aus den für Erbhof und Erbhofzubehör eingegangenen Versicherungen nebst den hieraus gezahlten Entschädigungssummen. Die Versicherungen müssen für den Hof und das Zubehör eingegangen sein, z. B. Gebäudebrandversicherung, Zubehörfeuerversicherung, Hagelversicherung, Versicherung gegen Viehdiebstahl und Viehsterben, Maschinenversicherung, Sturmschädenversicherung.

Sozialversicherungen sowie die zugunsten des Bauern oder eines Gliedes der Hoffamilie abgeschlossene Versicherungen, z. B. Haftpflicht-, Unfall- und Lebensversicherungen gehören nicht hierher.

c) Forstnutzungsrechte, sonstige dem Erbhof dienende dingliche Nutzungsrechte, Anteile an einer Waldgenossenschaft und ähnliche, dem Erbhof dienende Rechte, endlich der Anteil an einer Molkerei, Zuckerfabrik oder ähnlichen Einrichtung, in der Erzeugnisse des Erbhofs vorbereitet oder verwertet werden sowie der Anteil an einer gemeindlich benutzten Dreschmaschine; hierbei ist es gleichgültig, ob diese Rechte mit dem Eigentum am Erbhof verbunden sind oder dem Bauern persönlich zustehen. Hierunter fallen die nach § 96 mit dem Eigentum nicht verbundenen Gemeindenutzungsrechte, Anteile an einer Weidegenossenschaft, an Verwertungsgenossenschaften aller Art, Anteile an einer Genossenschaft für Licht- und Wasserversorgung, an einer Ziegelei, Brennerei, einem Torfstich usw.

2. Unter Hofschulden sind hier nur dingliche Schulden zu verstehen, z. B. Hypotheken, Grund-, Rentenschulden.

3. Die Tilgungsbeträge, welche in Prozenten des Kapitals neben den Zinsen, z. B. bei sog. Annuitätenhypotheken öffentlicher Kreditanstalten und Hypothekenbanken, vom Schuldner entrichtet und bis zur teilweisen Löschungsreife der dinglichen Sicherung beim Gläubiger angesammelt werden, gehören zum Erbhof. Ihre rechtliche Eigenschaft, z. B. als Eigentümergrundschuld, wird hiedurch nicht berührt.

4. Alles Erbhofzugehör nach § 9 REHG. und § 2 der 2. DV. ist unveräußerlich, unbelastbar, also nicht übertragbar, nicht verpfändbar, und genießt Vollstreckungsschutz wie der Erbhof. Das Erbhofzugehör gehört zum besonderen Teil der Erbschaft nach § 19 Abs. 1, 2 REHG, also nicht zum übrigen Nachlaß (§ 33 REHG.). Aus Erbhofzugehör gewonnene Mittel dürfen nur für den Erbhof verwendet werden. Für eine andere Art der Verwendung ist Genehmigung aus § 37 REHG. nötig.

§ 10

Entscheidung des Anerbengerichts über die Erbhofeigenschaft

Bestehen Zweifel[1] darüber, ob ein Hof als Erbhof anzusehen ist[2], so entscheidet auf Antrag[3] des Eigentümers oder des Kreisbauernführers das Anerbengericht[4].

Die weittragende Wirkung der Erbhofeigenschaft auf Erbhof und Erbhofzubehör wird nur allzuoft Anlaß zu Meinungsverschiedenheiten zwischen den Beteiligten geben; z. B. der in Anspruch genommene Schuldner behauptet, im Gegensatz zum betreibenden Gläubiger, sein Besitz sei Erbhof, um der Zwangsvollstreckung zu entgehen. Da die Entscheidung solcher Zweifel besondere Sachkenntnis und Erfahrung voraussetzt, überträgt das Gesetz dieselbe dem Anerbengericht als dem bäuerlichen Sondergericht unter Ausschluß der ordentlichen Gerichte.

1. Zweifel, d. i. ein Zustand der Ungewißheit über das Vorliegen der Erbhofeigenschaft. Eine Meinungsverschiedenheit zwischen Mehreren ist nicht begriffliche Voraussetzung. Gegenstand des Zweifels muß die Frage sein, ob ein Hof als Erbhof anzusehen ist, d. h. ob die nach Reichserbhofgesetz an die Erbhofeigenschaft geknüpften Rechtswirkungen in einem Einzelfalle mit Bezug auf bestimmte Vermögenswerte einer Person eingetreten sind. Daraus ergibt sich, daß die Entscheidung des Anerbengerichts über die Erbhofeigenschaft nicht auf den „Hof" als solchen beschränkt ist, sondern auch hinsichtlich derjenigen Sachen möglich ist, welche das rechtliche Schicksal des Hofes als dessen Bestandteil, Zubehör (§ 7) und Zugehör (§ 9 REHG., § 2 der 2. DV.), teilen.

Zweifel sind möglich:

a) über das Vorhandensein einer gesetzlichen Nutzungsart, §§ 1, 6 REHG.,
b) über das Vorhandensein einer Ackernahrung, §§ 2, 6 Abs. 2 und 3 REHG.,
c) über Einhaltung der Höchstgrenze, §§ 3, 5 REHG.,
d) über Entstehung der Erbhofeigenschaft durch ordnungsmäßige Teilung, § 4 REHG.,
e) über Vorliegen des gesetzlichen Alleineigentums bzw. zulässigen Miteigentums, §§ 1 Abs. 1 Ziff. 2 REHG., 62 Abs. 1, 4 der 1. DV., 5 Abs. 1 der 2. DV., 1 der 3. DV.
f) über Vorhandensein einer geeigneten Hofstelle, § 3 Abs. 2 REHG., über Bewirtschaftungsmöglichkeit ohne Vorwerk, § 3 Abs. 3 REHG., und Bewirtschaftungsmöglichkeit von der Hofstelle aus, § 7 REHG.,
g) über Ausschluß der Erbhofeigenschaft durch ständige Verpachtung, §§ 1 Abs. 2, 7 Abs. 2 REHG.,
h) über Zubehöreigenschaft, §§ 7 Abs. 1, 8 REHG.,
i) über Zugehörigkeit von Versicherungsforderungen und Tilgungsguthaben sowie Nutzungsrechten zum Erbhof, § 9 REHG., § 2 der 2. DV.

Regelmäßig wird ein Zweifel über die Erbhofeigenschaft gelegentlich einer beabsichtigten Belastung oder Veräußerung des Grundeigentums, einer Vollstreckung in dasselbe oder bei Errichtung einer Verfügung von Todes wegen auftreten.

2. D. h. die gesetzlichen Voraussetzungen für die Entstehung der Erbhofeigenschaft (§§ 1—9 REHG. § 62 Abs. 1, 4 der 1. DV. § 5 Abs. 1 der 2. DV., § 1 der 3. DV.) erfüllt.

3. Antrag, d. i. das von einem Antragsberechtigten an das Anerbengericht der Hofstelle gerichtete Begehren, eine Entscheidung über die Erbhofeigenschaft zu treffen. Es genügt, daß der Antrag inhaltlich diese Begehren erkennen läßt. Der Antrag kann zu Niederschrift des Urkundsbeamten der Geschäftsstelle (§ 11 FGG., § 11 der 1. DV.), auch rechtshilfeweise (§ 18 der 1. DV.) oder schriftlich beim zuständigen Anerbengericht (§ 42 Abs. 1 REHG.) gestellt werden.

Antragsberechtigt sind:

a) der Eigentümer (§ 10 REHG.),
b) der Kreisbauernführer (§ 10 REHG.),
c) der Notar im Falle des § 10 Abs. 1 der 2. DV.,
d) jeder rechtlich Interessierte (§ 61 der 1. DV.).

Das rechtliche Interesse, welches glaubhaft zu machen ist (§ 294 ZPO.), ist dann gegeben, wenn die Feststellung der Erbhofeigenschaft auf die Gestaltung eines Rechtsverhältnisses des Antragstellers verändernd einwirken könnte. Rechtlich interessiert ist z. B. der Gläubiger des Grundeigentümers, welcher mit Vollstreckung vorgehen will.

Eine Entscheidung über die Erbhofeigenschaft kann gelegentlich der Behandlung anderer Anträge, z. B. nach §§ 18, 37 REHG., ohne Antrag inzidenter zu treffen sein. Diese Entscheidung gehört dann nicht in den Beschlußtenor, sondern in die Beschlußgründe.

4. Es entscheidet das Anerbengericht (§§ 40 Abs. 1, 41 REHG.) der Hofstelle (§ 42 Abs. 1 REHG.) durch begründeten Beschluß (§ 21 der 1. DV.) evtl. nach mündlicher Verhandlung. Verfahren, §§ 11 ff. der 1. DV. Keine Vorentscheidung durch den Vorsitzenden (§ 19 der 1. DV.). Zustellung der Entscheidung von Amts wegen an die Beteiligten (§ 21 Abs. 5 der 1. DV.) und an den Kreisbauernführer (§ 48 Abs. 2 S. 2 REHG.).

Sofortige Beschwerde (§ 48 Abs. 2 REHG.), sofortige weitere Beschwerde (§ 49 REHG.)). Beschwerdeberechtigt sind die Antragsberechtigten. Für sofortige weitere Beschwerde besteht grundsätzlich Anwaltszwang (§ 25 S. 1 der 1. DV.). Kein Anwaltszwang bei sofortiger weiterer Beschwerde des Landesbauernführers (§ 25 S. 2 der 1. DV.) und des Notars im Falle des § 10 Abs. 2 der 2. DV.

Die Entscheidung über die Kosten (§ 51 REHG., §§ 51 Abs. 1 Ziff. 2, 52 Abs. 1 der 1. DV.) ist mit der Entscheidung über die Hauptsache zu verbinden (§ 53 Abs. 1 der 1. DV.). Keine selbständige Anfechtung der Kostenentscheidung. Kostenerinnerung, § 54 der 1. DV.; Kostenbeschwerde, § 55 der 1. DV.

Festsetzung des Gegenstandswerts nicht über 3000 RM., §§ 53 Abs. 2, 49 Abs. 2 der 1. DV.; Beschwerde gegen die Festsetzung des Gegenstandswerts, § 55 der 1. DV.

Vollstreckung der Entscheidung im Kostenpunkt, § 50 REHG.; vollstreckbare Ausfertigung nach ZPO.

Die rechtskräftige Entscheidung bindet die ordentlichen Gerichte (§ 40 Abs. 2 REHG.).

Der Bauer

2. Abschnitt

§ 11

Begriff

(1) Nur der Eigentümer[1] eines Erbhofs heißt Bauer[2].

(2) Der Eigentümer oder Besitzer anderen land- oder forstwirtschaftlich genutzten Grundeigentums heißt Landwirt[3].

(3) Andere Bezeichnungen für Eigentümer oder Besitzer land- oder forstwirtschaftlich genutzten Grundeigentums sind unzulässig[4].

(4) Die Berufsbezeichnung der Eigentümer im Grundbuch ist allmählich entsprechend zu ändern[5].

Der Besitzer erbhoffähigen Grundeigentums soll als solcher und damit als Angehöriger des Nährstandes der Allgemeinheit durch Verleihung einer entsprechenden Berufs- und Standesbezeichnung erkennbar sein. Das Gesetz nennt ihn deshalb in Anlehnung an alten deutschen Sprachgebrauch „Bauer". Besitzer nicht erbhoffähigen Grundeigentums sind Landwirte.

1. Der Eigentümer im Sinne des Reichserbhofgesetzes, d. i. der grundbuchmäßige Eigentümer, aber auch der im Grundbuch noch nicht eingetragene Eigentümer kraft Anerbenrechts (§ 19 Abs. 2 REHG.), nicht z. B. der ständige Verpächter, nicht der Pächter, aber u. U. der Erbpächter (§ 27 der 2. DV.).

2. Im allgemeinen Sprachgebrauch heißt jeder, der Land- oder Forstwirtschaft zwecks Beschaffung des Lebensunterhalts für sich und die Seinen betreibt, „Bauer", vorausgesetzt, daß sein Besitz eine gewisse Mindestgröße hat. Kleinbesitzer wie Büttner, Kötner (§ 34 Abs. 2 der 1. DV.), Häusler, Gütler, Kleinlehner oder Eigenlehner usw. sind auch im Sprachgebrauch nie Bauern genannt worden. In Süddeutschland gab es für Bauern besondere Bezeichnungen nach der Größe der Höfe: Meier für den Besitzer eines ganzen Hofes, Huber für den Besitzer eines halben Hofes oder einer Hube, Lechner für den Besitzer eines Viertelhofes oder eines Lechens.

Nach dem Sinn des Gesetzes ist jeder Erbhofeigentümer verpflichtet, als Berufsbezeichnung die Bezeichnung „Bauer" zu führen. Hat er außerdem einen anderen Beruf, aus dem er seinen Lebensunterhalt bezieht, so kann er auch diese Berufsbezeichnung allein gebrauchen, z. B. ein Beamter, der auf Grund seiner Bauernfähigkeit Anerbe eines Erbhofs geworden ist. Im Grundbuch und in der Erbhöferolle ist ausschließlich die Bezeichnung „Bauer" zu verwenden.

Steht ein Erbhof im Alleineigentum einer Frau, so ist sie allein Bauer. Ihr Ehemann ist Landwirt, wenn er nicht etwa einen anderen Beruf hat. Steht ein Erbhof in zulässigem Miteigentum von Ehegatten (§ 62 Abs. 1 der 1. DV., § 5 Abs. 1 der 2. DV., § 1 der 3. DV.) oder gehört ein Erbhof zum Gesamtgut einer fortgesetzten Gütergemeinschaft (§ 62 Abs. 4 der 1. DV.), so ist nur der Mann und bei Nichtbauernfähigkeit desselben die Frau bzw. der überlebende Ehegatte „Bauer"; denn auch bei Miteigentum wird der Erbhof als wirtschaftliche Einheit behandelt und kann als solcher nur der Leitung einer Person unterstehen. Auf dem Erbhof ist also begrifflich nur ein einziger Bauer möglich.

Nur Bauern können Beisitzer der Anerbenbehörden (Anerbenrichter, Erbhofrichter, Reichserbhofrichter) sein (§§ 3 Abs. 3 S. 1, 5 Abs. 2 S. 2, 6 Abs. 8 der 1. DV. in der Fassung des § 8 der 3. DV.).

3. Der Absatz 2 bezieht sich nur auf Land- und forstwirtschaftlich genutztes Grundeigentum, nicht also auf Grundeigentum, das nach § 6 REHG. genutzt wird, auch wenn dieses Erbhofeigenschaft besitzt. Für durch Wein-, Gemüse- oder Obstbau genutztes Grundeigentum bleibt es also bei den bisherigen Bezeichnungen der Eigentümer, als Winzer, Weinbauer, Gärtnereibesitzer usw.

„Landwirt" heißen demnach:

a) der Pächter eines Erbhofs,
b) der Eigentümer eines ständig verpachteten Erbhofs,
c) der Eigentümer land- und forstwirtschaftlich genutzten Grundeigentums, das nicht Erbhof ist.

4. Unzulässig, d. h. rechtlich unzulässig. Die Vorschrift bindet nicht nur im behördlichen Verkehr. Es ist auch möglich, daß jemand durch Mißbrauch der Berufsbezeichnungen nach § 11 Abs. 1 und 2 REHG. in die Rechtssphäre eines anderen widerrechtlich eingreift. Da es sich wenigstens im Falle des § 11 Abs. 1 REHG. um ein besonderes Persönlichkeitsrecht handelt, das in dieser Bestimmung gesetzlich anerkannt ist und für welches im Reichserbhofgesetz die Gründe der Entstehung und des Verlustes genügend bestimmt sind, besteht gegen eine entsprechende Anwendung des § 12 BGB. kein Bedenken. Als Schutz gegen Mißbrauch hat der Verletzte demnach die Möglichkeit der Feststellungsklage nach § 256 ZPO., der Bestreitungsklage und der Unterlassungsklage nach § 12 S. 2 BGB.

Strafrechtlich ist im Falle des § 11 Abs. 1 REHG. der § 360 Ziff. 8 RStGB. anwendbar.

5. Von Amts wegen. Erstmals wird sich hiezu bei Eintragung des Erbhöfevermerks im Grundbuch (§ 53 REHG.) Gelegenheit geben. Im übrigen erfolgt die Änderung der Bezeichnung im Grundbuch von Fall zu Fall bei sich bietender Gelegenheit. In der Erbhöferolle ist die Berufsbezeichnung ja nicht vorgetragen.

§ 12

Erfordernis der deutschen Staatsangehörigkeit

Bauer kann nur sein, wer die deutsche Staatsangehörigkeit besitzt[1].

Die großen Aufgaben, welche der Bauernstand innerhalb des deutschen Volkes und des deutschen Staates zu erfüllen hat, können nur von einem deutschen Staatsangehörigen erfüllt und gefördert werden. Der Bauer muß deshalb die deutsche Staatsangehörigkeit besitzen.

1. Deutsche Staatsangehörigkeit = Reichsangehörigkeit. Vgl. Reichs- und Staatsangehörigkeitsgesetz vom 22. Juli 1913 (RGBl. S. 583), Verordnung über die deutsche Staatsangehörigkeit vom 5. Febr. 1934 (RGBl. S. 85), Gesetz über den Widerruf von Einbürgerung und die Aberkennung der deutschen Staatsangehörigkeit vom 14. Juli 1933 (RGBl. S. 480).

Die deutsche Staatsangehörigkeit (Reichsangehörigkeit), welche an Stelle der Staatsangehörigkeit in den deutschen Ländern getreten ist, wird erworben durch Geburt, Legitimation, Eheschließung, durch Verleihung mit Zustimmung des Reichsministers des Innern. Sie geht verloren durch Entlassung aus dem Staatsverbande, Erwerb einer ausländischen Staatsangehörigkeit, Ausspruch einer Behörde, Widerruf der Einbürgerung oder Aberkennung.

Die deutsche Staatsangehörigkeit ist Voraussetzung insbesondere:

a) für die Entstehung eines Erbhofs, § 1 REHG.,

b) für die Möglichkeit, Anerbe zu werden, § 21 Abs. 1 REHG.

Von dem Erfordernis der deutschen Staatsangehörigkeit kann der Reichsminister für Ernährung und Landwirtschaft auf Antrag Ausnahmen gewähren (§ 3 der 2. DV.). Wird einem Ausländer nach dieser Vorschrift eine Ausnahme gewährt, so entsteht die Erbhofeigenschaft für seinen Besitz in dem Zeitpunkt, in welchem die Verfügung für den Antragsteller rechtswirksam geworden ist, d. i. mit Zustellung an ihn.

Verliert der Bauer die Bauernfähigkeit durch Verlust der deutschen Staatsangehörigkeit, so wird die Erbhofeigenschaft des Hofes nicht berührt (§ 16 REHG.).

Stellt sich nachträglich heraus, daß der Eigentümer eines in die Erbhöferolle eingetragenen Erbhofs nicht deutscher Staatsangehöriger war und daß der Hof deshalb nicht Erbhof geworden ist, so ist dem Eigentümer eine angemessene Frist zu setzen, binnen welcher er den Erwerb der deutschen Staatsangehörigkeit nachzuweisen hat. Nach fruchtlosem Fristablauf ist die Eintragung in der Erbhöferolle zu löschen (§ 28 Abs. 3 der 1. DV.). Eine entsprechende Anwendung des § 14 der 2. DV. ist unbedenklich.

Zweifel über die deutsche Staatsangehörigkeit im Anlegungsverfahren, § 34 der 1. DV.

Ist ein zum Anerben Berufener nicht deutscher Staatsangehöriger, so scheidet er als Anerbe (§§ 21 Abs. 1, 12 REHG.) erst aus, wenn er nicht die Verleihung der deutschen Staatsangehörigkeit innerhalb der Ausschlagungsfrist (§ 29 Abs. 2 REHG.) nachgesucht hat oder wenn sein Gesuch abgelehnt wird (§ 29 Abs. 3 REHG.). Die Frist des § 29 Abs. 3 des Gesetzes wird durch einen Antrag auf Gewährung einer Ausnahme nach § 3 der 2. DV. gewahrt. Wird dieser Antrag abgelehnt, dann beginnt evtl. die Frist des § 29 Abs. 3 REHG., falls sie nicht bei Stellung des Antrags bereits abgelaufen war, mit Zustellung des ablehnenden Bescheides von neuem zu laufen (§ 14 der 2. DV. Vgl. auch Anm. zu § 29 REHG.).

Die Veräußerung eines Erbhofs an einen nicht deutschen Staatsangehörigen wird in der Regel eine Genehmigung des Anerbengerichts aus § 37 REHG. nicht erhalten können. Die Erteilung der Genehmigung unter der Auflage, daß der Erwerber innerhalb einer bestimmten Frist den Nachweis der erlangten deutschen Staatsangehörigkeit oder einer Befreiung im Sinne des § 3 der 2. DV. erbringt, ist zulässig, § 37 REHG.

Bescheinigungen gebührenfrei (Nachweis der Staatsangehörigkeit), § 4 der 2. DV.

§ 13

Erfordernis deutschen oder stammesgleichen Bluts

(1) Bauer kann nur sein, wer deutschen oder stammesgleichen Blutes ist[1].

(2) Deutschen oder stammesgleichen Blutes ist nicht, wer unter seinen Vorfahren väterlicher- oder mütterlicherseits jüdisches oder farbiges Blut hat[2].

(3) Stichtag für das Vorhandensein der Voraussetzungen des Abs. 1 ist der 1. Januar 1800[3]. Ist zweifelhaft, ob die Voraussetzungen des Abs. 1 gegeben sind[4], so entscheidet hierüber auf Antrag des Eigentümers oder des Kreisbauernführers das Anerbengericht[5].

Das deutsche Bauerntum soll die Blutquelle des deutschen Volkes sein. Es soll deshalb artfremdes Blut aus ihm ferngehalten werden. Der § 13 stellt eine Erweiterung der Vorschrift des § 12 dar, da es auch deutsche Staatsangehörige artfremden (nichtarischen) Blutes gibt.

1. Der Begriff deckt sich im allgemeinen mit arischer Abstammung. Arier sind Personen, die deutsches oder dem deutschen stammverwandtes europäisches Blut führen. Arischen Blutes sind die Angehörigen der germanischen Rassen, der nordischen Rassen, die Slawen, Romanen. Als stammesgleich im Sinne des Abs. 1 gelten auch die Ungarn, Finnländer, Estländer.

Die Rassereinheit wird nur vom Bauern selbst verlangt, nicht von seiner Ehefrau. Die Rassereinheit beider Eltern ist jedoch nötig, wenn die Nachkommen Erbhofeigentümer werden sollen. Ob die Verheiratung eines Bauern mit einer nichtrassereinen Frau gegen die Ehrbarkeit verstößt, ist Frage des Einzelfalles (§ 15 REHG.).

Bescheinigungen (Nachweis der Rassereinheit) gebührenfrei, § 4 der 2. DV.

2. Die Feststellung, daß das Vorhandensein jüdischen oder farbigen Blutes unter den Vorfahren die Rassereinheit ausschließt, ist als besondere Hervorhebung von Fällen der Nichtrassereinheit zu verstehen. Die Aufzählung will keine erschöpfende sein. Jude ist der Angehörige der jüdischen Rasse, nicht etwa der Angehörige der jüdischen Religionsgemeinschaft. Farbiger ist der Angehörige einer nicht weißen Rasse.

3. Der Stichtag ist aus einem ähnlichen Gedankengang heraus gewählt wie der Zeitpunkt des § 5 Abs. 2 Ziff. 2 REHG. Die Voreltern sind in der väterlichen und mütterlichen Linie bis zum 1. Jan. 1800 zurück auf die Voraussetzungen des Abs. 1 zu prüfen, einschließlich der in diesem Zeitpunkt lebenden Voreltern, gleichgültig, wann sie geboren sind. Die vor dem 1. Jan. 1800 gestorbenen Voreltern bleiben außer Betracht. Der Stichtag bildet eine abschließende Zäsur. A. A. Hagedorn in JW. 1934, 393.

4. Zweifel, vgl. Anm. zu §§ 10, 18.

Die Prüfung auf Rassereinheit erstreckt sich demnach:

a) auf die Prüfung, ob Abs. 1 zutrifft mit dem 1. Jan. 1800 als Stichtag,
b) wenn nichtdeutsches oder nicht stammesgleiches Blut behauptet wird, auf die Prüfung
   aa) ob jüdisches oder farbiges Blut einschlägt,
   bb) ob anderes nicht deutsches oder nicht stammesgleiches Blut die Rassereinheit ausschließt.

5. Antrag gem. § 13 kann stellen:

a) Der Eigentümer,
b) der Kreisbauernführer,
c) der rechtlich Interessierte, § 61 der 1. DV. (vgl. auch Anm. zu § 10),
d) der Notar im Falle des § 10 Abs. 1 der 2. DV.

Die Entscheidung muß sich auf die Feststellung beziehen, daß Rassereinheit,

d. h. deutsches oder stammesgleiches Blut vorliegt oder nicht vorliegt (Abs. 1). Eine negative Entscheidung im Sinne des Abs. 2 ist unzulässig. Bestehen Zweifel über die Bauernfähigkeit, weil die Rassereinheit zweifelhaft ist, so ist die Feststellung der Rassereinheit inzident für die Entscheidung nach § 18 REHG. und gehört nur in die Beschlußgründe.

Verfahren, §§ 46, 42 Abs. 1, 40 Abs. 2 REHG., §§ 11 ff. der 1. DV. Die Entscheidung erfolgt in begründetem Beschluß. Keine Vorentscheidung des Vorsitzenden. Sofortige Beschwerde, sofortige weitere Beschwerde (§§ 48, 49 REHG.). Kreisbauernführer und Landesbauernführer sind beschwerdeberechtigt.

Kosten, § 51 REHG., §§ 51 Abs. 1 Nr. 2, 52, 53 Abs. 1 der 1. DV.; Kostenerinnerungen, Kostenbeschwerde, §§ 54, 55 der 1. DV.; Armenrechtsbewilligung durch das Gericht, § 57 der 1. DV.; Gegenstandswert nicht über 3000 RM., Festsetzung auch durch Sonderbeschluß, §§ 53 Abs. 2, 49 Abs. 2 der 1. DV.; Wertbeschwerde, § 54 der 1. DV.

Zweifel im Anlegungsverfahren, § 34 Abs. 3 der 1. DV.; bei Ergänzung der Erbhöferolle, § 47 der 1. DV.

§ 28 der 1. DV. ist entsprechend anwendbar (§ 56 REHG.).

§ 14

Ausschluß durch Entmündigung

Bauer kann nicht sein, wer entmündigt ist[1], sofern die Anfechtungsklage rechtskräftig abgewiesen oder nicht innerhalb der gesetzlichen Frist erhoben ist[2].

Sowohl das Interesse des Erbhofs und das des Hofgeschlechtes wie die Stellung des Bauern innerhalb der Volksgemeinschaft verlangt dessen volle Geschäftsfähigkeit. Aus den Fällen der Geschäftsunfähigkeit und Geschäftsbeschränktheit greift § 14 den Fall der Geschäftsunfähigkeit und Geschäftsbeschränktheit infolge rechtswirksamer Entmündigung heraus: dem rechtswirksam Entmündigten fehlt die Bauernfähigkeit.

1. Gemäß § 6 BGB. kann entmündigt werden:

a) wer infolge von Geisteskrankheit und Geistesschwäche seine Angelegenheiten nicht zu besorgen vermag,

b) wer durch Verschwendung sich oder seine Familie der Gefahr des Notstandes aussetzt,

c) wer infolge von Trunksucht seine Angelegenheiten nicht zu besorgen vermag oder sich oder seine Familie der Gefahr des Notstandes aussetzt oder die Sicherheit anderer gefährdet.

Entmündigungsverfahren, §§ 645 ff. ZPO.

Der die Entmündigung aussprechende Gerichtsbeschluß wird wirksam:

a) bei Geisteskrankheit mit Zustellung des Beschlusses an den gesetzlichen Vertreter, dem die Sorge für die Person zusteht bzw. wenn ein solcher nicht vorhanden ist, mit der Bestellung des Vormunds (§ 661 ZPO.). Dem Geisteskranken selbst wird der Beschluß nicht zugestellt.

b) Bei Geistesschwäche, Verschwendung oder Trunksucht mit Zustellung des Beschlusses an den Entmündigten (§§ 661, 683 Abs. 2 ZPO.).

2. Der die Entmündigung aussprechende wirksam gewordene Beschluß kann binnen Monatsfrist im Wege der Klage angefochten werden (§§ 664, 684 ZPO.). Zuständigkeit, § 665 ZPO. Anfechtungsberechtigt sind:

a) bei Geisteskrankheit:

aa) der Entmündigte. Für ihn beginnt die Frist mit dem Zeitpunkt, in welchem er von der Entmündigung Kenntnis erlangt, d. h. unter Berücksichtigung seines Gesundheitszustandes in der Lage ist, von der Entmündigung Kenntnis zu nehmen und tatsächlich Kenntnis nimmt. Ist der wegen Geisteskrankheit Entmündigte hierzu überhaupt nicht in der Lage, so beginnt für ihn die Anfechtungsfrist nicht zu laufen. Es genügt in diesem Falle für die Anwendung des § 14 REHG., daß die für den gesetzlichen Vertreter und die übrigen im § 646 ZPO. genannten Personen laufende Anfechtungsfrist ungenutzt verstrichen ist.

bb) der gesetzliche Vertreter des Entmündigten, der die Personenfürsorge hat. Die Anfechtungsfrist beginnt für diesen mit der Wirksamkeit des Entmündigungsbeschlusses (s. oben) (§ 664 Abs. 3 ZPO.).

cc) die übrigen im § 646 ZPO. genannten Personen (Ehegatte, Verwandte, Staatsanwalt). Die Anfechtungsfrist beginnt wie bei bb.

b) Bei Geistesschwäche gilt das gleiche wie bei Geisteskrankheit, nur mit dem Unterschied, daß hier die Anfechtungsfrist für den Entmündigten mit der Zustellung des Beschlusses an ihn zu laufen beginnt (§ 664 Abs. 3 ZPO.).

c) Bei Verschwendung oder Trunksucht ist nur der Entmündigte selbst anfechtungsberechtigt. Die Anfechtungsfrist beginnt für ihn mit der Zustellung des Entmündigungsbeschlusses (§ 684 ZPO.).

Ist innerhalb der aus obigen Ausführungen zu ersehenden gesetzlichen Frist die Anfechtungsklage, d. h. also rechtzeitig, erhoben, so tritt die Wirkung des § 14 REHG. erst mit der rechtskräftigen Abweisung der Anfechtungsklage ein. Rechtskräftig abgewiesen ist die Anfechtungsklage, wenn das auf die Klage ergangene abweisende Urteil rechtskräftig geworden ist, d. h. mit einem Rechtsmittel (Berufung, Revision) nicht mehr angefochten werden kann. Erfolgte die rechtskräftige Entmündigung vor dem 1. Okt. 1933, so hat der Hof des Entmündigten Erbhofeigenschaft nicht erlangt. Erfolgte sie nach dem 1. Okt. 1933, so bleibt der Hof Erbhof und im Eigentum des Entmündigten. Der Entmündigte darf sich diesenfalls nicht mehr Bauer nennen und kann nicht Anerbe werden (§§ 16, 21 Abs. 1 REHG.). Unter Umständen Verlust der Verwaltung und Nutznießung evtl. des Eigentums, § 15 Abs. 2, 3 REHG. Eine an sich bei Zweifeln zulässige Entscheidung nach § 18 REHG. kann ohne weitere Erhebung feststellen, daß der rechtskräftig Entmündigte nicht mehr bauernfähig ist.

Der Entmündigte erhält einen Vormund (§ 1896 BGB.). Zuständiges Vormundschaftsgericht, § 36 FGG. Da der Vormund an Stelle des Entmündigten den Erbhof zu bewirtschaften hat, wird man nur bauernfähige Personen als Vormünder bestellen.

Die Entmündigung kann auf Antrag des Entmündigten, seines gesetzlichen Vertreters, der die Personensorge hat, oder des Staatsanwalts durch Beschluß des Amtsgerichts wieder aufgehoben werden (§§ 675ff. ZPO.). Mit Rechtskraft der Wiederaufhebung erlangt der Entmündigte seine volle Geschäftsfähigkeit und damit auch seine Bauernfähigkeit wieder, es sei denn, daß ihm trotz aufgehobener Entmündigung die Bewirtschaftungsfähigkeit im Sinne des § 15 REHG. fehlt.

Der § 14 REHG. bezieht sich nicht auf die Fälle absoluter Geschäftsunfähigkeit von Volljährigen (§ 104 Ziff. 2 BGB.) und auf den Fall der beschränkten Geschäftsfähigkeit infolge angeordneter vorläufiger Vormundschaft (§§ 1906, 114 BGB.). Diese Fälle und die Fälle geistiger oder körperlicher Gebrechlichkeit ohne Entmündigung berühren die Frage der Bewirtschaftungsfähigkeit (§ 15 Abs. 1 REHG.). Vgl. Anm. zu § 15 REHG.

§ 15
Ehrbarkeit und Befähigung des Bauern

(1) Der Bauer muß ehrbar sein[1]. Er muß fähig sein, den Hof ordnungsmäßig zu bewirtschaften[2]. Mangelnde Altersreife allein bildet keinen Hinderungsgrund[3].

(2) [4]Fallen die Voraussetzungen des Abs. 1 fort[5] oder kommt der Bauer seinen Schuldverpflichtungen nicht nach, obwohl ihm dies bei ordnungsmäßiger Wirtschaftsführung möglich wäre[6], so kann[7] das Anerbengericht[8] auf Antrag des Landesbauernführers[9] die Verwaltung und Nutznießung[10] des Erbhofs dauernd[11] oder auf Zeit auf den Ehegatten des Bauern oder auf denjenigen[12] übertragen[13], der im Falle des Todes des Bauern der Anerbe wäre[14].

(3) Ist ein Ehegatte oder Anerbe nicht vorhanden oder sind diese nicht bauernfähig, so kann das Anerbengericht das Eigentum am Erbhof[15] auf Antrag des Reichsbauernführers[16] auf eine von diesem vorzuschlagende bauernfähige Person[17] übertragen[18]. Der Reichsbauernführer soll, falls geeignete Verwandte des Bauern vorhanden sind, einen von diesen vorschlagen[19].

(4) Das Eigentum am Erbhof geht mit der Rechtskraft des Übertragungsbeschlusses über[20]. Das Anerbengericht hat das Grundbuchamt von Amts wegen um die Eintragung des neuen Eigentümers zu ersuchen[21]. Die Vorschriften des § 419 des Bürgerlichen Gesetzbuchs finden entsprechende Anwendung[22].

Während sich die §§ 12 und 13 REHG. auf rein äußerliche Merkmale beziehen, enthält § 15 die Erfordernisse, welche eine Person hinsichtlich ihres Charakters und ihrer Berufsfähigkeit erfüllen muß, um bauernfähig zu sein. Die Rücksicht auf die Standesehre und die Pflichten gegenüber dem Hof und der Hoffamilie verlangen Ehrbarkeit und Bewirtschaftungsfähigkeit. Wo diese Voraussetzungen in der Person eines Grundeigentümers nicht erfüllt sind, kann Erbhofeigenschaft des Besitzes nicht entstehen (§ 1 Abs. 1 Ziff. 2 REHG.). Ein solcher Grundeigentümer kann auch nicht Anerbe sein (§ 21 Abs. 1 REHG.). Fallen die Voraussetzungen des § 15 Abs. 1 weg, so ist die Möglichkeit von Schutzmaßnahmen für Hof und Hoffamilie durch Übertragung der Verwaltung und Nutznießung und Übertragung des Eigentums auf andere Personen vom Gesetze vorgesehen.

1. Der Begriff der Ehrbarkeit ist im Gesetz nicht umschrieben. Jedoch ist klar, daß ein Vorhandensein der bürgerlichen und der Standesehre gefordert werden muß. Nur die Ehrbarkeit in diesem Sinne gibt dem Bauern Anspruch auf Anerkennung seines persönlichen Wertes. Die Ehrbarkeit muß sich erstrecken auf das Verhalten im bürgerlichen Leben und im besonderen auf das Verhalten als Mitglied des Bauernstandes. Für eine kleinliche Anwendung von Normen des Sittenrechts ist aber kein Platz. Zugrunde zu legen ist vielmehr das Urteil eines rechtlich denkenden, volks- und standesbewußten Bauern. Nicht ehrbar ist z. B. der wegen entehrender Handlungen mit Zuchthaus Bestrafte, der Volks- und Landesverräter, der sittlich Entartete, der notorische Lügner und Wortbrecher, derjenige, dem die bürgerlichen Ehrenrechte aberkannt sind.

2. Zur Bewirtschaftungsfähigkeit gehört:

a) der Besitz von Berufskenntnissen, die eine Person befähigen, in eigener selbständiger Verantwortlichkeit einen Hof richtig zu bewirtschaften. Eine sachgemäße Berufsausbildung als Landwirt ist nicht erforderlich. Es genügt, daß die Person soviel Sachverständnis besitzt, daß man ihr die Verwaltung des Hofes ohne Gefahr für Hof und Hoffamilie anvertrauen kann. Die Ausübung der Verwaltung des Hofes durch bestellte fachkundige Verwalter oder Pächter ist ein zulässiges Mittel, den Mangel einer besonderen sachgemäßen Berufsausbildung des Hofbesitzers auszugleichen. Es können daher auch Angehörige nichtbäuerlicher Berufszweige grundsätzlich bewirtschaftungsfähig und damit bauernfähig sein, z. B. Beamte, Ärzte, Gewerbetreibende.

b) die geistige und körperliche Tauglichkeit einer Person, ihre Berufskenntnisse praktisch zu gebrauchen. Diese Tauglichkeit ist gegeben, wenn die Person das Maß an körperlichen und geistigen Kräften besitzt, welches für die ordnungsgemäße Bewirtschaftung eines bestimmten Hofes erforderlich ist. Eine Person kann z. B. für einen kleinen Hof die Tauglichkeit zur Bewirtschaftung haben, aber nicht für einen großen Hof. Untauglich sind z. B. der absolut geschäftsunfähige Volljährige nach § 104 Abs. 1 Ziff. 2 BGB., der Geistesschwache, der Säufer und Verschwender, wenn diese Personen nicht entmündigt sind (vgl. auch § 14), der körperlich Gebrechliche, wenn die Gebrechlichkeit die körperliche Tauglichkeit ausschließt, z. B. der dauernd Bettlägerige, der Blinde, Gelähmte.

Der im Sinne des § 14 Entmündigte ist in der Regel auch bewirtschaftungsunfähig. Aus Zweckmäßigkeitsgründen hat jedoch das Gesetz in § 14 allen rechtskräftig Entmündigten grundsätzlich die Bauernfähigkeit versagt.

Dem Erbkranken fehlt in der Regel die Bewirtschaftungsfähigkeit nicht, vorausgesetzt, daß er ehrbar, im obigen Sinne berufskundig sowie körperlich und geistig für die Bewirtschaftung tauglich ist.

3. Als voll bewirtschaftungsfähig sind nur volljährige Personen anzusehen. Minderjährigen, insbesondere Kindern, fehlt an sich die Bewirtschaftungsfähigkeit. Es wäre aber unbillig, Minderjährige nur wegen ihres Alters von der Anerbenfolge auszuschließen. Das Gesetz sagt deshalb ausdrücklich, daß mangelnde Altersreife allein nicht bauernunfähig macht. Vorausgesetzt muß aber werden, daß es sich um körperlich und geistig normale Kinder handelt, welche die Annahme rechtfertigen, daß sie bei Erreichung der Volljährigkeit die im § 15 vorausgesetzte Bewirtschaftungsfähigkeit besitzen werden. Es scheiden also aus körperlich und geistig erheblich anormale Kinder, z. B. blöde, gelähmte, blinde, schwerverkrüppelte Kinder. Kinder in diesem Sinne sind auch Kleinkinder.

4. Übersicht zu Abs. 2 und 3:

Die sogenannte „Abmeierung" im weiteren Sinne ist nur zulässig:

a) bei Verlust der Ehrbarkeit des Bauern,

b) bei Verlust der Bewirtschaftungsfähigkeit des Bauern,

c) bei Nichterfüllung der Schuldverpflichtungen durch den Bauern trotz bestehender Möglichkeit der Erfüllung bei ordnungsmäßiger Wirtschaftsführung. Eine solche Nichterfüllung von Schuldverpflichtungen ist übrigens kein selbständiger Grund für den Wegfall der Bauernfähigkeit, sondern nur ein indirekter Grund, wenn das Verhalten gegen die Ehrbarkeit oder die Bewirtschaftungsfähigkeit des Bauern verstößt.

Die Abmeierung kann erfolgen:

a) Auf Antrag des Landesbauernführers durch Übertragung der Verwaltung und Nutznießung des Erbhofs, dauernd oder auf Zeit auf den Ehegatten des Bauern oder auf den im Falle des Todes des Bauern als Anerbe Berufenen — leichte oder einfache Abmeierung, § 15 Abs. 2 REHG.

b) Auf Antrag des Reichsbauernführers durch Übertragung des Eigentums am Erbhof auf eine von diesem vorzuschlagende bauernfähige Person, welche nach Möglichkeit aus geeigneten Verwandten des Bauern zu wählen ist, wenn ein Ehegatte oder Anerbe des Bauern nicht vorhanden ist oder dieselben nicht bauernfähig sind — schwere oder strenge Abmeierung, § 15 Abs. 3 REHG.

5. Ob und wann der Fortfall der Ehrbarkeit und Bewirtschaftungsfähigkeit eingetreten ist, ist Tatfrage des einzelnen Falles. Mit dem Eintritt der den Fortfall begründenden Tatsache tritt kraft Gesetzes der Wegfall der Voraussetzungen des § 15 Abs. 1 ein. Ein Beschluß des Anerbengerichts, der nur bei Zweifel möglich ist, also besonders dann, wenn der tatsächliche Fortfall nicht ohne weiteres nach außen erkennbar wird, stellt nur den erfolgten Fortfall der Voraussetzungen fest und hat deshalb nur formelle Bedeutung (§ 18 REHG.).

6. Mit Rücksicht auf den bestehenden Vollstreckungsschutz muß es Ehrenpflicht des Bauern sein, seinen Schuldverpflichtungen ohne Rücksicht auf deren Rechtsgrund nachzukommen. Ist ihm dies bei ordnungsmäßiger Wirtschaftsführung möglich und erfüllt er seine Schuldverpflichtungen trotzdem nicht, so verstößt er gegen die Standesehre. Die Nichterfüllung der Schuldverpflichtungen setzt Verschulden voraus. Das Verschulden kann seinen inneren Grund sowohl in schlechter Wirtschaftsführung als auch in Zahlungsunwilligkeit haben. Ein Verschulden liegt deshalb nicht vor, wenn der Bauer aus anderen Gründen, z. B. Unglück in der Familie, Verluste im Stall, Mißernte, seinen Schuldverpflichtungen nicht nachkommen kann. Das Verschulden kann nicht auf Grund eines Einzelfalles angenommen werden, sondern verlangt ein Dauerverhalten. Ob ein Verschulden vorliegt, ist nach bäuerlicher Verkehrsanschauung zu beurteilen.

7. Kann = muß nicht. Das Anerbengericht entscheidet nach freiem pflichtgemäßem Ermessen. Vor der Entscheidung ist das Vorliegen der gesetzlichen Voraussetzungen des Abs. 2 und das Bedürfnis zu prüfen. Keine Vorentscheidung.

8. Ausschließlich zuständig ist das Anerbengericht der Hofstelle (§§ 42, 41, 40 Abs. 2 REHG.).

9. Antragsberechtigt ist nur der Landesbauernführer. Ein Antrag anderer Personen wäre als unzulässig ohne Sachprüfung abzuweisen. Will ein benachteiligter Gläubiger des Bauern Anregung zu einem Antrag geben, so muß er den Weg über den Reichsnährstand einschlagen, der die Pflicht hat, über die Standesehre seiner Angehörigen zu wachen (§ 3 der 1. VO. über den vorl. Aufbau des Reichsnährstandes vom 8. März 1933, RGBl. I S. 1060).

10. Die Verwaltung und Nutznießung ist ihrem Wesen nach Nießbrauch im Sinne der §§ 1030, 1085ff., 1089 BGB. Vgl. die Ausführungen zu § 26.

Die Verwaltung und Nutznießung endet:

a) mit dem Tode des Erbhofeigentümers,

b) mit dem Tode oder dem Wegfall der Bauernfähigkeit der Person, welcher die Verwaltung und Nutznießung übertragen wurde. Besteht das Bedürfnis für die Übertragung der Verwaltung und Nutznießung in diesem Zeitpunkt noch fort, so ist auf neuerlichen Antrag des Landesbauernführers die Übertragung an eine andere Person (Ehegatte oder Anerbe) möglich.

c) bei zeitlicher Übertragung mit dem Ablauf der Zeit, für welche sie erfolgte.

d) durch Aufhebung der Übertragung auf Antrag des Landesbauernführers durch das Anerbengericht. Ein solcher Aufhebungsantrag ist denkbar, wenn die Voraussetzungen für die Übertragung der Verwaltung und Nutznießung wieder weggefallen sind.

Mit der Übertragung der Verwaltung und Nutznießung wird die betreffende Person nicht Bauer, da sie nicht Eigentum am Hofe hat.

Die Abmeierung nach Abs. 2 bedeutet eine Verfügungsbeschränkung für den abgemeierten Eigentümer. Vgl. Anm. 3 zu § 16.

Als Eigentümer des Hofes und Mitglied der Hoffamilie behält der Abgemeierte Anspruch auf Unterhalt aus dem Erbhof. Der Umfang des Unterhaltsanspruchs richtet sich nach den Kräften des Hofes bei ordnungsmäßiger Bewirtschaftung unter Berücksichtigung des Rechtes des Verwalters und Nutznießers auf Unterhalt für sich und seine eigene Familie aus dem Hofe. Dem Abgemeierten bleibt das Recht, mit seiner Familie auf dem Hofe zu wohnen. Auch hier können sich für den Abgemeierten und seine Familie Beschränkungen aus dem Rechte des Verwalters und Nutznießers ergeben, der seinerseits das Recht hat, mit seiner Familie auf dem Hofe Wohnung zu nehmen.

Im Falle von Streitigkeiten, über deren Regelung das Gesetz nichts Ausdrückliches bestimmt, entscheidet in sinngemäßer Anwendung des § 32 REHG., nachdem es sich hier um eine Art Versorgungsrecht handelt, das Anerbengericht endgültig (§ 56 REHG.). Vorentscheidung des Vorsitzenden ist zulässig. Eine Zuständigkeit des ordentlichen Gerichts läßt sich mit dem Sinn und Zweck des Gesetzes nicht vereinbaren. Das Anerbengericht kann sonach in entsprechender Anwendung des § 32 REHG. einen Unterhaltsanspruch einschließlich des Rechtes auf Wohnung aufheben oder einschränken, wenn der Hofeigentümer anderweit gesichert ist, oder wenn dem Verwalter und Nutznießer die Leistung nicht mehr zugemutet werden kann, insbesondere weil sie die Kräfte des Hofes übersteigt. Die Gewährung der Wohnung auf dem Hofe kann dem Verwalter und Nutznießer z. B. nicht zugemutet werden, wenn der Hofeigentümer durch sein oder seiner Familie Verhalten die ordnungsmäßige Bewirtschaftung des Hofes durch den Verwalter und Nutznießer stört oder unmöglich macht.

11. Dauernd, d. i. für Lebenszeit des Erbhofeigentümers.

12. Als Personen, denen die Verwaltung und Nutznießung nach Abs. 2 übertragen werden kann, kommen nur der Ehegatte oder der als Anerbe im Falle des Todes des Bauern Berufene in Frage. Die Übertragung an eine andere Person wäre gesetzlich unzulässig und deshalb rechtsunwirksam. Zwischen Ehegatte und Anerbe hat der Landesbauernführer freie Wahl. Ehegatte und Anerbe müssen aber bauernfähig sein. Dies ergibt sich aus § 15 Abs. 3 Satz 1 REHG. und aus dem Zwecke der Vorschrift, die eine reine Schutzmaßnahme für den Erbhof bedeutet. Ist ein Ehegatte oder Anerbe nicht vorhanden oder sind sie nicht bauernfähig und soll von der strengen Abmeierung des Abs. 3 nicht Gebrauch gemacht werden, so kann in sinngemäßer Anwendung des § 25 Abs. 5 REHG. der Landesbauernführer eine Bestimmung des Anerben durch den Reichsbauernführer herbeiführen und beantragen, daß diesem Anerben dann die Verwaltung und Nutznießung nach § 15 Abs. 2 REHG. übertragen wird. Dieser Weg empfiehlt sich nur bei Übertragung der Verwaltung und Nutznießung auf Zeit. In anderen Fällen ist nur der Weg des Abs. 3 (Übertragung des Eigentums) zweckmäßig.

13. Durch begründeten Beschluß. Keine Vorentscheidung, sofortige Beschwerde, sofortige weitere Beschwerde (§§ 21, 19 der 1. DV., §§ 48, 49 REHG.). Kosten § 51 REHG., §§ 52, 53 der 1. DV. Gegenstandswert nicht über 3000 RM. (§ 49 Abs. 2 der 1. DV.). Sichernde Maßnahmen und einstweilige Anordnungen sind zulässig (§ 12 der 1. DV.). Die Übertragung der Verwaltung und Nutznießung muß nicht in das Grundbuch eingetragen werden. Die Wirkung der Übertragung tritt mit Rechtskraft des Übertragungsbeschlusses ein.

14. D. h. als Anerbe kraft Gesetzes oder Verfügung von Todes wegen im Zeitpunkt der Antragstellung. Der Landesbauernführer muß sich evtl. über das Vorliegen einer Verfügung von Todes wegen und deren Rechtsgültigkeit unterrichten.

15. Statt der Übertragung der Verwaltung und Nutznießung nach Abs. 2 kann auf Antrag des Reichsbauernführers die Übertragung des Eigentums am Erbhof erfolgen:

a) wenn ein Ehegatte oder Anerbe nicht vorhanden oder diese nicht bauernfähig sind,

b) wenn eine Übertragung der Verwaltung und Nutznießung des Erbhofs an den durch den Reichsbauernführer gem. § 25 Abs. 5 des Gesetzes bestimmten Anerben unzweckmäßig wäre, weil die Übertragung dauernd erfolgen soll (vgl. Anm. 12).

16. Im Gegensatz zu Abs. 2, der Antragstellung durch den Landesbauernführer vorschreibt, muß hier der Antrag mit Rücksicht auf die Tragweite einer solcher Verfügung vom Reichsbauernführer gestellt werden.

17. Die Auswahl des neuen Eigentümers steht im freiem Ermessen des Reichsbauernführers. Es muß aber eine bauernfähige Person vorgeschlagen werden. S. auch Anm. 19.

18. Die Übertragung des Eigentums erfolgt durch begründeten Beschluß des Anerbengerichts. Keine Vorentscheidung. Sofortige Beschwerde, sofortige weitere Beschwerde, §§ 48, 49 REHG. Sichernde Maßnahmen und einstweilige Anordnungen zulässig. Vgl. im übrigen Anm. 13.

19. Diese Sollvorschrift entspricht dem Grundgedanken des Gesetzes, daß der Hof auch im Falle der Abmeierung nicht ohne Grund aus dem Eigentum der Sippe kommen soll. Unter den geeigneten, d. h. den bauernfähigen Verwandten des Bauern hat der Reichsbauernführer freie Wahl.

20. Rechtskraft des Übertragungsbeschlusses, s. § 50 REHG., § 31 FGG. Das Eigentum am Erbhof umfaßt den Erbhof in seinem ganzen Umfang nach §§ 7, 8, 9 REHG. und § 2 der 2. DV.

Die Übertragung des Eigentums bewirkt für den Eigentümer den Verlust des Eigentums am Erbhof in obigem Sinne. Durch die Abmeierung nach Abs. 3 tritt eine vollständige Lösung des Abgemeierten und seiner Familie vom Erbhof ein. Der Abgemeierte und seine Familie haben keine Ansprüche auf Unterhalt und Wohnung gegen den Erbhof und den neuen Eigentümer. Vgl. noch Anm. 22.

21. Da der Eigentumsübergang kraft Gesetzes erfolgt, ist nur eine Berichtigung des Grundbuchs durch Eintragung des neuen Eigentümers erforderlich. Das Berichtigungsersuchen des Anerbengerichts an das Grundbuchamt erfolgt von Amts wegen.

22. Außer den Aktiven, d. i. dem Erbhof in seiner Gesamtheit, gehen auch die Passiva des Abgemeierten auf den neuen Eigentümer über und zwar:

a) die dinglichen Lasten ohne Ausnahme einschließlich der Versorgungsrechte,

b) die persönlichen Verbindlichkeiten des Abgemeierten, insoweit sie mit dem Erbhof zusammenhängen.

Die außer den zu b genannten persönlichen Verbindlichkeiten noch vorhandenen persönlichen Verbindlichkeiten bleiben am Abgemeierten allein haften, da sie mit dem Erbhof nichts zu tun haben. Durch die vom Gesetz vorgeschriebene entsprechende Anwendung des § 419 BGB. (Fall der Übernahme eines Sondervermögens) soll gesagt sein, daß die Gläubiger des Abgemeierten unbeschadet der Fortdauer der Haftung desselben von der Rechtskraft des Übertragungsbeschlusses an ihre zu dieser Zeit bestehenden Ansprüche auch gegen den neuen Eigentümer geltend machen können, insoweit diese Ansprüche zum übertragenen Sondervermögen als Passive gehören (s. oben) — gesetzliche kumulative Schuldübernahme.

Besteht Streit darüber, ob der Anspruch eines Gläubigers gegen den neuen Eigentümer geltend gemacht werden kann, oder ob nur der Abgemeierte allein für sie haftet, so entscheiden hierüber die ordentlichen Gerichte.

§ 16

Wirkung des Verlusts der Bauernfähigkeit

Verliert der Bauer die Bauernfähigkeit[1], so darf er sich nicht mehr Bauer[2] nennen. Hierdurch wird sein Eigentum am Hof vorbehaltlich des § 15[3] sowie die Erbhofeigenschaft des Hofs nicht berührt[4].

Das Recht, die Berufs- und Standesbezeichnung Bauer zu führen, verbleibt dem Eigentümer eines Erbhofs nur solange, als in seiner Person die Voraussetzungen der deutschen Staatsangehörigkeit, der Ehrbarkeit und Bewirtschaftungsfähigkeit vorliegen. Da das Gesetz die Bauernfähigkeit des Grundeigentümers und die Erbhofeigenschaft des Grundeigentums in einen inneren Zusammenhang gebracht hat (§§ 1 Abs. 1 Ziff. 2, 21 Abs. 1 REHG.), bestimmt § 16 S. 2 zur Vermeidung von Zweifeln, daß der nachträgliche Verlust der Bauernfähigkeit weder das bestehende Eigentum des Grundeigentümers noch die Erbhofeigenschaft des Grundeigentums berührt. Der Fall der strengen Abmeierung ist als Ausnahme besonders erwähnt.

1. Hier kommen nur die Voraussetzungen der deutschen Staatsangehörigkeit, Ehrbarkeit und Bewirtschaftungsfähigkeit in Frage. Die Rassereinheit kann nachträglich nicht verloren werden. Wird sie nachträglich durch Entscheidung gem. § 13 und § 18 verneint, so könnte das Grundeigentum nicht Erbhof geworden sein. Ein Eintrag in die Höferolle wäre dann von Amts wegen zu löschen (aus § 28 Abs. 3 der 1. DV.). War der Grundeigentümer eines sonst erbhoffähigen Grundeigentums bereits am 1. Oktober 1933 nicht bauernfähig, so ist sein Grundeigentum gleichfalls nicht Erbhof geworden.

2. Er darf sich nur noch „Landwirt" nennen, trotzdem er Eigentümer eines Erbhofs ist (vgl. § 11 Abs. 1 REHG.). Durch Weiterführung der Berufsbezeichnung „Bauer" macht er sich nach § 360 Ziff. 8 RStGB. strafbar. Vgl. § 11 Anm. 4.

3. Der Erbhofeigentümer, der die Bauernfähigkeit verloren hat, bleibt weiterhin Eigentümer des Hofes. Nur im Falle der strengen Abmeierung nach § 15 Abs. 3 verliert er das Eigentum mit der Rechtskraft des Übertragungsbeschlusses des Anerbengerichtes, also auch hier nicht direkt durch den Verlust der Bauernfähigkeit.

Im Falle der einfachen Abmeierung nach Abs. 2 gilt folgendes: Die Verwaltung und Nutznießung nach § 15 Abs. 2 ist ein selbständiges dingliches Recht erbhofrechtlichen Charakters neben dem Eigentum mit dem Schutze der Vorschriften über Ansprüche aus dem Eigentum (§ 1065 BGB.) auch gegen den Hofeigentümer. Das obligatorische Grundgeschäft wird hier durch das Gesetz und den Übertragungsbeschluß ersetzt. Verfügungen des Eigentümers über den Erbhof bleiben rechtlich zulässig. Sie können jedoch aus § 37 Abs. 2, 3 REHG. im Hinblick auf Sinn und Zweck des § 15 Abs. 2 REHG. grundsätzlich durch das Anerbengericht nicht genehmigt werden. Diese Erwägung steht einer Veräußerung des Erbhofs an den Verwalter und Nutznießer nicht im Wege.

Der nicht mehr bauernfähige Erbhofeigentümer bleibt bäuerlicher Erblasser im Sinne des REHG.: Er kann deshalb, soweit es das Gesetz zuläßt, einen Anerben bestimmen.

4. Während der Verlust der Bauernfähigkeit Wirkungen auf das Eigentum am Hofe im Rahmen des § 15 Abs. 2 äußert (s. Anm. 3), berührt der Verlust der Bauernfähigkeit die Erbhofeigenschaft des Hofes in keiner Beziehung, d. h. auch der Hof des nichtbauernfähigen Hofeigentümers bleibt unveräußerlich, unbelastbar, genießt Vollstreckungsschutz und unterliegt der Erbfolge kraft Anerbenrechts sowie den Vorschriften über die Versorgungsrechte.

§ 17

Miteigentum. Juristische Person

(1) Ein Erbhof kann nicht zum Gesamtgut einer ehelichen Gütergemeinschaft gehören oder sonst im Eigentum mehrerer Personen stehen[1 2].

(2) Ein Erbhof kann nicht einer juristischen Person gehören[3].

Die vom Gesetzgeber gewollte Erhaltung des Erbhofs als ungeteiltes Erbe des Hofgeschlechtes und bevölkerungspolitische Erwägungen verlangen, daß der Erbhof im Alleineigentum einer physischen Person steht. Es ist deshalb Miteigentum und Eigentum juristischer Personen am Erbhof mit Sinn und Zweck des Gesetzes nicht vereinbar und, abgesehen von der Übergangszeit (Miteigentum von Ehegatten, fortgesetzte Gütergemeinschaft), nicht zugelassen.

1. Der Erbhof kann nicht zum Gesamtgut einer ehelichen Gütergemeinschaft (allgemeine Gütergemeinschaft, §§ 1438ff. BGB.; Errungenschaftsgemeinschaft, § 1519 BGB.; fortgesetzte Gütergemeinschaft, §§ 1483, 1487 BGB.) gehören. Doch können bäuerliche Ehegatten auch künftig durch Ehevertrag die im BGB. vorgesehenen Güterstände vereinbaren. Ein bei Abschluß eines solchen Vertrags etwa vorhandener Erbhof wird aber dann nicht Gesamtgut, sondern Sondergut desjenigen Ehegatten, der Eigentümer des Hofes ist (§ 1439 BGB.).

Da bei Inkrafttreten des Gesetzes zahlreiche Höfe, welche, abgesehen vom Alleineigentum, die Voraussetzungen der gesetzlichen Erbhofeigenschaft erfüllten, sich im Miteigentum von Ehegatten, z. B. im ehelichen Gesamtgut oder im Gesamtgut einer fortgesetzten Gütergemeinschaft befanden, erschien es billig, diesen Besitzungen, welche in Wirklichkeit Wirtschaftseinheiten darstellen, den Schutz des Reichserbhofrechts durch Gewährung der Erbhofeigenschaft zuzugestehen (§ 62 Abs. 1 und 4 der 1. DV.). Nachträglich wurde mit Wirkung vom 21. Dez. 1933 (§ 29 der 2. DV.) durch § 56 der 2. DV. die Bestimmung des § 62 Abs. 1 der 1. DV. auch auf Besitzungen ausgedehnt, die am 21. Dez. 1933

a) zum Teil im Alleineigentum des Ehemannes und zum Teil im Alleineigentum der Ehefrau,

b) zum Teil im gemeinschaftlichen Eigentum beider Ehegatten und zum Teil im Alleineigentum eines oder jedes der Gatten standen, sofern die Besitzung von einer Hofstelle aus bewirtschaftet war und die sonstigen gesetzlichen Voraussetzungen der Erbhofeigenschaft erfüllte.

Weitere Übergangsvorschrift bei Ansiedlerstellen und Vergrößerung eines Kleinbetriebes auf die Größe einer Ackernahrung gemäß § 1 des RG. v. 11. Aug. 1919, § 1 der 3. DV.; vgl. hierüber Anm. 7 zu § 1.

Abgesehen von diesen Übergangsfällen ehelichen Miteigentums ist Miteigentum jeder Art am Erbhof ausgeschlossen, z. B. Bruchteilseigentum (§ 1008 BGB.), Gesamthandseigentum in der Form der Erbengemeinschaft (§ 2032 BGB.). Nicht Erbhofeigenschaft haben deshalb auch Höfe, welche zum Vermögen einer Gesellschaft (§§ 705ff. BGB.), einer Gemeinschaft (§§ 741ff. BGB.), soweit beide nicht juristische Personen sind, oder eines nicht rechtsfähigen Vereins (§ 54 BGB.) gehören.

2. Wenn auch der Zweck des Gesetzes es verlangte, das Miteigentum des Ehegatten des Bauern am Erbhof auszuschließen, so schien es doch billig, der besonderen Stellung des Ehegatten durch eine Reihe gesetzlicher, auf der bäuerlichen Lebensanschauung beruhenden Vorschriften Rechnung zu tragen:

a) Sind Personen der im § 20 bezeichneten Ordnungen nicht vorhanden, so kann der bäuerliche Erblasser auch den Ehegatten als Anerben bestimmen, § 25 Abs. 5 REHG.

b) Durch Testament oder Erbvertrag kann der bäuerliche Erblasser seinem Ehegatten die Verwaltung und Nutznießung am Erbhof nach Maßgabe des § 13 der 2. DV. übertragen.

c) In § 31 REHG. ist dem überlebenden Ehegatten des Erblassers auf Lebenszeit ein Versorgungsrecht (Altenteil) eingeräumt.

Für die Übergangszeit sind besondere Begünstigungen des Ehegatten vorgesehen, nämlich Möglichkeit, sich gegenseitig als Anerben des Erbhofs einzusetzen (§§ 62 Abs. 2 der 1. DV., § 5 Abs. 2 der 2. DV., § 1 der 3. DV.). Außerdem kann im Falle des § 62 Abs. 4 S. 2 der 1. DV. das Anerbengericht auf Antrag in der Zeit nach Beendigung der fortgesetzten Gütergemeinschaft dem überlebenden Ehegatten die Verwaltung und Nutznießung des Erbhofs über das 25. Lebensjahr des Anerben hinaus, jedoch höchstens auf Lebenszeit übertragen, wenn die Beendigung der fortgesetzten Gütergemeinschaft nicht auf Grund Aufhebungsklage eines anteilsberechtigten Abkömmlings erfolgte (§ 1495 BGB., § 6 Abs. 3 der 2. DV.).

Soweit bei einer ordnungsmäßigen Wirtschaftsführung bei Lebzeiten des Bauern entsprechende Mittel auf dem Hofe zur Verfügung stehen, steht es dem Bauern frei, diese noch zu seinen Lebzeiten zum Zwecke der Versorgung seines Ehegatten zu verwenden.

3. Juristische Personen sind Rechtssubjekte, welche nicht physische Personen und als Einheit rechtsfähig, damit also vermögensfähig, sind. Hierher gehören die privatrechtlichen juristischen Personen des BGB.: die rechtsfähigen Vereine, Stiftungen und juristische Personen des öffentlichen Rechts, wie Staat und Gemeinden (§§ 21, 80, 89 BGB.). Außerdem kommen im Rahmen anderer Gesetze eine Reihe juristischer Personen in Betracht, z. B. die handelsrechtlichen Gesellschaften, die Gesellschaften mit beschränkter Haftung, Genossenschaften.

Die Vorschrift des § 17 hat zur Folge, daß Grundeigentum von obigen Übergangsbestimmungen abgesehen, welches zum Gesamtgut einer ehelichen Gütergemeinschaft gehört oder im Miteigentum mehrerer Personen oder einer juristischen Person steht, nicht Erbhof werden kann und daß ein Erbhof, der später in derartiges Eigentum übergeht, die Erbhofeigenschaft verliert.

Da das Gesetz kein ausdrückliches Verbot des Übergangs in nach § 17 unzulässiges Eigentum enthält, könnte eine derartige Veräußerung bei Vorliegen eines wichtigen Grundes vom Anerbengericht aus § 37 REHG. genehmigt werden. A. A. KG.: JW. 1933, 2707[1]; zutreffend Cammerer in DJZ. 1933 S. 1551.

§ 18

Entscheidung des Anerbengerichts über die Bauernfähigkeit

Bestehen Zweifel[1] darüber, ob eine Person bauernfähig ist, so entscheidet auf ihren Antrag[2] oder auf Antrag des Kreisbauernführers das Anerbengericht[3].

Die Bedeutung der Bauernfähigkeit für die Anwendbarkeit des bäuerlichen Sonderrechts wird häufig Anlaß geben, das Vorhandensein der Bauernfähigkeit zu bezweifeln. Aus den gleichen Erwägungen heraus wie bei § 10 REHG. hat auch hier das Gesetz die Entscheidung solcher Zweifel dem Anerbengericht in ausschließlicher Zuständigkeit übertragen.

1. Zweifel, d. i. ein Zustand der Ungewißheit über das Vorliegen der Bauernfähigkeit. Meinungsverschiedenheit zwischen Mehreren ist nicht notwendig. Gegenstand des Zweifels muß die Frage sein, ob eine Person als bauernfähig anzusehen ist, d. h. ob sie die gesetzlichen Voraussetzungen des REHG. erfüllt, welche erfüllt sein müssen, damit sie fähig ist, Bauer zu sein.

Die Zweifel können sich beziehen:

a) auf den Besitz der deutschen Staatsangehörigkeit (§ 12 REHG.) (vgl. § 3 der 2. DV.),

b) auf die Rassereinheit, § 13 REHG.,

c) auf das Vorliegen einer Entmündigung nach § 14 REHG.,

d) auf die Ehrbarkeit, § 15 Abs. 1 REHG.,

e) auf die Bewirtschaftungsfähigkeit, § 15 Abs. 1 REHG.

Am häufigsten werden sich Zweifel über die Bauernfähigkeit gelegentlich der Erbfolge in den Erbhof ergeben.

2. Antrag, das ist das von einem Antragsberechtigten an das Anerbengericht der Hofstelle gerichtete Begehren, Entscheidung über die Bauernfähigkeit einer Person zu treffen. Es genügt, daß der Antrag inhaltlich dieses Begehren erkennen läßt. Ist einem nach § 10 REHG. gestellten Antrag zu entnehmen, daß sich die Zweifel über die Erbhofeigenschaft aus dem Zweifel über die Bauernfähigkeit des Eigentümers ergeben, so ist ein solcher Antrag nur als Antrag nach § 18 REHG. zu behandeln. Form des Antrags: Schriftlich oder zu Niederschrift des Urkundsbeamten der Geschäftsstelle, letzteres auch rechtshilfeweise (§ 11 FGG., §§ 11, 18 der 1. DV.).

Antragsberechtigt sind:

a) die Person, über deren Bauernfähigkeit Zweifel bestehen, § 18 REHG.,

b) der Kreisbauernführer, § 18 REHG.,

c) der Notar im Falle des § 10 Abs. 1 der 2. DV.,

d) jeder, der ein rechtliches Interesse an der Feststellung nachweist, § 61 der 1. DV. Rechtliches Interesse vgl. Anm. 2 zu § 10.

Eine Entscheidung über die Bauernfähigkeit kann gelegentlich der Behandlung anderer Anträge, z. B. eines Antrags nach § 15 Abs. 2 REHG. inzidenter ergehen. Hier gehört die Entscheidung nur in die Beschlußgründe. Sie macht aber eine spätere selbständige Entscheidung nach § 18 REHG. überflüssig, falls nicht neue Tatsachen behauptet werden.

3. Entscheidung des Anerbengerichts der Hofstelle vgl. im allgemeinen das zu § 10 Anm. 3 Gesagte. Keine Vorentscheidung. Sofortige Beschwerde und sofortige weitere Beschwerde. Gegenstandswert nicht über 3000 RM. (§ 49 Abs. 2 der 1. DV.). Bewilligung des Armenrechts durch das Gericht, nicht dem Vorsitzenden allein (§ 57 der 1. DV.).

3. Abschnitt

Erbfolge kraft Anerbenrechts

§ 19

Erbfolge in den Erbhof

(1) Beim Tode des Bauern bildet der Erbhof hinsichtlich der gesetzlichen Erbfolge und der Erbteilung einen besonderen Teil der Erbschaft[1].

(2) Der Erbhof geht kraft Gesetzes ungeteilt auf den Anerben über[2].

Im Gegensatz zum bisherigen Rechtszustande, der die Zersplitterung des Erbhofes im Erbgange in zahlreichen Fällen zur Folge hatte, bildet der Grundsatz des ungeteilten Erbgangs in den Erbhof auf den Anerben das Kernstück des Reichserbhofgesetzes. Der Erbhof soll als heiliges, unantastbares Vermächtnis der Vordern in möglichst ungebrochener Geschlechterfolge auf die Nachfahren kommen und so eine lebensfähige Verankerung des deutschen Volkstums bleiben.

1. Der Abs. 1 stellt die Änderung der gesetzlichen Erbfolgeordnung des BGB. durch Einreihung des auf den Erbteil des Erbhofs berufenen Anerben in die Zahl der gesetzlichen Erben des Bauern förmlich fest. Der berufene Anerbe ist also wirklicher Erbe oder Miterbe im Sinne des BGB., gleichviel ob außer dem Erbhof noch Rücklaß vorhanden ist oder nicht. Innerhalb der Erbmasse geht der Erbhof den besonderen Weg der Anerbenfolge nach REHG. Damit wird der Grundsatz der Universalsukzession des deutschen Erbrechts nicht durchbrochen. Zudem wird in Abs. 1 festgelegt, daß der Erbhof auf jeden Fall hinsichtlich der Erbteilung einen besonderen Erbteil bildet, d. h. also auch dann, wenn eine Verfügung von Todes wegen zulässigerweise den Anerben bestimmt hat.

In der Regel bildet der Erbhof in seinem Bestande nach §§ 7—9 REHG. den ausschließlichen Nachlaß. Bezüglich des etwa vorhandenen „übrigen" Nachlasses s. § 33 REHG. Versorgung der Abkömmlinge des Bauern und Heimatzuflucht s. § 30 REHG., Altenteil des überlebenden Gatten s. § 31 REHG.

Im ganzen ist die Beerbung beim Tode des Bauern also so, daß unter den Miterben der Anerbe den Erbhof erhält, während die übrigen Miterben und der Anerbe den übrigen Nachlaß nach BGB. beerben, wobei der Anteil des Anerben identisch ist mit dem Erbhof. Weitergehende Erbansprüche des Anerben sind nur im Rahmen des § 35 REHG. zugelassen.

Da der Anerbe im Verhältnis zu den übrigen Erbbeteiligten Miterbe ist, haftet er mit diesen den Nachlaßgläubigern als Gesamtschuldner aus § 2158 BGB. Er kann sowohl die ganze Erbschaft als auch den Erbhof, nicht aber die Erbfolge in den übrigen Nachlaß allein ausschlagen. Soweit der Anfall d. Erbhofs ausgeschlagen wird, gilt die Sonderbestimmung des § 29 REHG. Der Anerbe kann ferner vom Rechte des § 1993 BGB., ein Inventar zu errichten, Gebrauch machen. Er kann gem. §§ 1995ff. BGB. den Nachlaßgläubigern gegenüber die Haftung für die Nachlaßverbindlichkeiten auf den Rücklaß beschränken, indem er Nachlaßverwaltung oder Nachlaßkonkurs beantragt. Eine Herausgabe des Erbhofs zum Zwecke der Befriedigung der Nachlaßgläubiger ist freilich ausgeschlossen (§ 37 Abs. 1 REHG.).

2. Der Erbhof geht eigenen Weg: Richtung hiefür gibt § 19 Abs. 2 in drei Gesichtspunkten:

a) Der Erbhof bleibt beim Erbgang ungeteilt. Er kann nur auf eine einzige Person als Ganzes übergehen. Eine entgegenstehende, nach dem 1. Okt. 1933 getroffene Verfügung von Todes wegen ist ohne weiteres rechtsunwirksam. Bezüglich der früheren Verfügungen von Todes wegen s. Anm. zu § 24.

b) Der Erbhof geht auf den Anerben über: Diese Erbfolge kann durch Verfügung von Todes wegen weder ausgeschlossen noch beschränkt werden, § 24 Abs. 1 REHG.

Anerbe ist diejenige bauernfähige Einzelperson, welche berufen ist, einen bestimmten Erbhof im Erbwege zu erwerben. Die Berufung erfolgt entweder durch die Anerbenordnung des § 20 REHG., eine nach Reichserbhofrecht zulässige Verfügung von Todes wegen (§§ 25, 62 der 1. DV., §§ 5, 6, 7, 12 der 2. DV., § 1 Abs. 3 der 3. DV.) oder infolge Bestimmung des Anerben durch den Reichsbauernführer gem. § 25 Abs. 5 REHG. Der Anerbe muß bauernfähig sein (§§ 21 Abs. 1, 12 REHG.). Das neugeborene, gesunde, normale Kind kann Anerbe sein. Anerbe wird auch das beim

Tode des Bauern zwar erzeugte, aber noch nicht geborene Kind (Leibesfrucht), wenn auch diesem Rechtsfähigkeit noch mangelt (§ 1 BGB.) für den Fall, daß es lebend geboren wird und die Voraussetzung des § 15 Abs. 1 erfüllt. Es wäre gegen den Sinn des Gesetzes, die beim Tode des Bauern vorhandene Leibesfrucht zu übergehen; der Übergang des Erbhofs erfolgt mit der Geburt, wird aber in seiner Wirkung zurückbezogen. Die einstweilige Vertretung des Ungeborenen kann im Wege der Nachlaßsicherung durch Nachlaßpflegschaft gem. § 1960 BGB. oder auch durch Bestellung eines Pflegers gem. § 1912 BGB. erfolgen. Gegen die Anwendung des § 1912 S. 2 können im Einzelfall Bedenken bestehen, so daß der Weg der Nachlaßpflegschaft aus praktischen Gründen vorzuziehen ist.

c) Der Übergang des Erbhofs auf den Anerben erfolgt kraft Gesetzes: Dies gilt für alle Berufungsgründe. Der Erbhof geht mit dem Tode des Bauern (§ 1922 Abs. 1 BGB.) auf den berufenen Anerben unbeschadet des Rechtes über, ihn auszuschlagen (§ 1942 Abs. 1 BGB., § 29 REHG.). Vgl. auch Anm. zu § 29 REHG. Eine Ausnahme besteht für den Fall, daß mehrere Erbhöfe zum Rücklaß gehören (§ 23 Abs. 3 REHG.). Hier erwirbt der Anerbe das Eigentum an dem von ihm gewählten Erbhof mit der Vollziehung der Wahl. Bis zu diesem Zeitpunkt besteht also Erbengemeinschaft der Miterben, da eine andere rechtliche Konstruktion nicht möglich ist (Ausnahme von § 17 REHG., § 1922 BGB.).

Der Übergang des Eigentums auf den Anerben erfolgt ohne Rücksicht auf die Eintragung in das Grundbuch.

Über Nachlaßbehandlung und Erbscheine hinsichtlich des Erbhofs s. im allg. Anm. zu § 33.

Bei zulässigem Miteigentum von Ehegatten in den Fällen der §§ 62 Abs. 1, 4 der 1. DV., 5 der 2. DV. geht beim Tode des erstversterbenden Ehegatten der Anteil des überlebenden Gatten kraft Gesetzes auf den berufenen Anerben über, weil der Erbhof nur ungeteilt auf den Anerben übergehen kann. Einer besonderen Mitwirkung des überlebenden Ehegatten, der nicht selbst Anerbe ist, z. B. durch Bewilligung der Grundbuchberichtigung (§ 19 GO.), bedarf es deshalb nicht. Die in dieser Richtung bisher bestandenen Zweifel — vgl. Cammerer in DJZ. 1934, 253ff. — sind durch § 3 Abs. 3 der 3. DV. beseitigt: dort ist bestimmt, daß auf den Nachweis des Übergangs des Erbhofs gemäß § 62 der 1. DV., § 5 der 2. DV. die Vorschriften über den Erbschein entsprechende Anwendung finden. Der zu erteilende Erbschein hat sich in diesen Fällen also auf den Übergang des ganzen Erbhofs als besonderen Teils des Nachlasses des erstversterbenden Gatten zu erstrecken.

Bei fortgesetzter Gütergemeinschaft wird die Beendigung der Gütergemeinschaft (§ 62 Abs. 4 der 1. DV.) grundsätzlich wie ein Erbfall behandelt. Endigt aber die fortgesetzte Gütergemeinschaft dadurch, daß sich durch den Tod anteilsberechtigter Abkömmlinge (§ 1490 BGB.) oder den Verzicht derselben auf ihre Anteile an der Gütergemeinschaft (§ 1491 BGB.) alle Anteile in der Hand des überlebenden Ehegatten vereinigen, so gilt dies nicht als Erbfall, d. h. der Erbhof bleibt im Alleineigentum des überlebenden Ehegatten auf Grund der bürgerlich-rechtlichen Vorschriften. § 2 der 3. DV.

§ 20

Anerbenordnung

Zum Anerben sind in folgender Ordnung[1] berufen:

1. die Söhne des Erblassers; an die Stelle eines verstorbenen Sohnes treten dessen Söhne und Sohnessöhne[2];

2. der Vater des Erblassers[3];
3. die Brüder des Erblassers; an die Stelle eines verstorbenen Bruders treten dessen Söhne und Sohnessöhne[4];
4. die Töchter des Erblassers; an die Stelle einer verstorbenen Tochter treten deren Söhne und Sohnessöhne[5];
5. die Schwestern des Erblassers; an die Stelle einer verstorbenen Schwester treten deren Söhne und Sohnessöhne[6];
6. die weiblichen Abkömmlinge des Erblassers und die Nachkommen von solchen, soweit sie nicht bereits zu Nr. 4 gehören. Der dem Mannesstamm des Erblassers Näherstehende schließt den Fernerstehenden aus. Im übrigen entscheidet der Vorzug des männlichen Geschlechts[7].

Das Reichserbhofgesetz nimmt aus der 2. Erbfolgeordnung des BGB. den Vater des Erblassers, die Brüder des Erblassers und die Söhne bzw. Sohnessöhne verstorbener Brüder des Erblassers heraus und setzt sie in der Anerbenordnung hinter die zuerst berufenen männlichen Abkömmlinge vor die Töchter des Erblassers und deren männliche Deszedenten sowie vor die übrigen weiblichen Abkömmlinge des Erblassers überhaupt. Diese nach altem deutschen Brauche ausgesprochene Bevorzugung des männlichen Geschlechtes in der Anerbenfolge hat ihren Grund in der Erkenntnis, daß der männliche Blutweg den Blutstrom des Geschlechtes sicherer und erkennbarer leitet als der weibliche (Beibehaltung des Familiennamens).

1. Entsprechend dem Ziele, den Erbhof möglichst den männlichen Blutsverwandten zu erhalten, ergab sich:

einerseits die Notwendigkeit des Ausschlusses aus der Reihe der gesetzlichen Anerben für:

a) den überlebenden Ehegatten; denn er leitet den Blutstrom in der Geschlechterfolge nicht weiter. Außerdem besteht im Falle seiner Wiederverheiratung die Gefahr, daß der Hof an eine andere Familie übergeht;

b) das Adoptivkind, weil es nicht blutsverwandt ist; Ausnahme, § 63 der 1. DV., § 7 der 2. DV.;

c) das uneheliche Kind des männlichen Erblassers, da es einer anderen Familie angehört (§ 1589 BGB.);

andererseits die Notwendigkeit einer Bevorzugung der männlichen Blutsverwandten vor den weiblichen.

Die gesetzliche Anerbenordnung des § 20 umfaßt im einzelnen:

a) Die Abkömmlinge (Deszendenten) des Erblassers,
b) den Vater des Erblassers als einzigen Aszendenten,
c) folgende Seitenverwandte des Erblassers:
die Brüder bzw. deren Söhne und Sohnessöhne,
die Schwestern bzw. deren Söhne und Sohnessöhne.

Nicht mehr berufen sind z. B. die Mutter des Erblassers, die Großeltern desselben, die Töchter der Brüder und Schwestern. Für die Ausscheidung der älteren Verwandten war besonders der Grund maßgebend, daß diesen meist des Alters wegen das Maß von Bewirtschaftungsfähigkeit abgeht, das man vom Bauern normalerweise verlangen darf. Im übrigen wurden bewußt solche Verwandte ausgeschieden, denen infolge ihres weiten Verwandtschaftsgrades erfahrungsgemäß das Bewußtsein der Familien- und Hofzugehörigkeit, des Verbundenseins mit der Scholle des Erbhofs, mehr oder minder mangelt.

2. Die ehelichen Söhne des Erblassers. Sie sind nach Brauch und Lebensalter (Ältesten- oder Jüngstenrecht) berufen (§ 21 Abs. 3 REHG.) und zwar gehen Söhne der ersten Frau den Söhnen späterer Ehen des Bauern vor (§ 21 Abs. 4 S. 1 REHG.). Durch nachfolgende Ehe legitimierte Söhne, für ehelich erklärte Söhne des Bauern s. § 21 Abs. 5 REHG.; uneheliche Söhne (§ 1589 Abs. 2 BGB.) nicht.

An Stelle verstorbener Söhne treten deren Söhne, aber auch an Stelle der letzteren, falls sie verstorben sind, deren Söhne.

Berufung der Töchter, deren Söhne und Sohnessöhne in der Übergangszeit bei Mangel von Söhnen, § 21 Abs. 7.

Vgl. auch § 22.

3. Der eheliche Vater des Erblassers, auch der Vater des für ehelich erklärten Erblassers, nicht der Adoptivvater, ausgenommen im Falle des § 63 der 1. DV., § 7 der 2. DV. (arg. aus § 21 Abs. 6, § 56).

Vorberufung der Töchter im Übergang, § 21 Abs. 7.

4. Vollbürtige Brüder vor halbbürtigen, § 21 Abs. 4 S. 2, nicht Adoptivbrüder (§ 21 Abs. 6); nicht Töchter der Brüder.

Vorberufung der Töchter im Übergang, § 21 Abs. 7.

5. Die ehelichen Töchter des Erblassers, unter sich nach Brauch und Lebensalter, ohne Unterschied der Ehen der Eltern. Legitimierte Töchter, für ehelich erklärte, s. § 21 Abs. 5; nicht uneheliche Töchter (§ 1589 Abs. 2 BGB.).

An Stelle verstorbener Töchter treten deren Söhne, aber auch an Stelle verstorbener Söhne deren Söhne.

6. Vollbürtige Schwestern vor den halbbürtigen (§ 21 Abs. 4 S. 2).

Nicht berufen sind Adoptivschwestern (§ 21 Abs. 6), nicht Töchter der Schwestern.

7. Zum Beispiel Töchter der Töchter des Erblassers, Enkelinnen der Töchter des Erblassers, aber auch die sämtlichen Nachkommen der weiblichen Abkömmlinge des Erblassers überhaupt, soweit nicht nach Ziffer 4 berufen, jedoch nach Gradesnähe und unter Vorzug des männlichen Geschlechts nach Brauch (§ 21 Abs. 3).

Beispiele zu §§ 20, 21 s. nach § 21.

§ 21

Einzelvorschriften zur Anerbenordnung

(1) Wer nicht bauernfähig ist, scheidet als Anerbe aus[1]. Der Erbhof fällt demjenigen an, welcher berufen sein würde, wenn der Ausscheidende zur Zeit des Erbfalls nicht gelebt hätte[2].

(2) Ein Verwandter ist nicht zur Anerbenfolge berufen, solange ein Verwandter einer vorhergehenden Ordnung vorhanden ist[3].

(3) Innerhalb der gleichen Ordnung entscheidet je nach dem in der Gegend geltenden Brauch Ältesten- oder Jüngstenrecht[4]. Besteht kein bestimmter Brauch, so gilt Jüngstenrecht[5]. Ist zweifelhaft[6], ob oder welcher Brauch besteht, so entscheidet auf Antrag eines Beteiligten[7] das Anerbengericht[8].

(4) Unter den Söhnen gehen die Söhne der ersten Frau den anderen Söhnen vor. Bei Brüdern oder Schwestern gehen Vollbürtige vor Halbbürtigen[9].

(5) Durch nachfolgende Ehe anerkannte Kinder stehen den nach Eingehung der Ehe geborenen ehelichen Kindern gleich[10]. Für ehelich erklärte Kinder des Vaters gehen in derselben Ordnung den ehelichen Kindern nach[11]; uneheliche Kinder der Mutter gehen schlechthin den ehelichen Kindern nach[12].

(6) An Kindes Statt angenommene Personen sind nicht zur Anerbenfolge berufen[13].

(7) Wenn zu der Zeit, zu der der Hof auf Grund dieses Gesetzes Erbhof wird, keine Söhne oder Sohnessöhne vorhanden sind, so sind die Anerben der vierten Ordnung vor denen der zweiten und dritten Ordnung berufen[14].

Die im § 20 aufgestellte Anerbenordnung bedurfte mit Rücksicht auf die häufige Konkurrenz gesetzlicher Anerben der gleichen Ordnung noch ergänzender Einzelvorschriften, um den verschiedenen Möglichkeiten der in der Praxis vorkommenden Fälle gerecht werden zu können.

1. Der nicht bauernfähige Anerbe scheidet als Anerbe aus. Steht die Nichtbauernfähigkeit bereits zur Zeit des Erbfalls, also im Zeitpunkt der Berufung fest, so wird der nichtbauernfähige Anwärter einfach übergangen. Fällt die Bauernfähigkeit des Anerben nach dem Erbfall weg, so ist nach § 15 zu verfahren, wenn die Voraussetzungen des § 15 Abs. 1 vorliegen; im übrigen trifft § 16 Bestimmung. Wird die Bauernfähigkeit nach dem Erbfall zweifelhaft und über sie durch das Anerbengericht aus § 18 rechtskräftig mit der Feststellung entschieden, daß die Bauernfähigkeit schon im Zeitpunkt des Erbfalls nicht vorhanden war, so war der scheinbar Berufene bereits im Zeitpunkt des Erbfalls als Anerbe ausgeschieden. In solchen Fällen ist gegen eine entsprechende Anwendung des § 1959 BGB. nichts einzuwenden. Hat also der scheinbar Berufene vor rechtskräftiger Feststellung seiner Nichtbauernfähigkeit durch das Anerbengericht auf den Erbhof bezügliche Rechtsgeschäfte in an sich zulässiger Weise vorgenommen, so ist er dem wirklich berufenen Anerben gegenüber wie ein Geschäftsführer ohne Auftrag berechtigt und verpflichtet (§ 1959 Abs. 1 BGB., §§ 677 ff. BGB.). Er haftet für Vorsatz und Fahrlässigkeit aus §§ 276, 678, 680, 682 BGB., auch für Dritte nach § 278 BGB. Er kann Ersatz von Aufwendungen aus § 683 BGB. verlangen und muß der wirkliche Anerbe Bereicherung aus § 684 BGB. nach § 818 BGB. herausgeben. Hat der scheinbar berufene Anerbe über Erbhofzubehör (§§ 8, 9) innerhalb ordnungsmäßiger Wirtschaft zulässigerweise (vgl. auch § 37 REHG.) verfügt, so wird die Rechtswirksamkeit seiner Verfügung nicht mehr berührt, wenn die Verfügung nicht ohne Nachteil für den Erbhof verschoben werden konnte. Ein Rechtsgeschäft, das ihm gegenüber vorgenommen werden mußte (Mahnung, Kündigung, andere einseitige empfangsbedürftige Rechtsgeschäfte), bleibt rechtswirksam (§§ 1959 Abs. 2, 3 BGB.).

Für Vorliegen der Bauernfähigkeit besteht eine tatsächliche Vermutung. Werden dem Nachlaßgericht gegenüber Zweifel über die Bauernfähigkeit des Anerben geäußert, so besteht Grund, die Frage der Nachlaßsicherung (§ 1960 BGB.) zu prüfen und für den Gesamtnachlaß oder doch für den Erbhof als „besonderen Erbteil" Nachlaßpflegschaft anzuordnen. Ergeben sich sonst für ein Gericht oder für eine Behörde Zweifel an der Bauernfähigkeit, so ist Antragstellung durch die Beteiligten nach § 18 REHG. anzuregen. Das Anerbengericht kann nach Stellung eines solchen Antrags sichernde Maßnahmen oder einstweilige Anordnungen (§ 12 Abs. 3 der 1. DV.) treffen.

2. Der 2. Satz des Absatz 1 entspricht dem Wortlaut in §§ 1953 Abs. 2 BGB. Es ist Sache des Nachlaßgerichts, den Anerben des Erbhofs im Nachlaßverfahren festzustellen. Das Nachlaßgericht wird, falls mit Rücksicht auf bestehende Zweifel eine Tätigkeit des Anerbengerichts nötig ist, entsprechende Antragstellung der Beteiligten beim Anerbengericht anregen. Es hat ferner den Anerben zwecks Erklärung über die Annahme des Erbhofs zu hören.

Ist der zum Anerben Berufene infolge Mangel der deutschen Staatsangehörigkeit nicht bauernfähig, so tritt sein Ausscheiden als Anerbe zunächst nicht ein und ist nach § 29 Abs. 3 REHG., § 14 der 2. DV. zu verfahren.

3. D. h. ein Verwandter ist solange nicht berufen, als ein bauernfähiger Verwandter einer vorhergehenden Ordnung (§ 20) oder mit Vorrang innerhalb der gleichen Ordnung lebt, für welchen die Ausschlagungsfrist noch läuft (§ 1944 BGB., §§ 22 Abs. 1, 2, 29 REHG.). Ein im Zeitpunkt des Erbfalls vorhandener Naszíturus gilt als vor dem Erbfall geboren (§ 1923 Abs. 2 BGB.). Er schließt deshalb ihm nachgehende zur Anerbenfolge Berufene in derselben Weise aus, vorausgesetzt daß er bauernfähig und im Range vorgehend geboren wird. Andernfalls wird verfahren, als ob er überhaupt nicht vorhanden gewesen wäre. Die succesio ordinum (§§ 20, 21) wird im Anerbenrecht durch das Ältesten- und Jüngstenrecht sowie gewisse Rangunterschiede innerhalb der gleichen Ordnung ergänzt.

Die Berufung zur Anerbenfolge erfolgt mit dem Erbfall — § 19 — auch für die bedingt, d. h. unter der gesetzlichen Bedingung des Wegfalls des zunächst berufenen Anwärters Berufenen.

4. Ob in einer Gegend — in Betracht kommt nur die Gegend der Hofstelle — Ältesten- oder Jüngstenrecht Brauch ist, ist eine Tatfrage. Der Tatsache des geltenden Brauchs muß Offenkundigkeit innewohnen, wenn von dem Bestehen eines Brauches überhaupt gesprochen werden will. Der Brauch muß einem unbestimmten Personenkreis wenn auch nur innerhalb einer bestimmten Gegend bekannt sein. Da es sich um Umstände handelt, die jederzeit wahrgenommen werden können, muß der Brauch so allgemein und so ohne ernsthaften Widerspruch verbreitet sein, daß ein besonnener, lebenserfahrener und vernünftig urteilender Mann von seinem Bestehen überzeugt sein kann. Ist der Brauch in diesem Sinne feststellbar, so kann er weder wirksam bestritten noch sein Gegenteil wirksam zugestanden werden. Der einzige Gegenbeweis ist durch die in Abs. 3 Satz 3 vorgesehene Entscheidung des Anerbengerichts möglich. Vgl. Anm. 6. Es gibt übrigens Gegenden, in denen der Brauch nicht einheitlich ist und z. B. bei kleineren Anwesen, die nur eine beschränkte Belastung (Altenteil usw.) vertragen können, Jüngstenrecht, bei größeren leistungsfähigeren Anwesen aber Ältestenrecht gilt.

5. Jüngstenrecht ist uraltes deutsches Recht: Bei Erbteilungen sollte der Ältere teilen, der Jüngere wählen. Der Jüngste erhielt das Haus der Familie, während die anderen entschädigt wurden. Das Gesetz entscheidet sich, wenn kein bestimmter Brauch besteht für Jüngstenrecht, weil dieses geschichtlich die meiste Berechtigung hat, eine möglichst lange Besitzzeit des Einzelnen ermöglicht und damit die Zahl der Besitzwechsel wesentlich verringert.

6. Zweifelhaft ist der Brauch nur, wenn er objektiv im Sinne der Anmerkung 4 ungewiß und eindeutig nicht feststellbar ist. Während die §§ 10 und 18 den Begriff des Zweifels rein subjektiv auffassen, genügt es hier nicht, wenn Zweifel über den Brauch nur bei einem Einzelnen bestehen. Sie müssen vielmehr bei der Mehrheit der Bevölkerung vorhanden sein. Die Zweifelhaftigkeit des Brauches ist zweckmäßig durch Sachverständige festzustellen. Hat nur das Anerbengericht als solches Zweifel am Bestehen eines bestimmten Brauches, so hat es diese Zweifel gemäß

§ 12 der 1. DV. zu klären; denn das Anerbengericht kann solche Zweifel haben, weil es sich bei der Frage des Brauches um eine Tatsache handelt, welche einem bestimmten Wissensgebiet angehört.

Zweifelhaft ist der Brauch auch dann nicht, wenn ein bestimmter Brauch in der Gegend überhaupt nicht besteht. Dann gilt Jüngstenrecht (§ 21 Abs. 3 S. 2 REHG.).

7. Die Entscheidung nach § 21 Abs. 3 S. 3 zum Zwecke der Feststellung des berufenen Anerben darf nicht ohne Antrag ergehen. Antragsberechtigt ist auch der Kreisbauernführer (§ 48 Abs. 2 REHG.). Eine Inzidententscheidung über den Brauch in einem anderen, die Feststellung des berufenen Anerben nicht betreffenden Verfahren ist zulässig. Das Anerbengericht ist für Entscheidungen über das Bestehen eines Brauches im Sinne des § 21 Abs. 3 ganz allgemein und ausschließlich zuständig.

Beteiligte sind alle, die in der Sache berechtigt und verpflichtet sind, auch wenn sie am Verfahren selbst nicht teilnehmen, der Notar im Falle des § 10 Abs. 1 der 2. DV. Ein Antragsrecht für rechtlich Interessierte nach § 61 der 1. DV. besteht hier nicht, dagegen ein Antragsrecht der Bauernführer.

Über die Form des Antrags s. Anm. 2 zu § 10.

8. Anerbengericht, §§ 40 Abs. 1, 41 REHG. Die Entscheidung ist zu begründen (§ 21 der 1. DV.) und hat sich auf die Feststellung zu beschränken, welcher Brauch gilt. Sie darf nicht etwa den berufenen Anerben feststellen. Keine Vorentscheidung. Sofortige Beschwerde, sofortige weitere Beschwerde, §§ 48, 49 REHG. Zustellung von Amts wegen an die Beteiligten, § 21 Abs. 5 der 1. DV., an die Bauernführer, §§ 48 Abs. 2, 49 Abs. 2 REHG. Kostenpflicht § 52 Abs. 1 der 1. DV., Entscheidung über die Kosten im Beschlußtenor § 53 Abs. 1 der 1. DV. Gegenstandswert nicht über 3000 RM., §§ 53 Abs. 2, 49 Abs. 2 der 1. DV., Kostenerinnerung und Wertbeschwerde, §§ 54, 55 der 1. DV.

9. Absatz 4 beseitigt früher aufgetretene Mißstände in der Behandlung erstehelicher Kinder bei Wiederverheiratung des Bauern. Abs. 4 gilt entsprechend für den weiblichen bäuerlichen Erblasser: Unter den gemeinschaftlichen Kindern gehen in diesem Falle die Söhne des 1. Mannes den Söhnen späterer Ehen vor (§ 56 REHG.).

10. Das durch nachfolgende Ehe legitimierte Kind hat den gleichen Blutstrom wie die ehelichen Kinder, da es dieselben Eltern hat (§ 1719 BGB.).

11. Für ehelich erklärte Kinder (vgl. § 1723 BGB.) sind nur, wenn sie in derselben Ordnung berufen sind, den ehelichen Kindern nachgestellt. Im übrigen stehen sie denselben gleich. Sie sind also z. B. vor dem Vater des Erblassers berufen, wenn sie der Ordnung des § 20 Ziff. 1 angehören.

12. Uneheliche Kinder der Mutter sind nur zur Anerbenfolge berufen, wenn eheliche Kinder nicht vorhanden sind. Uneheliche Söhne der Mutter gehen also auch den ehelichen Töchtern der Mutter nach.

Kinder, deren Ehelichkeit mit Erfolg angefochten wurde, sind unehelich mit Rückwirkung auf den Zeitpunkt ihrer Geburt. Es sind Fälle denkbar, in denen eheliche Kinder, deren Unehelichkeit erst später festgestellt wurde, in der Zwischenzeit Anerben geworden sind. Da das auf Feststellung der Nichtehelichkeit lautende Urteil über den Zeitpunkt des Erbfalls hinaus zurückwirkt, ist in Wirklichkeit ein anderer, der gesetzlich Nächstberufene, im Zeitpunkt des Erbfalls Anerbe geworden. Weitere Behandlung: § 1959 BGB., §§ 677 ff., 812 ff. BGB.

Ist die Anfechtungsklage vor dem Tode des anfechtungsberechtigten Erblassers oder überhaupt im Zeitpunkt des Erbfalls noch nicht rechtskräftig entschieden, so gilt das Kind zunächst aus § 1596 Abs. 2 BGB. als ehelich. In ersterem Falle ist der Rechtsstreit in der Hauptsache als erledigt zu betrachten. Es kann aber jeder, der ein Interesse hat, die Unehelichkeit des Kindes geltend machen (§ 1593 BGB.) und zwar durch Klage nach § 256 ZPO. mit Bezug auf ein bestimmtes Rechtsverhältnis.

Wird dem Nachlaßgericht gelegentlich der Nachlaßbehandlung bekannt, daß ein Anfechtungsprozeß über Ehelichkeit des berufenen Anerben läuft, so besteht Grund zur Nachlaßsicherung aus § 1960 BGB.

13. Die an Kindes Statt angenommenen Kinder (§§ 1741 ff. BGB.) sind nicht blutsverwandt. Ist die Adoption bereits vor Inkrafttreten des Reichserbhofgesetzes erfolgt, so steht das angenommene Kind hinsichtlich der Anerbenfolge einem ehelichen Kinde gleich (§ 63 der 1. DV.). Ein vor dem 1. Okt. 1933 adoptiertes Kind kann gemäß § 25 Abs. 1 REHG. vom Erblasser zum Anerben bestimmt werden evtl. unter Zustimmung des Anerbengerichts (§ 25 Abs. 1 Ziff. 3 REHG.). Das Anerbengericht kann überdies gemäß § 8 der 2. DV. für den nächsten Erbfall nach dem 1. Oktober 1933 zulassen, daß ein adoptiertes Kind gemäß § 25 zum Anerben bestimmt wird, wenn es am 1. Okt. 1933 bereits längere Zeit wie ein Kind im Hause des Bauern gelebt hat, d. h. als Familienmitglied behandelt worden ist und allgemein als solches gegolten hat. Der Zeitpunkt der Adoption ist hiebei ohne Bedeutung. Wenn in den Fällen des § 62 der 1. DV. und § 5 der 2. DV. zunächst der überlebende Ehegatte Anerbe geworden ist, wird der Tod des überlebenden Ehegatten noch als „nächster" Erbfall angesehen (§ 4 der 3. DV.).

Blutsverwandte Adoptivkinder sind als Blutsverwandte außerdem entsprechend der gesetzlichen Anerbenordnung berufen.

In der Übergangszeit konkurrieren also Adoptivkinder mit ehelichen Kindern.

14. Da die Zurückstellung der Töchter des Erblassers hinter männliche Verwandte aufsteigender Linie und Seitenverwandte oft bestehendem Brauch widerspricht und als einschneidende Neuheit in der Übergangszeit eine Sonderbehandlung rechtfertigt, bestimmt Abs. 7 zusammen mit § 8 der 2. DV., daß, beschränkt auf den 1. Erbfall, nach dem Zeitpunkt, in welchem die Besitzung Erbhof geworden ist, bei Nichtvorhandensein von Söhnen und Sohnessöhnen die Anerben der 4. Ordnung (Töchter bzw. deren Söhne und Sohnessöhne) vor denen der 2. und 3. Ordnung (Vater, Brüder, Brudersöhne und Sohnessöhne von Brüdern) berufen sind. Wenn in den Fällen des § 62 der 1. DV. und § 5 der 2. DV. zunächst der überlebende Ehegatte Anerbe geworden ist, wird hier der Tod des überlebenden Gatten noch als „1. Erbfall" behandelt (§ 4 der 3. DV.).

Beispiele zu §§ 20, 21 REHG.

Beispiel 1.

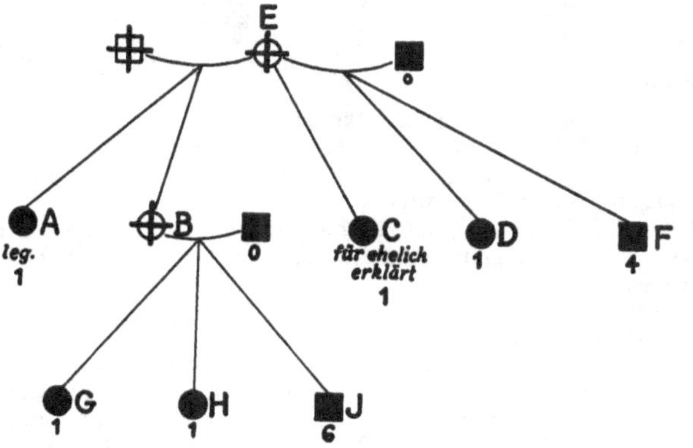

Erblasser ist E.

A, C, D, G und H sind Anerben der 1. Ordnung; denn A und D sind eheliche Söhne des Erblassers. C gilt als ehelich erklärter Sohn des Erblassers als dessen ehelicher Sohn und steht einem solchen gleich. An Stelle des verstorbenen Sohnes B treten dessen Söhne G und H. — § 20 Ziff. 1. F gehört als Tochter des Erblassers der 4. Ordnung, J als Sohnestochter der 6. Ordnung an. § 20 Ziff. 4 und 6.

Die Witwe des Erblassers und die Witwe des Sohnes B sind überhaupt nicht als Anerben berufen.

Innerhalb der 1. Ordnung gilt folgendes: A, G und H gehen als Söhne bzw. Sohnessöhne der ersten Frau den Söhnen C und D vor, § 21 Abs. 4. Der durch nachfolgende Ehe legitimierte A steht dem nach Eingehung der Ehe geborenen erstehelichen Sohne B und nach dessen Tod dessen Söhnen G und H im Range gleich, § 21 Abs. 5. Der für ehelich erklärte C geht sowohl den aus 1. Ehe stammenden A, G und H, als auch dem zweitehelichen Sohne D im Range nach, § 21 Abs. 5.

Angenommen A ist nicht bauernfähig und scheidet deshalb als Anerbe aus, § 21 Abs. 1. Wer von G und H nun zuerst berufen ist, entscheidet sich nach dem in der Gegend geltenden Brauch: nach Ältestenrecht ist G, nach Jüngstenrecht H der berufene Anerbe, § 21 Abs. 3.

Beispiel 2.

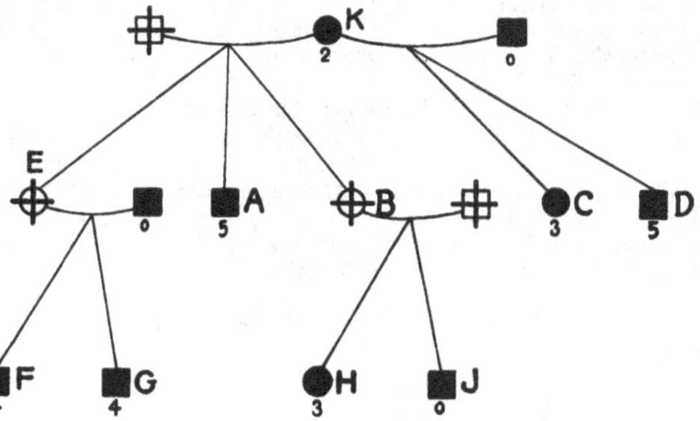

E ist Erblasser.

Anerben der 1. Ordnung sind nicht vorhanden.

Anerbe der 2. Ordnung ist der Vater K des Erblassers.

Anerben der 3. Ordnung sind H als Sohn des vollbürtigen Bruders B, verstorben, sowie der halbbürtige Bruder C.

Anerben der 4. Ordnung sind die Töchter des Erblassers F und G.

Anerben der 5. Ordnung sind die vollbürtige Schwester des Erblassers A und die halbbürtige Schwester D.

Nicht berufen sind die Witwe des Erblassers, die 2. Frau des Vaters des Erblassers und die Bruderstochter J.

Angenommen es handelt sich um den ersten Erbfall nach dem Zeitpunkt, in dem der Besitz Erbhof geworden ist, so gehen die Erben der 4. Ordnung, die Töchter F und G des Erblassers, den Erben der 2. und 3. Ordnung K, H und C vor. § 21 Abs. 7, § 8 der 2. DV. Je nach Ältesten- oder Jüngstenrecht ist entweder F oder G Anerbe

Handelt es sich um einen späteren Erbfall, so wird der Vater K Anerbe. Ist K nicht bauernfähig, so scheidet er als Anerbe aus, § 21 Abs. 7. Anerbe wird dann H, der gemäß § 20 Ziff. 3 an die Stelle seines verstorbenen Vaters B tritt. B ging als vollbürtiger Bruder des Erblassers dem halbbürtigen Bruder C desselben vor, § 21 Abs. 4 S. 2. Dieser Vorrang kommt nun auch dem H zugute. Wären K, H und C nicht vorhanden, dann wäre F nach Ältestenrecht bzw. G nach Jüngstenrecht Anerbe.

Wäre der Erblasser kinderlos gestorben und Anerben der 2. und 3. Ordnung nicht vorhanden, so wäre Anerbe die vollbürtige Schwester A vor der halbbürtigen Schwester D des Erblassers, § 21 Abs. 4 S. 2.

Beispiel 3.

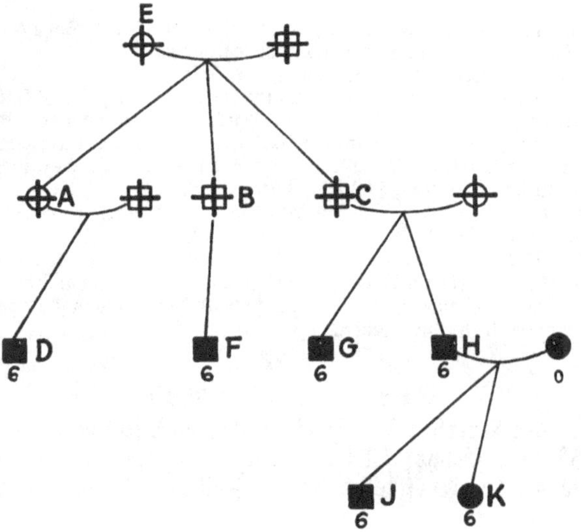

D, F, G, H, J, K sind weibliche Abkömmlinge des Erblassers E bzw. Nachkommen von solchen (J, K!) außerhalb der 4. Ordnung, gehören also zur 6. Ordnung.

Anerbe wird die D; denn sie steht dem Mannesstamme des Erblassers (E—A) am nächsten und schließt alle Fernerstehenden aus. § 20 Ziff. 6 S. 2.

Kann oder will die D nicht Anerbe werden, so sind F, G und H zunächst gleich nah berufen. Da F aber unehelich ist, gehen ihr die beiden ehelich Geborenen G und H vor, § 21 Abs. 5 S. 2. Zwischen G und H wird nach Brauch bzw. § 21 Abs. 3 entschieden. Bei Ältestenrecht wäre die G, bei Jüngstenrecht die H Anerbe.

Wären D, F, G und H weggefallen, so würde unter den nun gleich nah berufenen J und K der Vorzug des männlichen Geschlechtes für K entscheiden. § 20 Ziff. 6 S. 3.

Beispiel 4.

Die Erblasserin E hat 1930 geheiratet. Sie brachte in die Ehe den unehelichen Sohn D, geb. 1915, und den 1925 an Kindes Statt angenommenen C. Ihr Ehe-

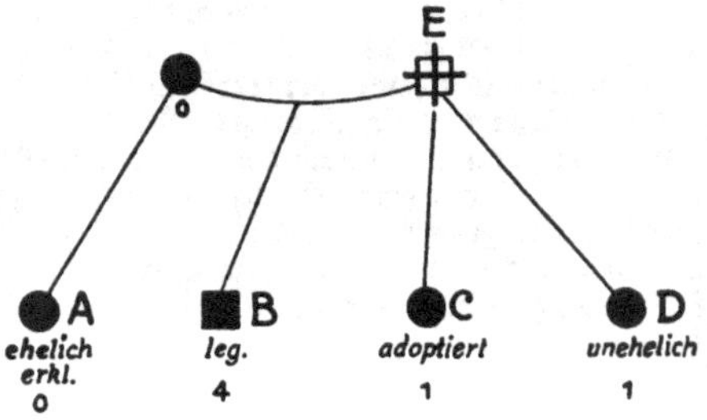

mann brachte in die Ehe seinen für ehelich erklärten unehelichen Sohn A. Die Tochter B der Eheleute ist durch nachfolgende Ehe legitimiert.

C und D sind Anerben der 1. Ordnung, § 20 Ziff. 1.

Die B ist als Tochter der Erblasserin Anerbe der 4. Ordnung, § 20 Ziff. 4. Sie steht als durch nachfolgende Ehe legitimiert einer ehelichen Tochter gleich, § 21 Abs. 5 S. 1.

Nicht berufen sind der Ehemann der Erblasserin und dessen für ehelich erklärter Sohn A, da dieser ja mit der Erblasserin nicht blutsverwandt ist. Bezüglich des Ehemanns vgl. für den Übergang § 62 Abs. 2 der 1. DV.

Dem unehelichen Sohne D gehen der Adoptivsohn C, dieser gemäß § 63 der 1. DV., und die Tochter B vor. § 21 Abs. 5 S. 2, 2. Halbsatz.

Da die B als Tochter dem C gegenüber in der Ordnung nachgeht, wird C Anerbe. Die Tochter B kann indes im Übergang, ebenso wie der A in einem Erbvertrag oder gemeinschaftlichen Testament, die B auch außerhalb der Übergangszeit gemäß § 25 Abs. 3 als Anerbe bestimmt werden.

§ 22

Austausch eines Erbhofs

(1) Hat der Anerbe[1] bereits einen Erbhof[2], so scheidet er als Anerbe aus[3]. Der Erbhof fällt demjenigen zu, welcher berufen[4] sein würde, wenn der Ausscheidende zur Zeit des Erbfalls nicht gelebt hätte[5].

(2) Dies tritt jedoch nicht ein, wenn der Anerbe innerhalb sechs Wochen[6] nach dem Zeitpunkt, in dem er von dem Anfall Kenntnis erlangt hat[7], dem Anerbengericht gegenüber[8] in öffentlich beglaubigter Form oder zur Niederschrift der Geschäftsstelle erklärt[9], daß er den angefallenen Hof übernehme[10].

(3) Im Falle des Abs. 2 fällt das Eigentum an dem eigenen Hof des Anerben kraft Gesetzes dem nächstberufenen Anerben des Erblassers an[11]. Dieser kann den Anfall ausschlagen. Die Vorschriften des Bürgerlichen Gesetzbuchs über die Annahme oder Ausschlagung einer Erbschaft finden entsprechende Anwendung[12].

(4) Das Anerbengericht bestimmt, in welcher Höhe dieser Nächstberufene verpflichtet ist, den Anerben von den Nachlaßverbindlichkeiten zu befreien[13].

(5) Die Vorschrift des Abs. 4 gilt auch für die mit dem übertragenen Hof zusammenhängenden persönlichen Verbindlichkeiten des Anerben. Insoweit das Anerbengericht den Erwerber des Hofes zu ihrer Tragung verpflichtet, haftet er auch den Gläubigern gegenüber[14].

Im Interesse einer gesunden Bodenverteilung innerhalb des Berufsstandes soll jeder Bauer grundsätzlich nicht mehr als einen Erbhof besitzen. Insoweit mehrere Erbhöfe einem einzigen Eigentümer gehören (auf Grund alter Besitzverhältnisse oder auf Grund des § 4 REHG.), bringt das REHG. in § 23 schon beim nächsten Erbfall einen natürlichen Abbau dieses unerwünschten Zustandes (Ausnahme, § 58 REHG.). Um in Zukunft die Vereinigung mehrerer Erbhöfe in einer Hand hintanzuhalten, bestimmt das Gesetz in § 22 REHG., daß der Anerbe, der bereits einen Erbhof hat, als Anerbe ausscheidet und zwar wird ihm das Erbrecht in den Erbhof des Erblassers genau so versagt wie einem nicht bauernfähigen Anerben (vgl. § 21 Abs. 1 REHG.). Ohne weitere Einschränkung angewendet, würde diese Bestimmung jedoch in vielen Fällen eine vom Gesetzgeber ungewollte Härte bedeuten. So müßte er als Besitzer eines Erbhofs von geringem Werte als einziger Sohn des Erblassers es sich gefallen lassen, daß der hochwertige väterliche Erbhof, mit dem er und sein Geschlecht durch die Bande der Überlieferung besonders enge verbunden sind, auf einen Andern, z. B. einen Seitenverwandten, übergeht. Der Abs. 2 bietet deshalb dem Anerben die Möglichkeit, unter Verlust seines eigenen Hofs den Hof des Erblassers zu übernehmen. Hiezu muß der Anerbe gegenüber dem Anerbengericht die Übernahme erklären. Seinen Hof erhält dann kraft Gesetzes der nächstberufene Anerbe des Erblassers (§ 22 Abs. 3 REHG.). Die gelegentlich dieses Austausches der zwei Höfe für den Anerben sich ergebende Schuldenmehrung ließ es billig erscheinen, daß durch Bestimmung des Anerbengerichts dem Anerben in gewissem Umfange Verpflichtungen durch den nächstberufenen Anerben abgenommen werden.

1. Begriff des Anerben, § 19 REHG. § 22 REHG. gilt sowohl für den gesetzlichen Anerben (§§ 20, 21) als auch für den auf Grund Verfügung von Todes wegen berufenen (§ 25 REHG., § 62 der 1. DV., §§ 5, 6 der 2. DV.).

2. Der Besitz von Grundeigentum, das nicht Erbhof im Sinne des REHG. ist, schadet nicht. Ist die Erbhofeigenschaft des bisherigen Besitzes des Anerben zweifelhaft, so ist hierüber gemäß § 10 vom Anerbengericht zu entscheiden und zwar auf Antrag Antragsberechtigter aus § 10 REHG. oder § 61 der 1. DV. Es ist nicht zulässig, daß das Nachlaßgericht etwa inzidenter, z. B. gelegentlich der Erteilung eines Erbscheins über die Erbhofeigenschaft des bisherigen Grundeigentums des Anerben, entscheidet. Der Besitz von Grundeigentum nach § 62 Abs. 1 der 1. DV., § 5 Abs. 1 der 2. DV. schadet nicht. Der auszutauschende Erbhof muß vielmehr im Alleineigentum des Anerben stehen, wenn § 22 Abs. 1 zutreffen soll. Bei Miteigentum würde ein geeigneter Austauschhof fehlen.

3. Das Ausscheiden tritt kraft Gesetzes ein. Es beschränkt sich auf die Erbfolge in den Erbhof, erstreckt sich also nicht auf den übrigen Nachlaß (§ 33) des Erblassers. Hat sich der Ausscheidende alsbald in den tatsächlichen Besitz des Erbhofs gesetzt, so entstehen irgendwelche abzuändernde Rechtsfolgen dann nicht, wenn er später das Eigentum an dem Hof des Erblassers rechtswirksam erwirbt. Ist dies nicht der Fall, weil er z. B. vor Abgabe der Übernahmeerklärung stirbt, nicht übernehmen will, nachdem sein eigener Hof weit besser ist, oder in Unkenntnis des Gesetzes glaubt, beide Höfe behalten zu können, so ist er bei gutem Glauben wie ein Geschäftsführer ohne Auftrag zu behandeln, bei schlechtem Glauben als unredlicher Besitzer, gegen den der Nächstberufene die Herausgabeklage aus dem Eigentum und Schadenersatz-

anspruch aus unerlaubter Handlung geltend machen kann. Für alle diese Streitigkeiten ist das ordentliche Gericht zuständig.

4. Berufung: nach Gesetz (§§ 20, 21) durch Verfügung von Todes wegen (§ 2… REHG., § 62 der 1. DV., §§ 5, 6 der 2. DV. § 1 Abs. 3 der 3. DV.), falls diese Verfügung für den Fall getroffen ist, daß der Nächstberufene nicht Anerbe werden will oder kann (Bestimmung eines Ersatzanerben).

5. Der weitere Anfall an den Nächstberufenen wird also auf den Zeitpunkt des Erbfalls zurückbezogen (vgl. § 1922 BGB.); s. auch Anm. zu § 21 Abs. 1 REHGG.

6. Die Frist von 6 Wochen entspricht der normalen Ausschlagungsfrist des § 1944 Abs. 1 BGB. Es kann unbedenklich angenommen werden, daß diese Frist in entsprechender Anwendung des § 1944 Abs. 3 BGB. 6 Monate beträgt, wenn der Erblasser seinen letzten Wohnsitz im Ausland gehabt hat oder der Anerbe sich bei Beginn der Frist im Auslande (d. h. außerhalb des Reichsgebietes) aufhält. Praktisch wird ein solcher Fall Ausnahme bleiben.

Beginn und Ende der Frist: §§ 187, 188, 193 BGB.

Beruht die Berufung auf einer Verfügung von Todes wegen, so beginnt die Frist nicht vor Verkündung dieser Verfügung durch das zuständige Nachlaßgericht § 1944 Abs. 2 BGB., auch dann nicht, wenn der Berufene den Inhalt gekannt hat.

7. Hiezu gehört:

a) Kenntnis vom Erbfall,

b) Kenntnis vom Berufungsgrunde, wenn letzteres auch nicht im Gegensatz zu § 1944 Abs. 2 BGB. vorgeschrieben ist.

An Stelle der minderjährigen Anerben muß der gesetzliche Vertreter diese Kenntnis erlangt haben. Auf welche Weise er sie erlangt hat, ist gleichgültig. Für Nachlaßgericht und Anerbengericht besteht keine Verpflichtung, den Anerben auf Berufung und Erklärungsfrist hinzuweisen (vgl. dagegen § 23 Abs. 2 REHG.). Die Versäumung der Frist kann angefochten werden — s. unten.

8. Die Erklärung muß dem örtlich zuständigen Anerbengericht gegenüber (Anerbengericht der Hofstelle, § 42 Abs. 1) abgegeben werden. Sie ist unwiderruflich, kann jedoch angefochten werden. Bestehen Zweifel an der Zuständigkeit des Anerbengerichts, so schadet ein Irrtum des Anerben dann nicht (vgl. § 42 Abs. 2), wenn aus der ganzen Sachlage die Absicht des Anerben entnommen werden kann, daß er die Erklärung an das zuständige Gericht richten wollte. Unerfahrenheit ist weitgehend zu berücksichtigen. Unerläßlich für die Rechtswirksamkeit der Erklärung ist, daß sie noch vor Fristablauf beim zuständigen Anerbengericht einläuft. Rechtzeitig ist die Annahmeerklärung auch dann erfolgt, wenn sie bei einem im Wege der Amtshilfe (§ 18 der 1. DV.) um Entgegennahme ersuchten anderen Anerbengericht vor Fristablauf abgegeben wird.

9. Als Form ist vorgeschrieben:

a) entweder öffentlich beglaubigte (§ 129 BGB.):

die Erklärung muß in diesem Falle schriftlich abgefaßt und die Unterschrift des Erklärenden von der zuständigen Behörde oder einem zuständigen Beamten oder Notar beglaubigt werden. Reichsrechtlich sind zur Beglaubigung neben den Notaren die Amtsgerichte zuständig (§ 167 Abs. 2 FGG.), vgl. jedoch § 191 FGG. In Bayern sind zur Beglaubigung die Amtsgerichte nicht zuständig (§ 15 Abs. 2 S. 2 AGzGVG.), sondern nur die Notare (Art. 1, 35 NotG.).

Die öffentliche Beglaubigung wird durch die gerichtliche oder notarielle Beurkundung ersetzt (§ 129 Abs. 2 BGB.).

b) oder zu Niederschrift der Geschäftsstelle:

Zuständig ist die Geschäftsstelle jedes Anerbengerichts, nicht die eines Instanzgerichts (§ 8 der 1. DV.).

Wird die Erklärung bei der Geschäftsstelle des zuständigen Anerbengerichts abgegeben, so ist sie damit ohne weiteres formgerecht und dem Anerbengericht gegenüber abgegeben. Es bedarf zur Wahrung der Frist nicht etwa noch der Vorlage an den Vorsitzenden oder das Gericht. Neben dem Urkundsbeamten der Geschäftsstelle sind selbstverständlich auch Kollegium oder Vorsitzender allein zur Entgegennahme zuständig. Die Erklärung muß aber auf alle Fälle zu Niederschrift genommen werden, um rechtswirksam sein zu können.

10. Die Erklärung muß unzweideutig enthalten, daß der Anerbe den Hof des Erblassers übernehme. Es ist also ein Wortlaut zu wählen, der jeden Zweifel unmöglich macht. Die Übernahme kann nicht unter einer Bedingung oder Zeitbestimmung erklärt werden. Das Anerbengericht hat die Rechtswirksamkeit der Übernahmeerklärung von Amts wegen zu prüfen und die Rechtswirkung von Amts wegen förmlich festzustellen. Es hat weiter das zuständige Nachlaßgericht durch Erteilung einer beglaubigten Abschrift der Erklärung zum Nachlaßakt zu verständigen, damit es die Erbfolge in den Erbhof feststellen und evtl. Verfahren auf Erteilung eines Erbscheins einleiten kann.

Ist die Erklärung rechtswirksam abgegeben, d. h. frist- und formgerecht und inhaltlich dem Abs. 2 entsprechend, so treten folgende Rechtswirkungen ein:

a) der Erklärende wird Anerbe des Erblassers mit allen Wirkungen der Erbfolge in den Erbhof (Miterbenhaftung, Haftung für die Nachlaßverbindlichkeiten, Möglichkeit der Haftungsbeschränkung usw.),

b) der Erklärende verliert das Eigentum an seinem eigenen Hof.

Ist die Erklärung nicht rechtswirksam, so treten diese Rechtswirkungen nicht ein, der Anerbe scheidet vielmehr nach § 22 Abs. 1 REHG. als Anerbe aus — vgl. auch Anm. 11.

Durch die Formvorschrift des Abs. 2 ist die Wichtigkeit der Übernahmeerklärung besonders unterstrichen. Ein Bevollmächtigter bedarf einer öffentlich beglaubigten Vollmacht. — ½ Gebühr für die Erklärung, § 51 Abs. 2 Ziff. 1 der 1. DV.

11. Kraft Gesetzes! Die Übernahmeerklärung ist ihrem Wesen nach eine reine Erbschaftsannahmeerklärung und enthält keine rechtsgeschäftliche Verfügung über ein Grundstück (eigener Hof). Folglich ist eine vormundschaftsgerichtliche Genehmigung derselben nach §§ 1643, 1686, 1821 Ziff. 1, BGB. nicht erforderlich, falls der Anerbe minderjährig ist. Hat der Erklärende mehrere Erbhöfe, so muß aus dem Begriffe des Austausches der Erbhöfe gefolgert werden, daß er nur einen seiner mehreren Höfe verliert. Die Auswahl des auszutauschenden Hofes muß billigerweise dem Anerben überlassen bleiben. Diese Auswahl enthält nun allerdings eine Verfügung über ein Grundstück und bedarf deshalb der vormundschaftsgerichtlichen Genehmigung, falls der Anerbe minderjährig ist. Die Wahlerklärung muß spätestens gleichzeitig mit der Übernahmeerklärung erfolgen, damit die Rechtswirkung des Absatz 3 Satz 1 eintreten kann. Die Wahlerklärung muß eindeutig zum Ausdrucke bringen, welchen der mehreren Erbhöfe der Anerbe zum Austausch stellt. Wegen des inneren Zusammenhanges muß gefordert werden, daß die Wahlerklärung in der gleichen Form wie die Übernahmeerklärung selbst abgegeben wird. Für den geschäftsbeschränkten Anerben kann die Übernahmeerklärung erst dann rechtswirksam abgegeben werden, wenn die vormundschaftsgerichtliche Genehmigung seiner Auswahlerklärung rechtswirksam erteilt ist.

Ist kein nächstberufener Anerbe vorhanden, so bestimmt der Reichsbauernführer die Person, der der eigene Hof des Anerben anfallen soll (§ 25 Abs. 5 REHG.). Mit der Rechtswirksamkeit dieser Bestimmung des Reichsbauernführers fällt dem Bestimmten das Eigentum am eigenen Hofe des Anerben an. Bis zu diesem Zeitpunkt bleibt der Anerbe Eigentümer seines eigenen Hofes.

12. Der Nächstberufene kann den Anfall ausschlagen, wie wenn er selbst Anerbe wäre; daher entsprechende Anwendung der Bestimmungen über Annahme und Ausschlagung einer Erbschaft, §§ 1943ff. BGB. Wirklicher Anerbe wird er aber nicht. Der eigene Hof des Anerben gehört nicht zum Nachlaß. Aus diesem Grunde muß die Ausschlagungserklärung dem Anerbengericht und nicht dem Nachlaßgerichte gegenüber abgegeben werden. Wer nächstberufener Anerbe ist, hat das Anerbengericht festzustellen, sobald der Anerbe rechtswirksam die Übernahme des ihm angefallenen Erbhofes erklärt hat. Das Anerbengericht hat dem Nächstberufenen diese Uebernahmeerklärung unter entsprechendem Hinweis auf die Rechtsfolgen des Abs. 3 mitzuteilen. Evtl. Benachrichtigung des Reichsbauernführers, wenn kein nächstberufener Anerbe vorhanden ist. Anfechtbarkeit der Annahme, Ausschlagung und Versäumung der Ausschlagungsfrist, §§ 119ff., 142, 1954ff. BGB. Die Anfechtung ist dem Anerbengericht gegenüber zu erklären.

Eine halbe Gebühr für die Erklärungen, § 51 Abs. 2 Ziff. 1 der 1 DV.

Der Nachweis des Übergangs des eigenen Hofes des Anerben auf den Nächstberufenen (§ 22 Abs. 3 REHG.) wird durch einen Erbschein geführt (§ 3 Abs. 3 der 3. DV.). Antragsberechtigt ist der Nächstberufene. Naturgemäß kann in einem solchen Erbschein nur bescheinigt werden, daß auf den Tod des Erblassers der Erbhof des Anerben „durch Austausch eines Erbhofs gemäß § 22 REHG." auf den Nächstberufenen übergegangen ist (§ 3 Abs. 2 der 3. DV., §§ 2353ff. BGB.).

13. Das Gesetz sagt nicht, ob die Bestimmung des Anerbengerichtes einen Antrag voraussetzt. Dies muß als selbstverständlich angenommen werden, da einer gütlichen außergerichtlichen Einigung der Beteiligten nicht vorgegriffen werden wollte. Antragsberechtigt sind die Beteiligten (Anerbe, Nächstberufener).

Absatz 4 bezieht sich nur auf die Nachlaßverbindlichkeiten. Für diese haftet der Nächstberufene nicht, da er nicht Erbe ist. Nachdem ihm jedoch tatsächlich nur infolge des Erbfalles der eigene Hof des Anerben zufallen kann, erschien es billig, ihn im Innenverhältnis zum Anerben wie einen Miterben zur Tragung von Nachlaßverbindlichkeiten heranzuziehen. Dies geschieht in der Weise, daß das Anerbengericht nach freiem Ermessen bestimmt, in welcher Höhe der Nächstberufene den Anerben von den Nachlaßverbindlichkeiten zu befreien hat. Die Bestimmung des Anerbengerichtes berührt zwar nach außenhin die Haftung des Anerben gegenüber den Nachlaßgläubigern und deren Rechtsstellung nicht; der Anerbe erlangt aber gegenüber dem Nächstberufenen einen klagbaren Anspruch auf Zahlung in der festgesetzten Höhe. Im Gegensatz zu Absatz 5 hat die Bestimmung des Anerbengerichtes keine Haftung des Nächstberufenen gegenüber den Nachlaßgläubigern zur Folge.

14. Absatz 5 stellt eine Erweiterung des Abs. 4 dar. Die Vorschrift hat ihren Grund in der Tatsache, daß der Anerbe gelegentlich des Erbfalles nicht nur durch die Erbenhaftung neubelastet wird, sondern auch Schuldner aller mit dem übertragenen Hofe zusammenhängenden persönlichen Verbindlichkeiten bleibt, obwohl er der Nutzung des übertragenen Hofes für die Zukunft verlustig geht. Die Gläubiger dieser persönlichen Verbindlichkeiten könnten sich nach erfolgtem Austausch der Höfe nur an den früheren Eigentümer, den Anerben, halten, nicht dagegen an den neuen Eigentümer, den Nächstberufenen. Im Austausch der Höfe liegt keine Vermögensübernahme nach § 419 BGB. Es lag nicht in der Absicht des Gesetzgebers, an den Austausch eine Benachteiligung der Gläubiger und eine einseitige, unbillige Begünstigung des Nächstberufenen auf Kosten des Anerben zu knüpfen. Deshalb soll das Anerbengericht entsprechend dem Bedürfnis des Einzelfalles den Nächstberufenen auch zur Tragung von persönlichen Verbindlichkeiten des Anerben verpflichten können, die mit dem übertragenen Hofe zusammenhängen. Im Gegensatz zu Abs. 4

gibt hier die Bestimmung des Anerbengerichtes auch den Gläubigern einen Anspruch auf Erfüllung gegenüber dem Nächstberufenen. Die dingliche Belastung des übertragenen Hofes (eigener Hof des Anerben) wird durch den Austausch nicht berührt.

Eine Benachrichtigung der Gläubiger durch das Anerbengericht von der gem. Abs. 5 getroffenen Bestimmung ist zwar nicht vorgeschrieben, jedoch zweckmäßig.

Es ist selbstverständlich, daß das Anerbengericht bei einer Bestimmung nach Abs. 4 oder 5 in erster Linie die Leistungsfähigkeit der beiden Höfe zu berücksichtigen hat. Die Bestimmung hat durch begründeten Beschluß zu erfolgen (§ 21 1. DV.). Vorentscheidung durch den Vorsitzenden ist zugelassen (§ 19 der 1. DV.). Sofortige Beschwerde, sofortige weitere Beschwerde, §§ 48, 49 REHG.

Gebühren und Kosten § 51 REHG., §§ 51 Abs. 3, 52 Abs. 1, 3 und 53 Abs. 1 der 1. DV.

§ 23

Mehrere Erbhöfe

(1) Hinterläßt der Bauer mehrere Erbhöfe[1], so können die als Anerben Berufenen[2] in der Reihenfolge ihrer Berufung je einen Erbhof wählen, so daß niemand mehr als einen Erbhof bekommt[3].

(2) Die Wahl ist gegenüber dem Anerbengericht in öffentlich beglaubigter Form oder zur Niederschrift der Geschäftsstelle zu erklären[4]. Der Vorsitzende des Anerbengerichts hat dem Wahlberechtigten auf Antrag eines nachstehenden Wahlberechtigten eine angemessene Frist zur Erklärung über die Wahl zu bestimmen[5]. Erfolgt die Wahl nicht vor Ablauf der Frist, so tritt der Wahlberechtigte hinter die übrigen Wahlberechtigten zurück[6].

(3) Jeder Anerbenberechtigte erwirbt das Eigentum an dem von ihm gewählten Hof mit der Vollziehung der Wahl. Mit der Vollziehung der letzten Wahl erwirbt zugleich der Nächstberufene das Eigentum an dem übrigbleibenden Hof[7].

§ 23 will ebenso wie § 22 verhindern, daß im Erbwege mehr als ein Erbhof auf den Anerben übergeht.

Während § 22 dem Anerben, der bereits einen Erbhof hat, ein Austauschrecht einräumt, von dem er Gebrauch machen muß, wenn er Anerbe werden will, beruft § 23, wenn mehrere Erbhöfe zum Nachlaß gehören, grundsätzlich soviel Anerben zur Erbschaft in die hinterlassenen Erbhöfe, als solche vorhanden sind. Entsprechend der Reihenfolge ihrer Berufung können die Anerben sich einen Erbhof aus den vorhandenen mehreren Erbhöfen auswählen, so daß schließlich jeder Anerbe nicht mehr als einen Erbhof erhält. Der § 23 enthält zwingendes Recht, d. h. der Erblasser kann die Berufung nach § 23 REHG. durch Verfügung von Todes wegen weder ausschließen noch beschränken (§ 24). Eine Ausnahme ist für die Übergangszeit in § 58 REHG. zugelassen: Beim ersten Erbfall nach dem 1. Oktober 1933 kann der Erblasser durch Verfügung von Todes wegen einem Anerben, der keine Söhne oder Sohnessöhne hat, insgesamt 2 Erbhöfe von zusammen nicht mehr als 125 ha hinterlassen.

1. Die mehreren Erbhöfe müssen zum Nachlaß des Bauern gehören.

Zum Nachlaß gehören nicht:

a) gepachtete Höfe,

b) Höfe, die bei Inkrafttreten des Gesetzes zu einer Vorerbschaft gehören. Solche gehören zum Nachlaß der Person, welche die Vorerbschaft angeordnet hatte (vgl. § 68 Abs. 2 der 1. DV.).

Die Höfe müssen Erbhöfe sein (§§ 1—3, 6ff. REHG.). Es sind folgende Fälle möglich:

a) der Bauer besitzt bei Inkrafttreten des Gesetzes mehrere Erbhöfe, denen auf Grund Gesetzes die Erbhofeigenschaft zukommt,

b) er besitzt solche auf Grund Teilung nach § 4 REHG.,

c) er besitzt sie auf Grund Teilung nach § 63 Abs. 3 der 1. DV.

Ist die Erbhofeigenschaft eines der mehreren Besitzungen des Erblassers zweifelhaft, so ist Entscheidung des Anerbengerichts der Hofstelle gemäß § 10 REHG. herbeizuführen. Vor Entscheidung über die Erbhofeigenschaft ist eine Wahl nach § 23 REHG. begrifflich nicht möglich.

Bei Miteigentum von Ehegatten nach § 62 Abs. 1 der 1. DV., §§ 5, 6 der 2. DV. und bei fortgesetzter Gütergemeinschaft nach § 62 Abs. 4 der 1. DV. können zu diesem Miteigentum mehrere Erbhöfe gehören: Es kann hier § 23 REHG. zur Ergänzung der vorliegenden Verfügung von Todes wegen entsprechend angewendet werden, wenn nämlich die betreffende Verfügung keine der Zahl der vorhandenen Erbhöfe entsprechende Berufung von Anerben enthält: es sind bezüglich der frei bleibenden Erbhöfe die nächstberufenen Anerben berufen und wahlberechtigt. Sind den in der Verfügung Berufenen nicht ausdrücklich bestimmte Erbhöfe zugeteilt, so steht ihnen vorerst unter sich das Wahlrecht nach der Reihenfolge ihrer gesetzlichen Berufung aus § 23 REHG. zu. Die Berufung des überlebenden Ehegatten in die mehreren Erbhöfe ist unzulässig.

Für die fortgesetzte Gütergemeinschaft gelten die vorstehenden Ausführungen entsprechend. Den Berufenen steht hier das Wahlrecht aus § 23 REHG. zu, falls nicht in der Verfügung von Todes wegen selbst eine Verteilung der mehreren Erbhöfe angeordnet ist. Auch hier kommt wie oben eine ergänzende Berufung der gesetzlichen Anerben eventuell Bestimmung durch den Reichsbauernführer gemäß § 25 Abs. 5 REHG. in Frage.

Vgl. noch § 6 Abs. 1 der 2. DV.

2. Berufung: Durch Gesetz (§§ 20, 21 REHG.), durch Verfügung von Todes wegen (§ 25 REHG., § 62 der 1. DV., §§ 5, 6 der 2. DV., durch Bestimmung gemäß § 25 Abs. 5 REHG.).

Hat der Anerbe bereits einen Erbhof, so muß er von dem Austauschrecht des § 22 REHG. Gebrauch machen, wenn er Anerbe werden will. Die Austauscherklärung nach § 22 REHG. ist in diesem Fall zugleich Wahlerklärung nach § 23 REHG. Folglich kann die Austauscherklärung hier nicht eher abgegeben werden, als bis der Austauschberechtigte an der Reihe ist, nach § 23 REHG. zu wählen. Hat der Anerbe bereits mehrere Erbhöfe, so muß er die Bestimmung, welchen seiner eigenen Höfe er an den Nachlaß austauschen will (§ 22 Abs. 3 S. 1) spätestens gleichzeitig mit dem Austausch, der hier gleich Wahl ist, erklären.

3. Diese Bestimmung ist zwingendes Recht. Eine entgegenstehende Vereinbarung unter den Anerben wäre unzulässig.

4. Die Wahl ist eine einseitige empfangsbedürftige Willenserklärung, die dem Anerbengericht der Hofstelle gegenüber in der vorgeschriebenen Form abzugeben ist. Über die Form vgl. das zu § 22 Gesagte. Eine Frist zur Wahl ist im Gesetze nicht vorgeschrieben

5. Um eine ungebührliche Verzögerung der Nachlaßbehandlung zu verhindern ist die Fristsetzung durch den Vorsitzenden auf Antrag eines Wahlberechtigten zugelassen. Die Fristsetzung ist keine Entscheidung des Anerbengerichts, die mit sofortiger und sofortiger weiterer Beschwerde anfechtbar ist, vielmehr ein Beschluß, der gemäß § 11 der 1. DV., § 19 FGG. mit einfacher Beschwerde anfechtbar ist. Sie kann deshalb auch vom Vorsitzenden selbst auf Beschwerde abgeändert oder aufgehoben werden. § 18 FGG. Sie bedarf sonach auch keiner Begründung nach § 21 der 1. DV. Beschwerdeberechtigt sind die Antragsberechtigten, die Wahlberechtigten, der Notar im Falle des § 10 der 2. DV., der Reichsbauernführer im Falle des § 25 Abs. 5. Die Beschwerde kann sich nur darauf gründen, daß die gesetzlichen Voraussetzungen der Fristbestimmung nach § 23 Abs. 1 nicht vorliegen oder die Frist nicht angemessen ist. Die Frist ist dann angemessen bestimmt, wenn sie dem Wahlberechtigten unter Berücksichtigung der Sachlage genügend Zeit zur Prüfung und zur Fassung eines Entschlusses läßt.

Berechnung der Frist, §§ 186ff. BGB.

Anfechtung der Frist, §§ 119, 142ff. BGB.

Die Fristbestimmung kann etwa folgenden Wortlaut haben:

„Beschluß.

I. Der am ..... in .... verstorbene Bauer hat folgende Erbhöfe hinterlassen:

a) Anwesen Hs.-Nr. .... in ......,
b) Anwesen Hs.-Nr. .... in ......,
usw.

Als Anerben sind in folgender Reihenfolge berufen:

a) der A,
b) der B, usw.

II. Auf Antrag des B als nachstehenden Wahlberechtigten wird hiemit dem Wahlberechtigten A, welcher eine Erklärung über die Wahl bisher noch nicht abgegeben hat, hiezu eine Frist von 1 Monat bestimmt, die mit der Zustellung dieses Beschlusses beginnt. Erfolgt die Wahl nicht vor Ablauf der Frist, so tritt der Wahlberechtigte A hinter die übrigen Wahlberechtigten zurück.

Die Wahl ist dem Anerbengericht .... gegenüber in öffentlich beglaubigter Form oder zu Niederschrift der Geschäftsstelle zu erklären. § 23 REHG.

III. Die Kosten dieses Verfahrens trägt der Wahlberechtigte A. § 52 Abs. 1 d. 1. DV.

IV. Für diesen Beschluß kommt eine Gebühr von .... RM. in Ansatz. § 51 Abs. 2 Ziff. 2 der 1. DV."

6. d. h. er tritt hinter den Letztberufenen der ursprünglich berufenen Anerben zurück. Ob die Berufung auf Grund Gesetzes oder Verfügung von Todes wegen erfolgt, ist gleichgültig.

Mit anderen Worten: der säumige Wahlberechtigte erhält den letzten Hof, wenn nicht etwa ein ihm ursprünglich nachstehender Wahlberechtigter die Erbschaft gemäß § 29 REHG. ausschlägt oder selbst die Wahlerklärungsfrist des Abs. 2 versäumt.

Beispiel: Der Erblasser hinterläßt 4 Erbhöfe. Er bestimmt durch Verfügung von Todes wegen den A und den B zu Anerben. Da nach Abs. 1 kein Anerbe mehr als einen Erbhof bekommen darf — auch nicht bei entgegenstehender Bestimmung des Erblassers (§ 24 Abs. 1) —, sind für die zwei übrig bleibenden Höfe C und D als nächstberufene gesetzliche Anerben berufen. Versäumt nun A die ihm bestimmte Wahlerklärungsfrist, so tritt er hinter D, nicht etwa nur hinter B zurück. Er erhält also den letzten Hof. Versäumt B die Frist gleichfalls, so tritt B hinter A zurück.

A hat nun die Wahl zwischen den zwei letzten Höfen. Es wählen also nun C, D, A und B hintereinander. Versäumt aber B nicht die Frist, sondern schlägt er die Erbschaft in die Erbhöfe aus, so tritt A nicht etwa noch hinter den infolgedessen weiter berufenen gesetzlichen Anerben E.

7. Es wird analog dem Falle der Auseinandersetzung eines Nachlasses bei Erbengemeinschaft das Eigentum am Einzelhof mit der Vollziehung der Wahl von dem wählenden Anerben mit voller dinglicher Wirkung erworben. Das Eigentum an den mehreren Erbhöfen steht bis zum Ausscheiden des einzelnen Miterben durch die Vollziehung der Wahl von dem Erbfalle an den sämtlichen Berufenen in Erbengemeinschaft zu gesamter Hand zu. Diese Gemeinschaft verkleinert sich automatisch mit der Vollziehung jeder einzelnen Wahl und ist mit der letztmöglichen rechtswirksamen Wahl beendet. Bezüglich des Ausschlagungsrechtes ergibt sich folgendes Bild:

a) Für den zunächst Wahlberechtigten beginnt die Ausschlagungsfrist mit der Kenntnis des Erbfalls und der Berufung einschl. des Berufungsgrundes.

b) Für die weiter berufenen Anerben beginnt die Ausschlagungsfrist mit Kenntnis der erfolgten Wahl des Vorberufenen und des Ergebnisses dieser Wahl.

Es kann kein Anerbe, der wahlberechtigt ist, etwa nur die Erbschaft in einen bestimmten der mehreren Erbhöfe des Erblassers ausschlagen, da nach BGB. die Ausschlagung nicht auf einen Teil des Nachlasses beschränkt werden kann und diese Vorschrift sinngemäß auf den in den Erbhöfen bestehenden besonderen Teil der Erbschaft anzuwenden ist. Eine so beschränkte Ausschlagung könnte nur die Bedeutung haben, daß der Berufene einen bestimmten Hof nicht wählen will, und wäre dann als Wahlerklärung unvollständig und deshalb rechtsunwirksam, weil sie nicht zum Ausdruck bringt, welcher Hof gewählt wird.

Der Letztberufene erwirbt das Eigentum am letzten Hofe mit Vollziehung der Wahl seines Vordermannes unbeschadet des Ausschlagungsrechtes.

Tätigkeit des Anerbengerichts: Ein ordnungsmäßiger Verlauf des Wahlverfahrens nach § 23 REHG. ist ohne Aufsicht und Mitwirkung des Anerbengerichts nicht denkbar. Sind in einem Rücklaß mehrere Erbhöfe vorhanden, so kann das Nachlaßgericht zwar die Berufenen feststellen, aber angesichts der im Wesen auf eine gesetzliche Teilungsanordnung hinauslaufenden Bestimmung des § 23 REHG. nicht den Erben des Einzelhofs. Es hat deshalb den Nachlaßakt dem Anerbengericht zur Durchführung des Wahlverfahrens zuzuleiten. Dieses stellt evtl. auf Grund eigener Erhebungen (§ 12 der 1. DV.) die Reihenfolge der Berufenen für das Wahlverfahren fest und benachrichtigt den Nächstberufenen von seinem Wahlrecht mit Hinweis auf die Bestimmung des Abs. 2 unter näherer Bezeichnung der vorhandenen Erbhöfe. Zweckmäßig wird hiebei eine Belehrung über die Ausschlagung miterfolgen. Von einer Ausschlagungserklärung oder Wahlerklärung ist dann je der Nächstberufene zu verständigen. Dem Letztberufenen ist zugleich mit der Mitteilung der Wahlerklärung des Vorberufenen die Rechtsfolge des Abs. 3 S. 2 unter Ausschlagungsbelehrung mitzuteilen.

Es besteht kein Bedenken, daß das Anerbengericht alle berufenen Anerben unter entsprechender Bekanntgabe der Sachlage und Belehrung über die Rechtslage gleichzeitig benachrichtigt.

Hat ein Wahlberechtigter nicht spätestens innerhalb der für ihn laufenden Ausschlagungsfrist eine Wahlerklärung abgegeben, so wird zweckmäßig der Nächstberufene unter Hinweis auf die Möglichkeit einer Fristbestimmung verständigt. Gewinnt das Anerbengericht den Eindruck, daß eine Wahlerklärung von einem oder mehreren Anerben ohne ersichtlichen Grund verzögert wird, so kann das Anerbengericht auch von Amts wegen die Frist des Abs. 2 bestimmen (§ 56 REHG.).

Gehören die mehreren Erbhöfe nach der Lage ihrer Hofstellen zu den Bezirken verschiedener Anerbengerichte, so ist für das ganze Wahlverfahren das Anerbengericht zuständig, in dessen Bezirk die Hofstelle des Erbhofs liegt, auf dem der Erblasser seinen Wohnsitz hatte.

Im übrigen bestimmt bei Zuständigkeitszweifeln der Präsident des Erbhofgerichts das zuständige Anerbengericht nach § 42 Abs. 2 REHG.

Die Eintragung der neuen Erbhofeigentümer im Grundbuch auf Grund des Wahlverfahrens nach § 23 REHG. ist zwar nicht vorgeschrieben, deshalb aber nicht unzulässig, vielmehr mit Rücksicht auf das Prinzip der formellen Öffentlichkeit des Grundbuchs wünschenswert. Die Eintragung erfolgt auf Grund eines vom Nachlaßgericht zu erteilenden Erbscheins.

§ 24

Verfügungen von Todes wegen

(1) Der Erblasser kann die Erbfolge kraft Anerbenrechts durch Verfügung von Todes wegen nicht ausschließen oder beschränken[1].

(2) Die Vorschrift des Abs. 1 schließt die Verfügung über einzelne für die Bewirtschaftung des Hofs unwesentliche Zubehörstücke nicht aus, sofern es sich nicht um Hofesurkunden oder um die im § 8 Abs. 2 bezeichneten besonderen Stücke handelt[2].

(3) Zu den Verfügungen, durch welche die Erbfolge kraft Anerbenrechts beschränkt wird, gehören auch Verfügungen von Todes wegen, durch die eine Belastung des Hofs angeordnet oder über den übrigen Nachlaß so verfügt wird, daß eine Berichtigung der Nachlaßverbindlichkeiten gemäß den Vorschriften des § 34 nicht mehr möglich ist[3].

In den Bestimmungen der §§ 19—28 hat das Gesetz den Erbgang in den Erbhof durch lex specialis im Interesse der Erhaltung des Hofs in der Hoffamilie genau festgelegt. § 24 Abs. 1 betont ausdrücklich den zwingenden Charakter dieser Bestimmungen hinsichtlich des Erbgangs aus Verfügung von Todes wegen. Eine Ausnahme hievon ist in § 24 Abs. 2 REHG. für unwesentliche Zubehörstücke zugelassen, während Abs. 3 jeden Zweifel darüber behebt, daß auch die Anordnung einer Belastung des Erbhofs und Verfügungen über den „übrigen Nachlaß" insoweit ausgeschlossen sind, als sie die vom REHG. gewollte Abwicklung des bäuerlichen Nachlasses unmöglich machen würden.

I. Die gesetzliche Erbfolge in den Erbhof nach Reichserbhofrecht findet statt bei allen nach dem 1. Oktober 1933 erfolgten Erbfällen, wenn nicht zulässig von Todes wegen abweichend verfügt ist. Sie erfolgt:

1. nach der Anerbenordnung der §§ 20, 21, 30, 34 REHG. unter Berücksichtigung der Spezialfälle der §§ 22 und 23 REHG.,

2. nach einer Reihe ergänzender Vorschriften:

a) nach § 63 der 1. DV. steht ein vor dem 1. Oktober 1933 adoptiertes Kind einem ehelichen Kinde gleich,

b) nach § 62 Abs. 3 der 1. DV. und bei gemeinsamem Eigentum von Ansiedlerstellen und Kleinbetrieben (§ 1 Abs. 3 der 3. DV.) fällt der Hof, wenn die Ehegatten vom Rechte des § 62 der 1. DV. keinen Gebrauch gemacht haben,

α) beim Tode der Ehefrau dem Ehemann als Anerben an,

β) beim Tode des Ehemannes der Person, die nach REHG. als Anerbe des Mannes berufen ist, als Anerbe an,

c) bei fortgesetzter Gütergemeinschaft im Falle des § 62 Abs. 4 der 1. DV. fällt der Hof bei Beendigung der Gemeinschaft, wenn die Ehegatten eine Bestimmung nach § 62 Abs. 2 nicht getroffen haben, der Person an, die nach REHG. als Anerbe des Mannes berufen ist (Übergangsvorschrift). Ausnahme für den Fall der Beendigung der fortgesetzten Gütergemeinschaft durch Vereinigung aller Anteile in der Hand des überlebenden Ehegatten (§§ 1490, 1491 BGB.), § 2 der 3. DV.

d) Ein Erbhof, der am 1. Okt. 1933 zu einer Vorerbschaft gehört, fällt bei Mangel einer Verfügung von Todes wegen beim Tode des Vorerben der Person als Anerben an, die Anerbe wäre, wenn der Erblasser im Zeitpunkt des Todes des Vorerben verstorben wäre. § 68 Abs. 2 S. 1 der 1. DV.

e) Im Falle des § 5 Abs. 1 der 2. DV. fällt der Hof, bei Nichtvorhandensein einer gemeinschaftlichen Verfügung von Todes wegen gemäß § 5 Abs. 3 der 2. DV.

α) beim Tode der Frau deren Mann,

β) beim Tode des Mannes seinem nach REHG. berufenen Anerben an. In diesem Falle hat die Frau bis zur Vollendung des 25. Lebensjahrs des Anerben ein gesetzliches Recht auf Verwaltung und Nutznießung des Erbhofs (Übergangsvorschrift).

f) § 21 Abs. 7 des Gesetzes findet gemäß § 8 der 2. DV. nur auf den 1. Erbfall nach dem Zeitpunkt Anwendung, in der die Besitzung Erbhof geworden ist, gleich, ob die Söhne oder Sohnessöhne schon zu der vorbezeichneten Zeit nicht vorhanden oder nicht bauernfähig waren oder erst später weggefallen sind. Als nächster Erbfall ist nach § 4 der 3. DV. noch der Tod des überlebenden Ehegatten anzusehen, wenn dieser Anerbe des Erstverstorbenen geworden ist.

II. Hinsichtlich der Erbfolge in den Erbhof auf Grund Verfügung von Todes wegen gilt folgendes:

Der Erblasser kann durch Testament oder Erbvertrag (§ 28):

a) innerhalb der 1. Ordnung den Anerben bestimmen, wenn in der Gegend Anerbenrecht nicht Brauch oder freie Anerbenbestimmung durch den Bauern üblich war, und auch sonst, aber nur bei Vorliegen eines wichtigen Grundes mit Zustimmung des Anerbengerichts (§ 25 Abs. 1),

b) seinen unehelichen Sohn mit Zustimmung des Anerbengerichts als Anerben bestimmen, wenn Söhne oder Sohnessöhne nicht vorhanden sind (§ 25 Abs. 2),

c) bei Vorliegen eines wichtigen Grundes mit Zustimmung des Anerbengerichts eine Person der 4. Ordnung vor Personen der 1., 2. und 3. Ordnung als Anerben bestimmen (§ 25 Abs. 3),

d) innerhalb der 2. und der folgenden Ordnungen den Anerben bestimmen event. unter Überspringen von Ordnungen mit Zustimmung des Anerbengerichts (§ 25 Abs. 4),

e) den Anerben bestimmen, wenn gesetzliche Anerben nicht vorhanden sind (§ 25 Abs. 5 S. 1),

f) bestimmen, daß die Verwaltung und Nutznießung des Erbhofs bis längstens 25. Lebensjahr des Anerben dessen Vater oder Mutter zustehen soll (§ 26 REHG.),

g) bestimmen, daß der Anerbe zu seinem Namen den Hofnamen führt (§ 27 REHG.),

h) über einzelne unwesentliche Hofzubehörstücke verfügen (§ 24 Abs. 2),

i) über den „übrigen Nachlaß" insoweit verfügen, daß eine Berichtigung der Nachlaßverbindlichkeiten gemäß § 34 des Gesetzes möglich bleibt (§ 24 Abs. 3 REHG.),

k) beschränkt auf den 1. Erbfall nach 1. Okt. 1933 bestimmen und zwar mit Zustimmung des Anerbengerichts, daß ein Adoptivkind Anerbe sein soll, wenn es am 1. Okt. 1933 bereits längere Zeit wie ein Kind im Hause des Bauern gelebt hatte (§ 7 der 2. DV., § 4 der 3. DV.).

l) beschränkt auf den 1. Erbfall nach 1. Okt. 1933 bestimmen, daß eine Person Anerbe sein soll, die zum Anerben des vor 1. Okt. 1933 verstorbenen Ehegatten hätte bestimmt werden können, wenn der Erbhof von der Seite des Verstorbenen herrührt (§ 12 der 2. DV.),

m) bestimmen, daß seinem Ehegatten die Verwaltung und Nutznießung des Erbhofs zustehen solle und zwar, wenn der Anerbe zur 1. mit 4. Ordnung gehört, bis zu dessen vollendeten 25. Lebensjahr, in anderen Fällen höchstens auf Lebenszeit (§ 13 der 2. DV.),

n) als überlebender Eheteil im Falle des § 62 Abs. 4 der 1. DV. mit Zustimmung des Anerbengerichts allein den Anerben unter den anteilsberechtigten Abkömmlingen bestimmen, wenn eine gemeinschaftliche Bestimmung der Gatten hierüber fehlt (§ 6 Abs. 1 der 2. DV.), vgl. hinsichtlich Übertragung der Verwaltung und Nutznießung § 6 Abs. 3 der 2. DV.

Durch Erbvertrag oder gemeinschaftliches Testament können in der Übergangszeit bäuerliche Ehegatten im Falle des § 62 Abs. 1, also bei Miteigentum am Erbhof, sich gegenseitig zum Anerben bestimmen oder bestimmen, daß der Erbhof nach dem Tode des Erstversterbenden oder des Überlebenden an eine Person als Anerben fallen solle, die nach REHG. als Anerbe des einen oder anderen Ehegatten berufen wäre oder bestimmt werden könnte (§ 62 Abs. 2 der 1. DV.). Hinsichtlich etwa nötiger Zustimmung des Anerbengerichts s. § 6 Abs. 2 der 2. DV., § 25 REHG. Entsprechendes gilt für den Fall des § 62 Abs. 4 der 1. DV. und des § 5 Abs. 1 der 2. DV.; jedoch ist im Falle des § 5 Abs. 1 der 2. DV. nach dem 21. Dez. 1933 (vgl. § 29 der 2. DV.) Zustimmung des Anerbengerichts in gewissen Fällen (vgl. § 25 des Gesetzes) nötig, soweit die gemeinschaftliche Verfügung nach 21. Dez. 1933 errichtet ist. Bei gemeinsamem Eigentum von Ansiedlerstellen und Kleinbetrieben finden § 62 Abs. 2 der 1. DV. und § 6 Abs. 2 der 2. DV. entspr. Anwendung (§ 1 Abs. 3 der 3. DV.).

Hinsichtlich der vor dem 1. Okt. 1933 errichteten Verfügungen von Todes wegen gilt im besonderen folgendes: Soweit sie mit dem Reichserbhofgesetz in Widerspruch stehen, also eine Ausschließung oder Beschränkung der Anerbenfolge enthalten (§ 24 Abs. 1, s. u.), sind sie rechtsunwirksam (§ 57 REHG.); das gilt in gleicher Weise für einseitige wie für gemeinschaftliche Verfügungen.

Die Unwirksamkeit erstreckt sich zunächst auf diejenige Bestimmung, welche eine Ausschließung oder Beschränkung im Sinne des § 24 enthält, nicht aber auf den übrigen Inhalt der Verfügung. Es kann sich aber aus § 2085 BGB. die Unwirksamkeit der ganzen Verfügung ergeben. Bei der Auslegung ist der Wille des Erblassers zu erforschen und in erster Linie maßgebend. Der Wortlaut ist dann nebensächlich, wenn es aus dem Inhalt und dem Sinne der Verfügung möglich ist, den wahren Willen des Erblassers zu ersehen. Aus der Tatsache allein, daß der Erblasser nach dem Inkrafttreten des Reichserbhofrechts nicht neuerdings von Todes wegen verfügt hat, können Schlüsse nicht gezogen werden. Zuständig zur Auslegung von Verfügungen von Todes wegen sind übrigens die ordentlichen Gerichte, nicht das Anerbengericht (OLG. München, JW. 1934, 847[4]).

III. Eine Sonderart gesetzlich geregelter Erbfolge ist die Erbfolge auf Grund Bestimmung des Anerben durch den Reichsbauernführer. Falls Personen der im § 20 REHG. bezeichneten Ordnungen nicht vorhanden sind, kann dieser den Anerben bestimmen:

a) wenn der vom Erblasser bestimmte Anerbe nicht bauernfähig ist,

b) wenn der Erblasser überhaupt keine Bestimmung des Anerben getroffen hat. § 25 Abs. 5 S. 2 und 3 REHG.

1. Erbfolge auf Grund Anerbenrechts ist Erbfolge auf Grund der Vorschriften des Reichserbhofrechts, die den Erbgang in den Erbhof und die damit in Zusammenhang stehenden Rechtsverhältnisse regelt. Über letztere s. §§ 30, 31, 34. Im übrigen vgl. die vorstehende Übersicht. Nur in dieser Richtung ist die Testierfreiheit des Bauern eingeschränkt. Bezüglich des sog. „übrigen Nachlasses" (§ 33 REHG.) kann er grundsätzlich frei verfügen (vgl. jedoch § 34).

Unter den Begriff „Verfügung von Todes wegen" fallen sämtliche Testierformen des BGB.

§§ 2231 ff., 2265 ff., 2274 ff., 2301 Abs. 1 BGB.

Nicht hierunter fällt der Erbverzichtsvertrag (§§ 2346 ff. BGB.): Der Anerbe kann also auf sein Anerbenrecht dem Erblasser gegenüber verzichten. Unzulässig sind grundsätzlich Vergleiche oder sogen. Anerkennungsverträge zwischen Erblasser, Anerben oder Dritten, welche gegen § 24 Abs. 1 verstoßen und inhaltlich über den Inhalt eines Erbverzichtsvertrags hinausgehen.

Der Erblasser kann nach Abs. 1 weder direkt noch indirekt die Erbfolge kraft Anerbenrechts:

a) ausschließen, d. h. weder anordnen, daß das gesetzliche Anerbenrecht überhaupt nicht angewendet werden dürfe, noch eine andere als die vom Gesetze zugelassene Regelung des Erbgangs in den Erbhof treffen,

b) beschränken, d. h. einzelne Bestimmungen der gesetzlichen Regelung willkürlich durch nicht zulässige ersetzen.

Einzelheiten gibt die Übersicht vor Anm. 1. Der Erblasser z. B., der einen Sohn hinterläßt, kann nicht den Verkauf seines Erbhofs anordnen. Der Erblasser kann nicht eine Stiftung zum Anerben einsetzen, nicht bestimmen, daß seine Kinder den Erbhof in Miteigentum bekommen sollen, nicht eine nichtarische Person zum Anerben bestimmen, nicht eine Entziehung des Altenteils oder der Heimatzuflucht anordnen (vgl. jedoch Anm. zu §§ 30, 31 REHG.), nicht die Ausbildung eines Kindes in einem Berufe anordnen, der dem Stande des Hofes nicht entspricht, nicht eine Nacherbfolge in den Erbhof, nicht eine Testamentsvollstreckung hinsichtlich des Erbhofs anordnen oder dessen Verwaltung und Nutznießung irgendeinem beliebigen Dritten übertragen.

Unzulässig ist die Verfügung über den „übrigen Nachlaß" ohne Rücksicht auf die Nachlaßverbindlichkeiten, über Hofzubehör (s. auch unten).

Eine Verfügung von Todes wegen, welche gegen Abs. 1 verstößt, ist rechtsunwirksam. Der nicht gegen Abs. 1 verstoßende Teil bleibt im Rahmen des § 2085 BGB. wirksam. Es tritt die gesetzliche Regelung in die Lücke.

2. Zubehör, §§ 8, 9 REHG., § 2 der 2. DV.

Dem Erblasser bleibt es unbenommen, über unwesentliche Zubehörstücke gesondert zu verfügen. Voraussetzung ist jedoch, daß die Stücke für die Bewirtschaftung des Hofs im weitesten Sinne einschließlich der Bedürfnisse der Hoffamilie entbehrlich sind. Der Erblasser kann z. B. über überzähliges Mobiliar, überzählige Inventarstücke, landwirtschaftliche, durch Neuanschaffung entbehrlich gewordene, Geräte und Maschinen verfügen.

Für die Bewirtschaftung des Hofes sind die in § 8 Abs. 2 genannten Stücke des Zubehörs an sich unwesentlich. § 24 Abs. 2 verbietet jedoch für sie abweichende Verfügung von Todes wegen, weil sie für das Hofgeschlecht einen besonderen ideellen Wert haben.

3. Abs. 3 erblickt eine Störung des Erbgangs in den Erbhof auch in der Anordnung von Belastungen des Erbhofs, gleich mit oder ohne dinglicher Sicherung, und in einer dem § 34 widersprechenden Verfügung über den übrigen Rücklaß.

Unzulässig ist die Anordnung von Vermächtnissen aus dem Erbhof, auch zugunsten der aus dem Hof weichenden Kinder, unzulässig, wenn Hofschulden vorhanden sind, die Verfügung über außenstehende Guthaben, Spareinlagen, Bankkontos. Auch das Vermächtnis von Erbhofgrundstücken an weichende Kinder ist nicht zulässig (§§ 19 Abs. 2, 37 Abs. 1 REHG.).

§ 25
Bestimmung des Anerben durch den Erblasser

(1) Innerhalb der ersten Ordnung kann der Erblasser den Anerben bestimmen,

1. wenn in der Gegend bei Inkrafttreten dieses Gesetzes Anerbenrecht nicht Brauch gewesen ist;
2. wenn in der Gegend bei Inkrafttreten dieses Gesetzes freie Bestimmung durch den Bauern üblich gewesen ist;
3. in anderen Fällen mit Zustimmung des Anerbengerichts, wenn ein wichtiger Grund vorliegt.

Darüber, ob die Voraussetzungen der Nr. 1, 2 gegeben sind, entscheidet in Zweifelsfällen das Anerbengericht[1].

(2) Sind eheliche Söhne oder Sohnessöhne nicht vorhanden, so kann der Erblasser mit Zustimmung des Anerbengerichts bestimmen, daß ein unehelicher Sohn, dessen Vater er ist, Anerbe wird. Vor der Entscheidung hat das Anerbengericht den Landesbauernführer zu hören[2].

(3) Mit Zustimmung des Anerbengerichts kann der Erblasser bestimmen, daß eine Person der vierten Ordnung vor Personen der ersten, zweiten oder dritten Ordnung Anerbe wird. Das Anerbengericht soll die Zustimmung erteilen, wenn ein wichtiger Grund vorliegt[3].

(4) Innerhalb der zweiten und der folgenden Ordnungen kann der Erblasser den Anerben bestimmen. Er kann dabei auch mit Zustimmung des Anerbengerichts eine oder mehrere Ordnungen überspringen[4].

(5) Sind Personen der im § 20 bezeichneten Ordnungen nicht vorhanden, so kann der Erblasser den Anerben bestimmen[5]. Ist der vom Erblasser bestimmte Anerbe nicht bauernfähig oder trifft der Bauer keine Bestimmung, so bestimmt der Reichsbauernführer den Anerben. Bauernfähige Verwandte oder Verschwägerte des Erblassers sollen hierbei bevorzugt berücksichtigt werden[6].

Das Gesetz will den Erbhof auf alle Fälle dem Hofgeschlecht erhalten und muß deshalb jeden entgegenstehenden Willen des Erblassers verneinen. Innerhalb der Blutsverwandtschaft aber konnte dem Erblasser eine vernünftige beschränkte Einflußnahme auf die Bestimmung des Anerben zugestanden werden. Das lag im Interesse des Hofes: Dem Erblasser muß ja als Hofeigentümer und Familienoberhaupt am besten bekannt sein, in wessen Händen das Erbe der Väter am sichersten betreut und gefördert wird. Ein freies Bestimmungsrecht kann dem Erblasser unbedenklich auch dann gewährt werden, wenn gesetzliche Anerben des Hofes nicht vorhanden sind.

Ist in diesem Falle der vom Erblasser bestimmte Anerbe ungeeignet oder unterläßt der Bauer eine Bestimmung, so steht das Bestimmungsrecht dem Reichsbauernführer zu, der bei Auswahl zuerst Verwandte oder Verschwägerte berücksichtigen soll.

1. Unter seinen Söhnen, deren Söhnen und Sohnessöhnen soll der Bauer mit Zustimmung des Anerbengerichts den Anerben bestimmen können, wenn ein wichtiger Grund vorliegt. Absolute wichtige Gründe gibt es nicht. Es ist daher in jedem einzelnen Falle nach freiem Ermessen unter Berücksichtigung der bäuerlichen Bedürfnisse vom Anerbengericht über die Zustimmung zu entscheiden. Ein wichtiger Grund ist gegeben, wenn Tatsachen vorliegen, die nach der Anschauung eines sachlich urteilenden Bauern im Interesse des Erbhofs oder der Beteiligten, d. h. der zur Hoffamilie gehörigen Personen eine Abweichung von der gesetzlichen Anerbenordnung als berechtigt erscheinen lassen. Eine Notwendigkeit der Abweichung ist nicht erforderlich. Ein wichtiger Grund kann in den persönlichen Verhältnissen der nach dem Gesetz berufenen Anerben liegen: z. B. der gesetzliche Anerbe ist kränklich, ist ein Trinker oder sonst unzuverlässiger Charakter, verweigert die Anerkennung der elterlichen Autorität, ist unbotmäßig, ist ein rücksichtsloser Rohling, so daß zu befürchten ist, daß sich später hinsichtlich der Ansprüche aus §§ 30, 31 REHG. schwere Streitigkeiten ergeben werden oder gar das Leben des Altenteilers auf dem Hofe unmöglich wird, oder der Anerbe ist nicht heimatbewußt, undeutsch, hat jeden Zusammenhang mit der Hoffamilie verloren, ist zum Bauern beruflich ungeeignet. Persönliche Verhältnisse auch des Erblassers oder Verhältnisse des Erbhofs selbst können mitsprechen. Meist rechtfertigt sich die Abweichung aus dem Mangel der Bauernfähigkeit des gesetzlich Nächstberufenen (§ 21 Abs. 1 REHG.).

Die Zustimmung des Anerbengerichts kann — dies gilt für alle Fälle der Zustimmung — vor oder nach der Errichtung der Verfügung von Todes wegen vom Erblasser, bei einem Erbvertrag auch von der anderen Vertragspartei, beantragt werden. Ist der Erblasser gestorben, ohne daß ein Antrag gestellt wurde oder die Entscheidung des Anerbengerichts rechtskräftig war, so ist jeder antragsberechtigt, der ein berechtigtes Interesse an der Entscheidung nachweist (§ 9 der 2. DV.). Die Erteilung der Zustimmung ist eine Entscheidung, die gemäß § 21 der 1. DV. in Beschlußform zu fassen und zu begründen ist. Die Zustimmung wirkt erst mit der Rechtskraft der Entscheidung (§ 11 der 2. DV.). Eine Vorentscheidung nach § 19 der 1. DV. kommt nicht in Frage. Die in ausschließlicher Zuständigkeit (§ 40 Abs. 2 REHG.) vom Anerbengericht der Hofstelle (§ 42 Abs. 1 REHG.) getroffene Entscheidung ist von den Antragsberechtigten und dem Kreisbauernführer, dem der Beschluß von Amts wegen zuzustellen ist, durch sofortige Beschwerde (§ 48 REHG.) und durch sofortige weitere Beschwerde (§ 49 REHG.) anfechtbar. Sie hat formell dahin zu lauten, daß entweder die Zustimmung erteilt wird oder der Antrag auf Erteilung abgewiesen wird, und zugleich über die Kosten mitzuentscheiden (§ 51 REHG., § 53 Abs. 1 der 1. DV.). Die Kostenentscheidung kann für sich nicht angefochten werden. Ein höherer Gegenstandswert als 3000 RM. darf der Gebührenbewertung nicht zugrunde gelegt werden (§ 49 Abs. 2 der 1. DV.).

Die Auswahl unter den Anerben der 1. Ordnung (§ 20 Ziff. 1 REHG.) ist hiebei grundsätzlich nicht beschränkt. Auch wenn noch Söhne des Erblassers leben, können Enkel oder Urenkel vom Erblasser als Anerben ausgewählt und bestimmt werden. Die Bestimmung muß aber durch den Erblasser selbst erfolgen. Die Überlassung der Bestimmung an Dritte ist unzulässig (§ 2056 BGB.).

Einer anerbengerichtlichen Zustimmung im Falle des § 25 Abs. 1 bedarf es nicht, wenn:

a) am 1. Oktober 1933 in der Gegend der Hofstelle Anerbenrecht nicht Brauch war oder

b) am 1. Oktober 1933 freie Bestimmung des Anerben durch den Bauern üblich war.

Bei zweifelhaftem Brauch (§ 21 Abs. 3 REHG.) trifft der Fall a nicht zu. Kein Brauch bestand unbestritten in ganz Bayern, im linksrheinischen Rheinland, in Württemberg, großen Teilen von Hannover und Westfalen. Freie Bestimmung des Anerben durch den Bauern lag vor, wenn eine Einflußnahme des Gesetzes überhaupt fehlte (§ 64 EGzBGB.) oder von einem bestehenden Anerbenrecht kein Gebrauch gemacht wurde. Darüber, ob die Voraussetzungen zu a und b gegeben sind, entscheidet das Anerbengericht, wenn hierüber Zweifel bestehen. Diese Entscheidung kann auf Antrag oder von Amts wegen ergehen. Es müssen aber Zweifel bestehen, d. h. Ungewißheit über das Vorliegen der Voraussetzungen des Abs. 1 Nr. 1, 2.

2. Sind Verwandte der ersten Ordnung nicht vorhanden, so kann der Erblasser mit Zustimmung des Anerbengerichts nach Anhörung des Landesbauernführers vor seinem Vater, seinen Geschwistern und deren männlicher Deszendenz, den eigenen Töchtern, deren Söhnen und Sohnessöhnen sowie den übrigen weiblichen Abkömmlingen seinen unehelichen Sohn zum Anerben bestimmen. Vorausgesetzt ist, daß die Unehelichkeit entweder auf Grund Anerkennung der Vaterschaft zu öffentlicher Urkunde (§ 1718 BGB.) oder auf Grund rechtskräftigen Urteils (§ 259 ZPO.) feststeht. Ein Urteil über die sog. Zahlvaterschaft würde nicht genügen.

Dem Anerbengericht steht kein Recht zu, die Unehelichkeit, etwa von sich aus anläßlich des Zustimmungsverfahrens festzustellen.

Form usw. der Zustimmung, s. Anm. 1.

Die Anhörung des Landesbauernführers ist zwingend vorgeschrieben. Die Nichtanhörung beeinflußt zwar die Gültigkeit des Beschlusses nicht, muß aber auf sofortige Beschwerde zur Aufhebung desselben führen. Im Gesetz ist dem Landesbauernführer kein ausdrückliches Beschwerderecht zugestanden. Es wird vielmehr durch den beschwerdeberechtigten Kreisbauernführer mitausgeübt, dem die Entscheidung des Anerbengerichts von Amts wegen zuzustellen ist.

3. Zustimmung, Anm. 1. Der Erblasser kann also eine Tochter und deren männliche Deszendenz seinen Söhnen usw., seinem Vater und seinen Brüdern bzw. deren männlicher Deszendenz vorziehen. Er kann innerhalb der 4. Ordnung jeden Berufenen bestimmen. Die Zustimmung des Anerbengerichts setzt aber einen wichtigen Grund voraus. Wichtiger Grund s. Anm. 1. Ein solcher liegt z. B. vor, wenn der vorberufene Anerbe bereits versorgt ist, körperlich gebrechlich ist, von der Landwirtschaft nichts versteht. Die Zustimmung soll hier nur nach eingehender Prüfung erteilt werden, damit sich diese vom Gesetz nicht gewünschte Bevorzugung nicht allzu häufig wiederholt.

4. Sind Anerben der 1. Ordnung nicht vorhanden, so kann der Erblasser den Anerben innerhalb der übrigen Ordnungen wählen. Zur event. Überspringung von Ordnungen bedarf es der Zustimmung des Anerbengerichts, die das Vorliegen eines wichtigen Grundes nicht voraussetzt. Trotzdem hat das Anerbengericht die Zustimmung nur zu erteilen, wenn irgendein vernünftiger Grund vorliegt, der die Abweichung von der normalen gesetzlichen Berufung der §§ 20, 21 rechtfertigt. Es ist also nicht etwa so, daß das Anerbengericht hier ohne jede Nachprüfung die Zustimmung erteilen müßte. Jede ungerechtfertigte Willkür des Erblassers ist zurückzuweisen.

5. Bei anerbenlosem Hof ist der Erblasser in der Bestimmung des Anerben unbeschränkt; da z. B. seine Nichten nicht zu den gesetzlich berufenen Anerben zählen, kann er, trotz der nahen Blutverwandtschaft, über sie hinweg eine fremde Person bestimmen.

6. Die Bestimmung durch den Reichsbauernführer ist bei anerbenlosem Hof zugelassen:

a) wenn der Erblasser überhaupt keinen Anerben bestimmt hat, oder
b) der von ihm bestimmte Anerbe nicht bauernfähig ist (§§ 12—15).

Diese Bestimmung ist eine Pflicht des Reichsbauernführers, der in seiner Auswahl unbeschränkt ist. Sie ist durch Rechtsmittel nicht anfechtbar. Die Nichtbeachtung der Sollvorschrift des 3. Satzes berührt die Rechtswirksamkeit der Bestimmung nicht.

Wenn nötig, ist wiederholte Bestimmung durch den Reichsbauernführer möglich. Eine Abänderung der einmal im Einzelfalle getroffenen Bestimmung ist nicht zugelassen.

§ 26

Verwaltung und Nutznießung für Vater oder Mutter des Anerben

Der Erblasser kann anordnen[1], daß dem Vater oder der Mutter des Anerben[2] über die Volljährigkeit, jedoch nicht über das fünfundzwanzigste Lebensjahr des Anerben hinaus, die Verwaltung und Nutznießung des Hofs zustehen soll[3].

Die Verwaltung und Nutznießung ist im Reichserbhofrecht noch in folgenden Fällen vorgesehen:

a) in § 15 Abs. 2 REHG.: Verliert der Bauer Ehrbarkeit oder Bewirtschaftungsfähigkeit oder kommt er trotz Möglichkeit seinen Schuldverpflichtungen nicht nach, so kann das Anerbengericht auf Antrag des Landesbauernführers die Verwaltung und Nutznießung des Hofs dauernd oder auf Zeit auf den Ehegatten des Bauern oder dem nächstberufenen Anerben übertragen.

b) in § 5 Abs. 3 der 2. DV.: Bei gemischtem Eigentum von Ehegatten steht der Frau nach dem Tode des Mannes, der nicht von Todes wegen verfügt hat, die Verwaltung oder Nutznießung des Erbhofs bis zur Vollendung des 25. Lebensjahrs des Anerben zu. Eine gleiche Vorschrift fehlt bei § 62 der 1. DV. und § 1 der 3. DV.; hier muß der Erblasser eben Bestimmung nach § 13 der 2. DV. treffen.

c) in § 6 Abs. 3 der 2. DV.: Nach Beendigung der fortgesetzten Gütergemeinschaft im Falle des § 62 Abs. 4 S. 2 der 1. DV. kann das Anerbengericht auf Antrag bestimmen, daß dem überlebenden Ehegatten die Verwaltung und Nutznießung des Erbhofs zustehen soll. Die Bestimmung ist unzulässig, wenn die fortgesetzte Gütergemeinschaft nach § 1495 BGB. durch Urteil aufgehoben worden ist.

d) in § 13 der 2. DV.: der Erblasser kann durch Testament oder Erbvertrag bestimmen, daß seinem Ehegatten die Verwaltung und Nutznießung des Erbhofs zustehen soll, und zwar bis zum 25. Lebensjahr des Anerben, falls er der 1. oder 4. Ordnung angehört, höchstens auf Lebenszeit in anderen Fällen.

Allen Fällen der Verwaltung und Nutznießung ist als Zweck gemeinsam die Sorge für Erbhof und Hoffamilie.

1. Durch Testament oder Erbvertrag (§ 28).

2. Anm. 2 zu § 19.

3. Die Anordnung gemäß § 26 ist vom Erblasser selbst zu treffen. Es ist nicht zulässig, daß der Erblasser anordnet, daß ein Dritter zu bestimmen hat, ob seine Anordnung gelten soll oder nicht gelten soll oder daß er die Anordnung einem Dritten überläßt (§ 2065 BGB.). Es ist eine ausdrückliche Bestimmung erforderlich. Der Wortlaut ist an sich belanglos. Es muß aber die Form der Bestimmung oder Anordnung eingehalten werden und inhaltlich über den Willen des Erblassers kein Zweifel bestehen. Die Form der Bitte wäre keine Anordnung in diesem Sinn. Die Anordnung nach § 26 REHG. kann:

a) nur zugunsten des Vaters oder der Mutter des Anerben und

b) nicht über das 25. Lebensjahr des Anerben hinaus getroffen werden. Sie kann nur den Inhalt haben, daß den zu a Genannten die Verwaltung und Nutznießung des Hofes zustehen soll.

Der § 26 soll in erster Linie eine Schutzmaßnahme für den Erbhof sein, dessen Bewirtschaftung erfahrungsgemäß bis zur Erreichung einer genügenden Altersreife und Berufserfahrung des jungen Anerben am besten durch dessen Vater oder Mutter besorgt wird. In zweiter Linie kann die Vorschrift des § 26 auch einer wirtschaftlichen Sicherstellung des Vaters oder der Mutter des Anerben dienen, wenn es sich um den überlebenden Ehegatten des Erblassers handelt (§ 13 der 2. DV.).

Durch eine Anordnung im Sinne des § 26 erlangt der Vater oder die Mutter des Anerben die Verwaltung und Nutznießung am Hofe als ein selbständiges Recht rein erbhofrechtlichen Charakters. Das Recht ist also kein Ausfluß der elterlichen Gewalt dieser Personen. Hieraus folgt, daß die Bestimmungen des BGB. über Entstehen, Ruhen, Verlust und Beendigung der elterlichen Gewalt als Grundlage des Verwaltungs- und Nutznießungsrechtes hier nicht anwendbar sind. So behält die Mutter des Anerben auch nach ihrer Wiederverheiratung das ihr nach § 26 übertragene Recht der Verwaltung und Nutznießung.

Die Verwaltung und Nutznießung kann nur einem Elternteile des Anerben übertragen werden, demgegenüber der Anerbe entweder ein leibliches Kind ist, oder die rechtliche Stellung eines ehelichen Kindes hat (§§ 1591, 1699, 1705, 1719, 1736, 1757 BGB.). Stiefeltern, Pflegeeltern, der uneheliche Erzeuger kommen als Berechtigte nicht in Frage.

Die Verwaltung und Nutznießung des § 26 ist ihrem Wesen nach Nießbrauch (§§ 1030 ff., 1089, 1085 ff. BGB.). Der Berechtigte und der Eigentümer sind einander verpflichtet zur Aufnahme eines Erbhofinventars mitzuwirken (§ 1035 BGB.). Gehört ein Wald zum Erbhof, so können Berechtigter und Anerbe verlangen, daß das Maß der Nutzung und die Art der wirtschaftlichen Behandlung des Waldes durch einen Wirtschaftsplan festgestellt wird (§ 1038 BGB.). Der Berechtigte hat für die Erhaltung des Erbhofs und des Zubehörs in ihrem wirtschaftlichen Bestande zu sorgen (§ 1041 BGB.). Nimmt der Berechtigte eine erforderlich gewordene außergewöhnliche Ausbesserung und Erneuerung vor, so darf er hiezu innerhalb der Grenzen einer ordnungsmäßigen Wirtschaft auch Bestandteile des Grundstücks verwenden, die nicht zu den ihm gebührenden Früchten gehören (§ 1043 BGB.). Der Berechtigte trägt die Lasten des Erbhofs (§ 1047 BGB.). Er kann über Zubehör der §§ 8 Abs. 1, 9 REHG. innerhalb der Grenzen einer ordnungsgemäßen Wirtschaft verfügen (§ 1048 BGB.). Der Berechtigte kann die Ausübung nicht einem Dritten überlassen (§ 1059 BGB.). Wird das Recht des Berechtigten beeinträchtigt, so finden die für die Ansprüche aus dem Eigentum geltenden Vorschriften der §§ 985 ff., 1004 ff. BGB. entsprechende Anwendung (§ 1065 BGB.).

Beeinträchtigt der Berechtigte die Rechte des Anerben, so ist Sicherheitsverlangen des letzteren aus § 1051 BGB. möglich; dagegen kann § 1054 BGB. nicht angewendet werden.

Die Verwaltung und Nutznießung aus § 26 endigt:

a) mit dem Eintritt des vom Erblasser bestimmten Zeitpunktes, spätestens mit Vollendung des 25. Lebensjahres des Anerben,

b) mit dem Tode des Berechtigten, § 1061 BGB.,

c) durch den Eintritt von Umständen, die den Berechtigten außerstande setzen, die Verwaltung und Nutznießung auszuüben, wenn aus dem Inhalt der Anordnung des Erblassers entnommen werden muß, daß die „Ausübung" des Rechtes auf die Person des bezeichneten Berechtigten beschränkt sein sollte. Kann aus dem Inhalt der Anordnung ein solcher Wille des Erblassers nicht entnommen werden, so wird gemäß § 56 REHG. entsprechend der Vorschrift des § 15 des REHG. zu verfahren sein. Hiernach wird das Anerbengericht auf Antrag des Landesbauernführers die „Ausübung" der Verwaltung und Nutznießung aus § 26 bei Behinderung des Berechtigten einer anderen geeigneten bauernfähigen Person übertragen können. Die Behinderung kann verschiedener Natur sein. Sie kann eintreten infolge örtlicher Entfernung, Krankheit, Gebrechlichkeit usw. des Berechtigten, sie kann aber auch darin ihren Grund haben, daß der Berechtigte nicht bauernfähig ist oder die Bauernfähigkeit verliert. Daß die Bauernfähigkeit von dem Berechtigten verlangt werden muß, wenn er das Recht selbst ausüben soll, ergibt sich aus der Tatsache, daß der Berechtigte tatsächlich die Stellung des Bauern innehat. Ist der Berechtigte zugleich überlebender Ehegatte des Erblassers und verliert er die Bauernfähigkeit ohne eigenes Verschulden, so bleibt ihm das Recht der Verwaltung und Nutznießung. Die Ausübung des Rechtes kann dann aus § 56 REHG. auf Antrag des Landesbauernführers durch Beschluß des Anerbengerichtes einer geeigneten bauernfähigen Person übertragen werden, falls nicht für den Berechtigten, z. B. weil er entmündigt ist, bereits ein gesetzlicher Vertreter vorhanden ist, dem die Ausübung des Rechtes nach den allgemeinen gesetzlichen Vorschriften zusteht. Tritt der Verlust der Bauernfähigkeit des berechtigten überlebenden Ehegatten durch sein eigenes Verschulden ein, dann wäre ihm die Ausübung der Verwaltung und Nutznießung in entsprechender Anwendung des § 15 REHG. zu entziehen. Im übrigen ist die Anordnung des Erblassers maßgebend.

Nach Beendigung der Verwaltung und Nutznießung hat der Anerbe gegen den Berechtigten die Klagen aus seinem Eigentum. Der Berechtigte ist aus §§ 987 ff. BGB. zur Herausgabe der nach Eintritt der Rechtshängigkeit gezogenen Nutzungen und evtl. zum Schadensersatz verpflichtet.

Bei Streitigkeiten aus § 26 ist eine Zuständigkeit des Anerbengerichtes nicht gegeben; es sind also die ordentlichen Gerichte zuständig.

§ 27

Führung des Hofnamens

Der Erblasser kann bestimmen,[1] daß der Anerbe[2] als Zusatz[3] zu seinem Namen den Hofnamen[4] führt[5].

Bis in das 17. Jahrhundert herein ist in vielen Gegenden Deutschlands der Hofname als Familienname den aus dem Hofe weichenden Familiengliedern gefolgt. Die hoffremde Familie hat dementsprechend durch den Erwerb des Hofes den Hofnamen als Familiennamen übernommen. An diese frühere Bedeutung des Hofnamens knüpft nun das REHG. wieder an, indem es den Hofnamen als Zusatz zum Familiennamen des Hofeigentümers auf Grund erblasserischer Bestimmung zuläßt.

1. Auf den Wortlaut kommt es nicht an. Die Bestimmung, welche nur der Erblasser persönlich (§ 2065 BGB.) durch Testament oder Erbvertrag (§ 28 REHG.) treffen kann, muß aber den Willen des Erblassers erkennen lassen, daß der Anerbe den Hofnamen als Zusatz zu seinem Familiennamen führen soll. Sinngemäß bleibt eine nach § 27 getroffene Bestimmung des Anerben des Erblassers wirksam, wenn dessen eigener Hof gemäß § 22 REHG. auf den Nächstberufenen übergeht. Eine vertragliche Abmachung im Sinne des § 27 bei Übergabsverträgen erscheint unbedenklich. Die Ausführungsvorschrift des § 5 der 3. DV. findet entsprechende Anwendung.

2. Nur der Anerbe darf den Zusatz führen, nicht auch der Ehegatte (Ehemann bzw.

Ehefrau) und die Kinder des Anerben (§ 5 Abs. 1 der 3. DV.). Da der Zusatz den Träger eines bestimmten Familiennamens als Eigentümer eines bestimmten Erbhofs kenntlich machen will, muß gefolgert werden, daß der Anerbe den Zusatz nur solange führen darf, als er Bauer des Erbhofs ist. Der Übergeber des Erbhofs und der gemäß § 15 Abs. 3 REHG. Abgemeierte dürfen demnach den Zusatz nicht mehr führen.

3. Der Hofname bildet einen „Zusatz" zum Familiennamen des Anerben: der Zusatz wird deshalb mit dem Familiennamen durch einen Bindestrich verbunden (§ 5 Abs. 1 S. 1 der 3. DV.). Der Familienname kann sich nachträglich durch Namensänderung oder Verheiratung eines weiblichen Anerben ändern: der Hofname ist dann als Zusatz zu dem neuen Familiennamen zu führen.

4. Der Zusatz darf nur den wirklichen Hofnamen enthalten. Da der § 27 die Erhaltung der Hofnamen im Auge hat, ist für das Bestimmungsrecht des Erblassers nur Raum, wenn ein echter Hofname vorhanden ist. Der Hofname darf, um echter Hofname zu sein, den Charakter eines Familiennamens nicht verloren haben. Es genügt, wenn die Benützung im Volksmunde zur Bezeichnung des Erbhofs zur Zeit der Bestimmung des Erblassers allgemein ist. Ist ein Name nur die Ortsbezeichnung für einen bestimmten Erbhof, so ist dieser Name kein echter Hofname. Es ist deshalb auch die Neubildung eines Hofnamens aus einer solchen Ortsbezeichnung durch Bestimmung nach § 27 nicht zulässig. Der Zusatz darf auch nicht in die Form einer Herkunftsbezeichnung gefaßt werden. Zulässig ist z. B. der Zusatz „Bacherl", nicht etwa „vom Bacherlhof".

Bestehen Zweifel über das Vorhandensein eines echten Hofnamens, so entscheidet auf Antrag eines Beteiligten oder von Amts wegen das Anerbengericht der Hofstelle endgültig (§ 5 Abs. 2 der 3. DV.). Vorentscheidung ist zulässig, kommt aber praktisch wohl kaum in Frage. Das Anerbengericht soll vor der Entscheidung, die zu begründen ist, den Kreisbauernführer hören und teilt die Entscheidung in beglaubigter Abschrift dem Nachlaßgerichte mit (§ 5 Abs. 2 S. 3 und 4 der 3. DV.).

Das Verfahren des Anerbengerichts ist gebührenfrei (§ 5 Abs. 5 der 3. DV.).

5. Die Rechtswirkung der Bestimmung besteht in der Führung, d. h. in dem Gebrauch des Hofnamens als Zusatz zum Familiennamen durch den Anerben. Das bedeutet eine gesetzliche Namensänderung besonderer Art. Sobald die Voraussetzungen des Gesetzes gegeben sind, d. h. sobald der Namenszusatz und seine Annahme durch den Anerben feststehen, ist letzterer verpflichtet, den Familiennamen mit dem Zusatz als den ihm nun zukommenden Namen zu führen. Er kann den Zusatz nicht wieder nach seinem Belieben weglassen. Er hat aber auch ein Recht auf Führung des Zusatzes Dritten gegenüber und ist durch § 12 BGB. in diesem Rechte geschützt.

Die Rechtswirkung der Bestimmung des Erblassers tritt nicht ein, wenn der Anerbe die Führung des Namenszusatzes ablehnt. Die Ablehnung ist nur zulässig, wenn ein wichtiger Grund vorliegt, d. h. bei verständiger objektiver Würdigung der Sachlage die Ablehnung durch den Anerben gerechtfertigt erscheint. Das subjektive Empfinden des Anerben allein ist nicht maßgebend. Darüber, ob ein wichtiger Grund vorliegt, entscheidet von Amts wegen nach Anhörung des Kreisbauernführers das Anerbengericht der Hofstelle endgültig (§ 5 Abs. 3 S. 1—3 der 3. DV.). Auf die Ablehnung des Zusatzes durch den Anerben finden die Vorschriften über die Ausschlagung einer Erbschaft entsprechende Anwendung (§ 5 Abs. 3 S. 2 der 3. DV.).

Das Anerbengericht teilt dem Nachlaßgericht eine beglaubigte Abschrift seiner Entscheidung mit unbeschadet der Zustellung der Entscheidung von Amts wegen im übrigen (§ 5 Abs. 3 S. 4 der 3. DV.). Das Nachlaßgericht veranlaßt die Eintragung eines Randvermerks im Geburts- und Heiratsregister, sobald der Namenszusatz und seine Annahme durch den Anerben feststehen (§ 5 Abs. 4 der 3. DV.).

Für das Verfahren des Anerbengerichts und des Nachlaßgerichts werden Gebühren nicht erhoben (§ 5 Abs. 5 der 3. DV.).

§ 28

Form der Anordnungen des Erblassers

Der Erblasser kann die in §§ 25 bis 27 vorgesehenen Anordnungen nur durch Testament oder Erbvertrag treffen[1].

1. Zulässig sind alle Verfügungen von Todes wegen des bürgerlichen Rechts:

I. Das Testament:

a) in seiner ordentlichen Form — als öffentliches Testament, errichtet vor einem Richter oder Notar durch Erklärung des letzten Willens zu Niederschrift bzw. durch Übergabe einer Schrift — § 2231 Ziff. 1 BGB.,

als Privattestament, errichtet durch eine vom Erblasser unter Angabe des Ortes und des Tages eigenhändig geschriebene und unterschriebene Erklärung — § 2231 Ziff. 2 BGB.,

b) in allen zugelassenen außerordentlichen Formen als Dorftestament, Seuchentestament, Seetestament, Militärtestament (§§ 2249 ff. BGB.),

c) in der Form des gemeinschaftlichen Testaments, das nur von Ehegatten errichtet werden kann, sei es als öffentliches oder privates Testament — §§ 2265 ff. BGB.

II. Der Erbvertrag: sei es als vertragsmäßige Ernennung eines Erben (Erbeinsetzungsvertrag) oder als vertragliche Zuwendung eines Vermächtnisses (Vermächtnisvertrag) bzw. Auflagevertrag — §§ 2274 ff. BGB.

Anordnungen nach §§ 25—27 können nicht getroffen werden in:

a) Erbverzichtsverträgen (§§ 2346 ff. BGB.),

b) Verträgen über Nachlässe noch lebender Dritter (§ 312 BGB.),

c) obligatorischen Verträgen über Errichtung oder Aufhebung einer Verfügung von Todes wegen (§ 2302 BGB.),

d) Verträgen, in denen sich der eine Vertragsteil dem andern gegenüber verpflichtet, nach dessem Tode an einen Dritten eine Leistung zu bewirken (obligatorische Verträge auf künftige Erbfolge), z. B. Gutsüberlassungsverträge, in denen Abfindungen künftiger Erbbeteiligter vereinbart sind (§§ 330 S. 2, 331 BGB.),

e) in Eheverträgen (§§ 1432, 1434 BGB.), es sei denn, daß sie mit Erbverträgen in einer Urkunde verbunden sind,

f) in Verträgen unter Lebenden im übrigen.

Ist die Verfügung von Todes wegen rechtsunwirksam, so werden auch darin enthaltene Anordnungen des Erblassers aus §§ 25—27 rechtsunwirksam. Lassen sich Erbverträge oder gemeinschaftliche Testamente, die als solche rechtsunwirksam sind, durch Konversion als einseitige Verfügungen von Todes wegen aufrecht erhalten, so bleiben auch grundsätzlich die darin enthaltenen letztwilligen Anordnungen nach §§ 25—27 in gleicher Weise rechtswirksam.

Nichtigkeit und Anfechtbarkeit der Verfügungen von Todes wegen ergreift deren ganzen Inhalt, also auch darin enthaltene Anordnungen nach §§ 25—27. Nichtig sind insbesondere die von Geschäftsunfähigen, entmündigten Geisteskranken, Minderjährigen unter 16 Jahren, entmündigten Geschäftsbeschränkten von der Stellung des Entmündigungsantrags wegen Geistesschwäche, Verschwendung oder Trunksucht an errichteten Testamente — §§ 104, 105, 106, 114, 2229 ff. BGB. Nichtig sind vom Erblasser nicht persönlich errichtete Verfügungen von Todes wegen, also von Bevollmächtigten, gesetzlichen Vertretern des Erblassers errichtete. Über Anfechtbarkeit, vgl. §§ 2078—2083 BGB. (Wirkung § 142 BGB.).

Vergleiche oder Anerkennungsverträge über Inhalt und Wirksamkeit nach § 28 errichteter Verfügungen von Todes wegen sind im Rahmen des Reichserbhofrechts unzulässig (§ 56 REHG.).

Der Inhalt einer Verfügung nach § 28 kann zu Zweifeln Anlaß geben. Es hat sich z. B. der Erblasser im Ausdruck vergriffen. Hier ist die Verfügung aus ihrem Inhalt heraus auszulegen: Zu erforschen ist vorerst der wirkliche Wille (§ 133 BGB.) ohne Rücksicht auf die gebrauchten Worte. Sind mehrere Auslegungen möglich, ist die zu wählen, bei welcher die Verfügung Erfolg hat (§ 2084 BGB.). Gegenüber der Auslegung aus § 133 BGB. tritt die aus § 157 BGB. zurück. Auslegungsbehelfe außerhalb der Verfügung können nur verwertet werden, wenn der Gesamtinhalt der Verfügung die Grundlage gibt. Sprachgebrauch, Ausdrucksweise, Zusammenhang mehrerer Verfügungen sind zu berücksichtigen. Die Verfügung ist wohlwollend auszulegen (§ 2084 BGB.). Konversion (§ 140 BGB.) ist eventuell zu erwägen.

Erbunwürdigkeit, § 2342 BGB.

§ 29

Ausschlagung

(1) Der Anerbe kann den Anfall des Erbhofs ausschlagen, ohne die Erbschaft in das übrige Vermögen auszuschlagen. Auf diese Ausschlagung[1] finden die Vorschriften des Bürgerlichen Gesetzbuchs über die Ausschlagung der Erbschaft entsprechende Anwendung[2].

(2) Die Ausschlagung ist gegenüber dem Anerbengerichte zu erklären[3]. Die Frist für die Ausschlagung beginnt mit dem Zeitpunkt, in welchem der Anerbe von seiner Berufung zum Anerben Kenntnis erlangt, wenn jedoch die Berufung auf einer Verfügung von Todes wegen beruht, nicht vor der Verkündung der Verfügung[4].

(3) Ist der zum Anerben Berufene nicht deutscher Staatsangehöriger, so tritt sein Ausscheiden als Anerbe (§ 21 Abs. 1, § 12) zunächst nicht ein; es gilt aber als Ausschlagung des Anfalls des Erbhofs, wenn er nicht die Verleihung der deutschen Staatsangehörigkeit innerhalb der im Abs. 2 bezeichneten Frist nachgesucht hat, oder wenn sein Gesuch abgelehnt wird[5].

Da der Erbhof als besonderer Teil des bäuerlichen Nachlasses, abweichend von der Erbfolgeordnung des BGB. und getrennt vom übrigen Vermögen des Bauern sich vererbt, und da ferner auch Personen Anerbe sein können, die nicht zu den Erben des übrigen Vermögens des Bauern gehören, mußte die gesetzliche Möglichkeit geschaffen werden, den Anfall des Erbhofes für sich allein wie eine Erbschaft ausschlagen zu können.

1. Die Ausschlagung ist eine einseitige empfangsbedürftige Willenserklärung. Sie untersteht als solche den allgemeinen Vorschriften der §§ 116 ff. BGB. Über vormundschaftsgerichtliche Genehmigung siehe unten.

Absatz 1 und 2 beziehen sich nur auf die Fälle, daß der Anerbe, der zugleich Miterbe des übrigen Nachlasses ist, lediglich den Anfall des Erbhofes ausschlägt, die Erbschaft in das übrige Vermögen aber annimmt und auf den Fall, daß der Anerbe, der nicht Miterbe des übrigen Nachlasses ist, den Anfall des Hofes der für ihn praktisch die ganze Erbschaft bedeutet, ausschlägt.

2. Da die Ausschlagung des Erbhofes nach § 29 REHG. als Ausschlagung eines Teiles der Erbschaft (vgl. § 19 REHG.) nach § 1950 BGB. unwirksam wäre, war außer der Zulassung der Ausschlagungsmöglichkeit noch die Feststellung notwendig, daß auf diese Ausschlagung die Vorschriften des BGB. über die Ausschlagung entsprechende Anwendung finden.

Sonach kann der Erbe die Erbschaft in den Erbhof nicht mehr ausschlagen, wenn er sie angenommen hat oder wenn die Ausschlagungsfrist des § 29 Abs. 2 REHG. verstrichen ist. Mit dem Ablauf dieser Frist gilt die Erbschaft als angenommen (§ 1943 BGB.). Die Annahme selbst ist eine formlose einseitige Willenserklärung und stellt ihrem Wesen nach einen Verzicht auf das Ausschlagungsrecht dar. Die Absicht der Annahme kann in einer ausdrücklichen Erklärung oder in konkludenten Handlungen zum Ausdruck kommen. Die Ausschlagungsfrist beträgt sechs Wochen bzw. sechs Monate, wenn der Erblasser seinen letzten Wohnsitz nur im Auslande hatte oder wenn sich der Erbe bei Beginn der Frist im Auslande aufhält (§ 1944 Abs. 1, 3 BGB.).

Die Ausschlagungserklärung nach § 29 ist in öffentlich beglaubigter Form abzugeben (§ 129 BGB.). Vgl. auch Anm. 9 zu § 22. Ein Bevollmächtigter bedarf einer öffentlich beglaubigten Vollmacht, die entweder gleichzeitig vorzulegen oder innerhalb der Ausschlagungsfrist nachzubringen ist (§ 1945 BGB.). Vor Anfall des Erbhofs kann weder Annahme noch Ausschlagung erfolgen (§ 1946 BGB.). Annahme und Ausschlagung können nicht unter einer Bedingung oder Zeitbestimmung geschehen (§ 1947 BGB.). Wird die Erbschaft in den Erbhof ausgeschlagen, so gilt der Anfall des Erbhofs an den ausschlagenden Anerben als nicht erfolgt. Der Erbhof fällt an den gesetzlich nächst berufenen Anerben, wie wenn der Ausschlagende zur Zeit des Erbfalls überhaupt nicht gelebt hätte und gilt dieser Anfall als mit dem Erbfall selbst erfolgt (§ 1933 Abs. 1, 2 BGB.). Annahme und Ausschlagung des Erbhofs sind in entsprechender Anwendung der §§ 1954 ff. BGB. anfechtbar. Die Anfechtung der Annahme des Erbhofs gilt als Ausschlagung, die Anfechtung der Ausschlagung gilt als Annahme (§ 1957 Abs. 1 BGB.). Vor Ablauf der Ausschlagungsfrist bzw. vor Annahme der Erbschaft kann ein Anspruch, der sich gegen den Erbhof richtet, nicht gegen den berufenen Anerben gerichtlich geltend gemacht werden, da diesem die Passivlegitimation mangelt (§ 1958 BGB.). Auf erbschaftliche Geschäfte, die in der Schwebezeit vom ausschlagenden Anerben oder ihm gegenüber vorgenommen wurden, findet § 1959 BGB. entsprechende Anwendung.

3. Die Behandlung des Nachlasses eines Erbhofbesitzers ist Sache des nach § 73 FGG. zuständigen Nachlaßgerichts. Demgemäß müßte an sich auch die Ausschlagungserklärung nach § 29 REHG. dem Nachlaßgericht gegenüber abgegeben werden (§ 1945 BGB.). Nachdem aber der Erbhof ein besonderer Teil der Erbschaft ist (§ 19 REHG.), die Ausschlagung eines Teiles der Erbschaft jedoch aus § 1950 BGB. dem Nachlaßgericht gegenüber nicht wirksam erklärt werden kann, hat das REHG. in § 29 Abs. 2 Satz 1 an Stelle des Nachlaßgerichts das für die Hofstelle zuständige Anerbengericht (§ 42 Abs. 1 REHG.) gesetzt. Vgl. auch Anm. 8 zu § 22. In diesem Falle tritt das Anerbengericht mit der sinngemäßen Folge entsprechender Zuständigkeit für diejenigen Handlungen, welche im Zusammenhang mit der Ausschlagungserklärung vom Nachlaßgericht oder diesem gegenüber vorzunehmen wären, an die Stelle des Nachlaßgerichts. Es gilt folgendes:

a) Das Anerbengericht soll die Ausschlagung demjenigen mitteilen, welchem der

Erbhof infolge der Ausschlagung angefallen ist. Es hat die Einsicht der Ausschlagungserklärung jedem zu gewähren, der ein rechtliches Interesse glaubhaft macht (§ 1953 Abs. 3 BGB., §§ 256, 294 ZPO., § 27 Nr. 1 FGG.).

b) Die Anfechtung der Ausschlagung ist dem Anerbengericht gegenüber zu erklären (§ 1955 BGB.).

c) Die Anfechtung der Annahme bzw. der Versäumung der Ausschlagungsfrist, wenn der Anerbe die Anfechtung auf den Anfall des Erbhofs beschränkt, die Erbschaft in das übrige Vermögen aber annimmt, ist dem Anerbengericht gegenüber zu erklären (§§ 1954, 1956 BGB.).

d) Das Anerbengericht soll die Anfechtung der Ausschlagung demjenigen mitteilen, welchem der Erbhof infolge der Ausschlagung angefallen ist (§§ 1957 Abs. 2, 1953 Abs. 2 Satz 2 BGB.).

Sind die Voraussetzungen des § 29 Abs. 1 Satz 1 REHG. nicht gegeben, so ist die Ausschlagungserklärung gegenüber dem Nachlaßgericht abzugeben, eine Ausschlagung gegenüber dem Anerbengericht wäre in diesem Falle rechtsunwirksam. Beispiel: Der Anerbe will nicht nur den Anfall des Erbhofs, sondern auch die Erbschaft in das übrige Vermögen des Erblassers ausschlagen. Für diese Ausschlagung ist das Nachlaßgericht zuständig.

Hat der Anerbe gegenüber dem Anerbengericht den Anfall des Erbhofs ausgeschlagen, so verliert er dadurch die Möglichkeit, noch nachträglich die Erbfolge in das übrige Vermögen auszuschlagen. Eine solche Ausschlagung in das übrige Vermögen, die ja nur dem Nachlaßgericht gegenüber erklärt werden könnte, würde die Ausschlagung eines Teiles der Erbschaft darstellen und aus § 1950 BGB. unwirksam sein.

Eine entsprechende Anwendung des § 1951 BGB. kommt nicht in Frage, da der Erbhof zwar ein besonderer Teil der Erbschaft im Sinne des REHG., nicht aber ein Erbteil im Sinne des BGB. ist.

Rechtlich unzulässig wäre es auch aus § 1950 BGB., die Erbschaft in den Erbhof anzunehmen, die Erbschaft in das übrige Vermögen aber auszuschlagen.

Zur Rechtswirksamkeit der Ausschlagungserklärung ist im Gegensatz zur Annahmeerklärung vormundschaftsgerichtliche Genehmigung notwendig, wenn der ausschlaggebende Anerbe einen gesetzlichen Vertreter hat (§§ 1643 Abs. 2, 1668, 1822 Ziff. 2, 1897, 1915 BGB.). Die Genehmigung des Vormundschaftsgerichts muß innerhalb der Ausschlagungsfrist dem Anerbengerichte nachgewiesen werden. Die Ausschlagungserklärung eines vermeintlich berufenen Anerben oder eines gesetzlich von der Erbfolge in den Erbhof ausgeschlossenen Anerben äußert keine Rechtswirkung.

Der Inhalt der Ausschlagungserklärung muß so gefaßt werden, daß aus ihm unzweideutig hervorgeht, daß der Anerbe den Anfall des Erbhofs allein ausschlagen will. Die Rechtswirksamkeit der Ausschlagungserklärung nach § 29 REHG. hat das Nachlaßgericht, nicht etwa das Anerbengericht, zu prüfen, da die Feststellung der Erbfolge Aufgabe des Nachlaßgerichts ist. Das Anerbengericht übersendet die ihm gegenüber erfolgte Ausschlagungserklärung in Ausfertigung an das für den Nachlaß des Erblassers zuständige Nachlaßgericht. Die Urschrift wird zu den Grundakten genommen.

Die rechtswirksam erklärte Ausschlagung nach § 29 REHG. bewirkt, daß
a) der Ausschlagende als Anerbe ausscheidet,
b) der Erbhof demjenigen anfällt, welcher berufen sein würde, wenn der Ausschlagende zur Zeit des Erbfalls nicht gelebt hätte.

Kosten, § 51 REHG.; Gebühr, § 51 Abs. 2 Ziff. 1 der 1. DV.

4. Abs. 1 Satz 2 wird hinsichtlich des Beginns der Ausschlagungsfrist durch Abs. 2 Satz 2 dahin ergänzt, daß die Frist mit der Kenntnis des Anerben von seiner Berufung, bei Berufung auf Grund Verfügung von Todes wegen, jedoch keinesfalls vor der Verkündung derselben, beginnt. Es ist selbstverständlich, daß zur Kenntnis der Berufung auch die Kenntnis von Erbfall und Berufungsgrund gehören und zwar müssen dem Anerben alle wirklich für seine Berufung entscheidenden Umstände bekannt sein, so daß er imstande ist, sie tatsächlich und rechtlich richtig zu beurteilen. Es hindert den Beginn der Frist nicht, wenn der Berufene zweifelt oder irrtümlich glaubt, daß ihm ein anderer Berufener vorgeht. Ob sein Irrtum verschuldet oder unverschuldet ist, ist rechtlich ohne Bedeutung. Die Dauer der Ausschlagungsfrist beträgt sechs Wochen bzw. sechs Monate (§ 1944 BGB.).

5. Nur der deutsche Staatsangehörige kann Bauer sein (§ 12 REHG.). Der Ausländer ist nicht bauernfähig und scheidet deshalb als Anerbe grundsätzlich aus (§ 21 Abs. 1 REHG.). Zur Vermeidung unerwünschter Härten bestimmt § 29 Abs. 3 daß ein als Anerbe berufener Ausländer zunächst als Anerbe noch nicht ausscheidet. Es wird jedoch verlangt, daß er

a) entweder innerhalb der Ausschlagungsfrist die Verleihung der deutschen Staatsangehörigkeit nachgesucht hat oder

b) Antrag auf Gewährung einer Ausnahme von dem Erfordernis der deutschen Staatsangehörigkeit beim Reichsminister für Ernährung und Landwirtschaft gestellt hat (§§ 3, 14 der 2. DV.).

Welchen der beiden Wege der Anerbe wählen will, ist in sein Belieben gestellt. Unterläßt er innerhalb der Ausschlagungsfrist die Stellung eines der beiden Anträge, so gilt dieses Verhalten als Ausschlagung des Anfalls des Erbhofs. Das Gleiche gilt, wenn sein Antrag auf Verleihung der deutschen Staatsangehörigkeit zwar innerhalb der Ausschlagungsfrist gestellt, jedoch, sei es noch innerhalb derselben oder später, abgelehnt wird.

Stellt der Anerbe innerhalb der Ausschlagungsfrist den Antrag auf Gewährung einer Ausnahme nach § 3 der 2. DV. und wird dieser Antrag vor oder nach Ablauf der Ausschlagungsfrist abgelehnt, so gilt dies als Ausschlagung des Anfalls des Erbhofs. Vorausgesetzt daß der Antrag auf Gewährung der Ausnahme nach § 3 der 2. DV. innerhalb der Ausschlagungsfrist gestellt worden ist, hat im Falle der Ablehnung dieses Antrags der Ausländer nunmehr die Möglichkeit, die Verleihung der deutschen Staatsangehörigkeit nachzusuchen. Dieses Gesuch muß jedoch innerhalb der mit Zustellung des ablehnenden Bescheids von neuem laufenden Frist des § 29 Abs. 3 REHG. gestellt werden.

§ 30

Versorgung der Abkömmlinge des Erblassers. Heimatzuflucht

(1) Die Abkömmlinge[1] des Erblassers werden, soweit sie Miterben oder pflichtteilsberechtigt sind[2], bis zu ihrer Volljährigkeit[3] auf dem Hofe[4] angemessen unterhalten und erzogen[5].

(2) Sie sollen auch für einen dem Stande des Hofs entsprechenden Beruf ausgebildet[6] und bei ihrer Verselbständigung, weibliche Abkömmlinge auch bei ihrer Verheiratung, ausgestattet[7] werden, soweit

die Mittel des Hofs dies gestatten; die Ausstattung kann insbesondere auch in der Gewährung von Mitteln für die Beschaffung einer Siedlerstelle bestehen.

(3) Geraten sie unverschuldet in Not, so können sie auch noch später gegen Leistung angemessener Arbeitshilfe auf dem Hofe Zuflucht suchen (Heimatzuflucht). Dieses Recht steht auch den Eltern des Erblassers zu, wenn sie Miterben oder pflichtteilsberechtigt sind[8 9].

Vgl. auch § 36 REHG.

Die nicht als Anerben berufenen Abkömmlinge des nach dem 1. Okt. 1933 verstorbenen Erblassers sind nur am übrigen Nachlaß (§ 33 REHG.) beteiligt. Es wird ihnen aber im bestimmten Umfang eine Art gesetzlichen Erb- und Pflichtteilsrechts am Hof eingeräumt. Sie haben nämlich bis zu ihrer Volljährigkeit den Anspruch auf dem Hofe angemessen unterhalten und erzogen zu werden. Sie sollen eine den Kräften des Hofs entsprechende Berufsausbildung und Ausstattung erhalten und haben bei unverschuldeter Not auch noch später das Recht der Heimatzuflucht auf dem Hofe. Sie erhalten somit einen Anspruch, der in seiner Rechtswirkung einer dinglichen Belastung des Hofes gleichkommt. Der Anerbe übernimmt kraft Gesetzes als Hofeigentümer und Treuhänder des Hofgeschlechts Unterhaltsverpflichtungen des Erblassers gegenüber dessen Abkömmlingen. Das Recht der Heimatzuflucht ist auch den Eltern des nach dem 1. Okt. 1933 verstorbenen bäuerlichen Erblassers zugestanden.

1. Kinder, Enkel, Urenkel, Abkömmlinge aus einer Putativehe, einer nichtigen oder anfechtbaren Ehe (§§ 1699, 1700, 1703 BGB.), die legitimierten Kinder (§§ 1719, 1923, 1736, 1737 BGB.), sowie die Adoptivkinder (§§ 1757, 1762 BGB.), diese mit der Ausnahme des § 1767 BGB. Nicht uneheliche Kinder gegenüber ihrem Erzeuger (§§ 1589, 1705 BGB.). Ein nach dem Erbfall geborener oder bereits vorher erzeugter Abkömmling gilt auch hier als vor dem Erbfall geboren (§ 1923 Abs. 2 BGB.).

2. Die Abkömmlinge müssen entweder Miterben, sei es auf Grund Gesetzes oder Verfügung von Todes wegen oder pflichtteilsberechtigt sein. Pflichtteilsberechtigte Abkömmlinge sind solche, die an sich nach § 1924 BGB. als gesetzliche Erben berufen wären, von der Erbfolge aber durch Verfügung von Todes wegen ausgeschlossen sind (§ 2303 BGB.). Will ein Abkömmling von seinem Erbrecht bzw. Pflichtteilsrecht keinen Gebrauch machen, schlägt er z. B. die Erbschaft aus oder verzichtet er nach dem Erbfall auf den Pflichtteil, so erlöschen hiedurch für ihn die Rechte aus § 30 Abs. 1 und 2 nicht, es sei denn, daß er gleichzeitig ausdrücklich auf diese Rechte verzichtet. Der gesetzliche Vertreter des Abkömmlings bedarf zu diesem Verzicht vormundschaftsgerichtlicher Genehmigung. Über Unverzichtbarkeit des Rechtes aus Abs. 3 s. unten.

Auch die Erbunwürdigkeit und Pflichtteilsunwürdigkeit berühren die Entstehung der Rechte aus § 30 zunächst nicht. Wird aber die Erbunwürdigkeit oder Pflichtteilsunwürdigkeit durch rechtskräftiges Urteil festgestellt, so sind damit die Ansprüche aus § 30 beseitigt. Die Rechtslage ist die gleiche, wenn der Abkömmling seine Ansprüche aus § 30 auf Grund einer anfechtbaren Verfügung von Todes wegen des Erblassers behauptet.

Hat der Abkömmling bereits bei Lebzeiten des Erblassers auf sein Erb- oder Pflichtteilsrecht durch Vertrag verzichtet (§§ 2346 ff. BGB.) oder hat der Erblasser durch Verfügung von Todes wegen dem Abkömmling den Pflichtteil rechtswirksam entzogen (§§ 2333, 2336 BGB.), so kommen die Rechte aus § 30 Abs. 1 und 2 überhaupt nicht zur Entstehung. Das Recht der Heimatzuflucht aber verbleibt dem Abkömmling.

Die Ansprüche aus Abs. 1, 2 werden nicht dadurch ausgeschlossen, daß die Abkömmlinge zur Zeit des Erbfalls gegen einen Dritten einen gesetzlichen oder vertraglichen Unterhaltsanspruch haben oder anderweit wirtschaftlich gesichert sind, z. B. durch Besitz eigenen Vermögens (vgl. § 32 REHG.).

3. Die Ansprüche aus Abs. 1 beziehen sich nur auf minderjährige Abkömmlinge und enden, wenn nicht ein besonderer Fall des Abs. 2 vorliegt, mit Volljährigkeit oder rechtswirksamer Volljährigkeitserklärung.

4. Die Worte „auf dem Hofe" bedeuten:

a) daß der verpflichtete Hofeigentümer auf dem Hofe, d. h. am Ort der Hofstelle, zu erfüllen hat,

b) daß der Berechtigte auch nach dem Tode des Erblassers auf dem Hofe bleiben und dorthin zurückkehren kann,

c) daß die Leistung eine Schuld des Hofes wird, also von der persönlichen Leistungsfähigkeit des Hofeigentümers unabhängig ist.

5. Der Anspruch aus Abs. 1 umfaßt:

a) den angemessenen Unterhalt,

b) die angemessene Erziehung.

Angemessen ist der Unterhalt, wenn sein Maß unter Berücksichtigung der bäuerlichen Verhältnisse im allgemeinen und der Verhältnisse der Beteiligten im besonderen die Unterhaltsbedürfnisse des Berechtigten mit der Leistungsfähigkeit (den Kräften) des Hofes in vernünftigen Einklang bringt. Der Unterhalt umfaßt Wohnung, Nahrung, Kleidung, Krankheitskosten, Kosten für Wart und Pflege und Kosten der Beerdigung im Falle des Todes des Berechtigten, soweit ihre Bezahlung von den Erben des Berechtigten nicht zu erlangen ist.

Angemessen ist diejenige Erziehung, welche hinsichtlich des Erziehungsaufwandes die bäuerlichen Verhältnisse im allgemeinen und die Leistungsfähigkeit des Hofes im besonderen vernünftig berücksichtigt. Anlagen des Minderjährigen können für den Erziehungsberechtigten bei der diesem zustehenden Berufsauswahl, nicht aber für die Verpflichtung des Hofeigentümers maßgebend sein.

Zur Erziehung gehört die körperliche, geistige und sittliche Ausbildung des Abkömmlings einschließlich der etwaigen Vorbildung zu einem Beruf (Abs. 2).

Der minderjährige Abkömmling des Erblassers, der auf dem Hofe unterhalten und erzogen wird, ist, solange er im Hausstand des Hofeigentümers lebt, verpflichtet, wie ein eheliches Kind, das dem elterlichen Hausstand angehört, in einer seinen Kräften und der Ortsüblichkeit entsprechenden Weise dem Hofeigentümer in Hauswesen und Wirtschaft Dienste zu leisten (§ 1617 BGB.).

6. Abs. 2 bezieht sich auf den gleichen Personenkreis wie Abs. 1, jedoch ohne Rücksicht auf das Lebensalter, den er ergänzt. Für Entstehung und Ausschließung des Rechtes aus Abs. 2 gilt deshalb das oben Gesagte (Anm. 1 und 2).

Das Berufsbestimmungsrecht steht als Teil der Personensorge dem Erziehungsberechtigten zu. Dieser hat die Verpflichtung, einen Beruf auszuwählen, der den Fähigkeiten des Minderjährigen entspricht. Unter Anerkennung dieser Verpflichtung bestimmt Abs. 2, daß der Hof zum Zwecke der Berufsausbildung Mittel insoweit zur Verfügung zu stellen hat, als der Aufwand für die Berufsausbildung dem Stande und den Kräften des Hofes entspricht. In diesem Sinne bedeuten die Worte „sie sollen" am Anfang des Abs. 2 ein Gebot an den Hofeigentümer. Der Hofeigentümer hat sonach nur indirekt einen Einfluß auf die Berufswahl durch den Erziehungsberechtigten. Wählt letzterer eine Berufsart, die einen den Stand und die Größe es Hofes übersteigenden Aufwand erfordert, so kann er die Mehrkosten aus dem)ofe nicht verlangen. Stehen Mittel für eine Berufsausbildung aus dem Hofe nicht ur Verfügung, so bleibt es bei dem Rechte des Abs. 1. Das Recht des Abkömmlings nd die Verpflichtung des Hofeigentümers dauern bis zum normalen Abschluß der Berufsausbildung, somit unter Umständen auch über die Volljährigkeit, fort (z. B. eim Hochschulstudium).

7. Unter Ausstattung versteht man die Summe der Vermögenswerte, die einem lbkömmling mit Rücksicht auf die Erlangung einer selbständigen Lebensstellung Verselbständigung) oder auf seine Verheiratung aus dem Hofe zuzuwenden sind.)insichtlich der Ausstattung bei Verselbständigung ist kein Unterschied zwischen nännlichen und weiblichen Abkömmlingen, auch nicht zwischen Minderjährigen und Volljährigen. Auf die Ausstattung bei Verheiratung hat nur der weibliche Abkömmling Anspruch. Bei ihm umfaßt die Ausstattung grundsätzlich die Aussteuer, . h. die Mittel, welche zur Einrichtung des Haushalts dienen (§ 1622 BGB.), auch ie Mitgift (§ 1624 BGB.).

Ein Anspruch auf Ausstattung entsteht nur, wenn die Mittel des Hofes die Gewährung einer Ausstattung zulassen. Die Ausstattung kann nur einmal verlangt verden. Es ist gleichgültig, ob sie vor oder nach der Verselbständigung oder Verheiratung geleistet wird. Um Ausstattung zu sein, muß die Leistung zu dem gesetzlichen Ausstattungszwecke, d. h. zur Verselbständigung oder zur Verheiratung, gegeben werden.

Der Anspruch auf Ausstattung entsteht:

a) bei Verselbständigung, sobald die tatsächlichen Grundlagen für die Begründung einer Wirtschaft oder Lebensstellung des Abkömmlings gegeben sind und der lbkömmling die Absicht, sich selbständig zu machen, ernsthaft zum Ausdruck bringt, s sei denn, daß er bereits zu Lebzeiten des Erblassers eine Ausstattung erhalten hat.

b) bei Verheiratung: wenn der weibliche Abkömmling von einer sich ihm bietenden alsbaldigen Verheiratungsmöglichkeit Gebrauch machen will. Der Anspruch ntsteht also nicht wie der Aussteueranspruch aus § 1620 BGB. erst mit der Verheiratung.

Der Anspruch auf Ausstattung wird nicht dadurch ausgeschlossen, daß die Ausstattung selbst als wirtschaftliche Voraussetzung der Verselbständigung oder Verheiratung unentbehrlich ist.

Als Ausstattung kann gegeben werden: Geld, Handwerkzeug, Material, Hausrat, Vieh, Grundstücke, alle zweckdienlichen Sachwerte. Die Ausstattung bildet einen vichtigen Grund im Sinne des § 37 Abs. 2 für Veräußerung und Belastung.

Als eine besondere Leistung der Ausstattung hebt das Gesetz die Gewährung von Mitteln für die Beschaffung einer Siedlerstelle hervor. Bei der großen Bedeutung der Siedlungstätigkeit wird in diesem Falle die etwaige Veräußerung von Grundstücken oder Zubehör des Erbhofs und eine vernünftige Belastung desselben aus § 37 Abs. 2 ohne weiteres zu genehmigen sein.

Grundsätzlich jedoch sind die Mittel für die Leistungen des Absatz 2 aus den Hoferzeugnissen und aus Hofzubehör zu beschaffen, soweit die Verfügung im Rahmen ordnungsmäßiger Wirtschaftsführung möglich ist.

8. Das Recht der Heimatzuflucht auf dem Hofe haben unter der Voraussetzung des Erb- bzw. Pflichtteilrechtes, wenn sie unverschuldet in Not geraten:

a) die Abkömmlinge des Erblassers,

b) die Eltern des Erblassers.

Not ist das Unvermögen, den Lebensunterhalt aus eigenen Kräften oder Mitteln zu beschaffen. Unverschuldet ist die Not, wenn dieser Zustand durch Umstände veranlaßt ist, die außerhalb des Verhaltens des Bedürftigen liegen, z. B. Krankheit,

Unfall, körperliche und geistige Gebrechlichkeit, Arbeitslosigkeit bei mangelnder Arbeitsgelegenheit. Der Anspruch besteht nicht bei verschuldeter Not, z. B. durch Verschwendung, Trunksucht, Arbeitsscheue, sonstiges sittenwidriges Verhalten verursachter Notlage. Das Recht besteht nur, solange die Not als unverschuldete andauert. Unterläßt es der Bedürftige, von einer Möglichkeit seine Notlage zu beenden, Gebrauch zu machen, so wird die unverschuldete Not zur verschuldeten Not. Tritt der Notzustand mit Unterbrechungen ein, so kann das übrigens von den Versorgungsrechten des Abs. 1 und 2 unabhängige Recht auch wiederholt ausgeübt werden.

Nach Sinn und Zweck des Gesetzes ist das Recht der Heimatzuflucht im Gegensatz zu den übrigen Versorgungsrechten ein unverzichtbares Recht. Es geht auch durch Erbschaftsausschlagung nicht verloren. Ein einseitiger Verzicht oder ein Verzichtsvertrag sind aus § 138 BGB. nichtig. Die Heimatzuflucht hat ihren Grund im Sippenrecht, weshalb sie auch den Eltern des Erblassers, d. h. den leiblichen Eltern desselben, nicht Stief- oder Pflegeeltern, zugestanden ist.

Vgl. auch Anm. 2.

Das Recht der Heimatzuflucht umfaßt:
a) den Anspruch auf Unterkunft (Unterschlupf),
b) den Anspruch auf Unterhalt.

Das Maß der Leistung bestimmt sich nach Ortsüblichkeit, den Verhältnissen der Beteiligten und den Kräften des Hofes. Es ist Ehrenpflicht des Bauern, die Leistung nach besten Kräften zu erfüllen. Eine böswillige Verletzung dieser Pflicht würde gegen die Ehrbarkeit des Bauern verstoßen (vgl. § 15).

Das Unterschlupfrecht umfaßt das Recht der familienmäßigen Wohnung auf dem Hofe, einem Beihause oder dem Austragshause des Hofes. Das Unterhaltsrecht umfaßt das Recht auf Gewährung des vollen familienmäßigen Lebensbedarfs in Nahrung, Kleidung, Wart und Pflege, Krankheitskosten sowie Beerdigungskosten, soweit deren Bezahlung vom Erben des Berechtigten nicht zu erlangen ist. Bei Gewährung der Heimatzuflucht ist die Sippenzugehörigkeit für den Leistungsinhalt wesentlich mitbestimmend. Der Berechtigte ißt z. B. die Familienkost über Tisch, nicht etwa Dienstbotenkost am Dienstbotentisch, falls überhaupt ein solcher Unterschied hofüblich ist.

Der aus Abs. 3 Berechtigte hat angemessene Arbeitshilfe zu leisten. Hierunter versteht man die Mitarbeit des Berechtigten in der Wirtschaft von Haus und Hof nach Üblichkeit und Leistungsfähigkeit. Die Pflicht zur Arbeitshilfe besteht nicht, wenn sie bei dem Stande des Hofes nicht üblich ist oder der Berechtigte für Arbeitshilfe infolge Krankheit, Gebrechlichkeit nicht in Frage kommt. Die Heimatzuflucht hat nur der Berechtigte für seine Person. Im Einzelfalle kann jedoch die Weigerung des Hofeigentümers, Familienangehörige des Bedürftigen mitaufzunehmen, bäuerlicher Sitte widersprechen, z. B. die bedürftige Tochter des Erblassers sucht mit ihrem Säugling Zuflucht auf dem Hofe. Es ist hier Aufgabe des Anerbengerichts, unter Berücksichtigung der Lage des Einzelfalls im Streitfalle die erforderliche Regelung aus § 32 zu treffen.

9. Die Ansprüche aus § 30 stehen den Abkömmlingen und den Eltern des Bauern auch dann zu, wenn dieser den Hof schon zu Lebzeiten übergeben und der Eigentumsübergang sich in einer Weise vollzogen hat, die ihrem praktischen Ergebnisse nach einem Erbfalle vorgreift. Der Übergeber gilt hier als Erblasser im Sinne des § 30. Bei Verkauf aber kann § 30 nicht angewendet werden. Dagegen tritt bei Tausch der eingetauschte Hof an die Stelle des bisherigen Hofes.

§ 31
Altenteil der Ehegatten

Der überlebende Ehegatte[1] des Erblassers[2] kann, wenn er Miterbe oder pflichtteilsberechtigt ist[3] und er auf alle ihm gegen den Nachlaß zustehenden Ansprüche verzichtet[4], von dem Anerben[5] lebenslänglich[6] den in solchen Verhältnissen üblichen Unterhalt[7] auf dem Hofe[8] verlangen[9], soweit er sich nicht aus eigenem Vermögen unterhalten kann[10].

Vgl. auch § 36 REHG.

In Würdigung seiner lebenslänglichen Arbeit auf dem Erbhof soll der überlebende Ehegatte des nach dem 1. Oktober 1933 verstorbenen Bauern für den Rest des Lebens vor wirtschaftlicher Not bewahrt bleiben. Er erhält deshalb unter gewissen Voraussetzungen eine Altersversorgung auf dem Hofe (Altenteil). Dieser Anspruch steht ihm nur zu, wenn er auf alle Ansprüche gegen den Nachlaß verzichtet und sich nicht aus eigenem Vermögen unterhalten kann. Seinem Wesen nach ist der Anspruch familienrechtlicher, seiner Rechtswirkung nach dinglicher Natur.

1. Die Ehe muß zur Zeit des Erbfalls noch bestanden haben. Der geschiedene Ehegatte ist nicht überlebender Ehegatte. Bei Nichtigkeit der Ehe besteht ein Recht auf den Altenteil nicht. Das gilt auch für den Fall, daß der überlebende Ehegatte nach dem Tode des zur Anfechtung nicht berechtigten Erblassers die Ehe durch Erklärung gegenüber dem Nachlaßgericht angefochten hat (§ 1342 BGB.).

2. Der Erblasser muß nach dem 1. Oktober 1933 gestorben sein (§ 57 Abs. 2 REHG.). Eine entsprechende Anwendung des § 31 auf die vor dem 31. Oktober 1933 eingetretenen Erbfälle kommt nicht in Frage. Eine Vereinbarung der Zuständigkeit des Anerbengerichts bei Streitigkeiten in solchen Fällen wäre unzulässig, weil die Anerbenbehörden Sondergerichte der freiw. Gerichtsbarkeit sind (§ 40 Abs. 1 REHG., § 38 ZPO.).

3. Ob der überlebende Ehegatte erb- und pflichtteilsberechtigt ist, bestimmt sich nach der Rechtslage zur Zeit des Erbfalls. Erbberechtigt ist er aus §§ 1931 ff. BGB., pflichtteilsberechtigt, wenn er durch Verfügung von Todes wegen von der Erbfolge ausgeschlossen ist (§ 2303 Abs. 2 BGB.). Schlägt der überlebende Ehegatte die Erbschaft aus oder verzichtet er nach dem Erbfall auf den Pflichtteil, so erlischt für ihn der Anspruch aus § 31 nicht, es sei denn, daß er gleichzeitig ausdrücklich auf dieses Recht verzichtet. Der Anspruch aus § 31 ist ja nicht erbrechtlicher, sondern sippenrechtlicher Natur. Bei Erb- und Pflichtteilsunwürdigkeit des überlebenden Ehegatten steht es dem Anerben frei, im Wege der Feststellungsklage feststellen zu lassen, daß dem überlebenden Ehegatten infolge Erbunwürdigkeit ein Anspruch aus § 31 REHG. nicht zusteht. Ist der Ehegatte durch rechtskräftiges Urteil für erbunwürdig erklärt, so ist damit auch der Anspruch aus § 31 endgültig beseitigt. Ein solcher Anspruch besteht auch dann nicht, wenn der überlebende Ehegatte sein Erb- und Pflichtteilsrecht auf Grund einer rechtsunwirksam angefochtenen Verfügung von Todes wegen behauptet. Im Falle des Erbverzichtsvertrags oder der rechtswirksamen Pflichtteilsentziehung kommt das Recht aus § 31 überhaupt nicht zur Entstehung.

4. Der Verzicht muß sich auf alle Ansprüche aus dem Nachlaß erstrecken, und zwar im einzelnen:

a) auf die Ansprüche aus dem Erbrecht oder dem Pflichtteilsrecht,

b) auf alle Ansprüche, welche dem überlebenden Ehegatten als Nachlaßgläubiger im übrigen zustehen, gleichviel aus welchem Rechtsgrunde, z. B. Ansprüche auf Schadensersatz aus unerlaubter Handlung, aus Verträgen (z. B. Darlehen, Bürgschaft), Ersatz des Wertes des eingebrachten Guts, nicht dagegen Ansprüche auf Herausgabe von Sachen, soweit der überlebende Ehegatte deren Eigentümer ist, da ja in diesem Falle die Sachen nicht zum Nachlaß gehören.

Der Verzicht ist eine einseitige, empfangsbedürftige Willenserklärung, welche dem Anerben gegenüber abzugeben ist, und untersteht deshalb den allgemeinen Vorschriften der §§ 116ff. BGB. Wirtschaftlich gesehen ist der Verzicht eine Art Gegenleistung für den beanspruchten Altenteil und wird vom Gesetze gefordert, um durch Schaffung einer eindeutigen Sachlage auch die Rechtslage zwischen Hofeigentümer und Berechtigtem klarzustellen. Eine Form für den Verzicht ist nur insoweit vorgeschrieben, als eine solche nach dem Gegenstand des Verzichts nach BGB. gefordert wird, z. B. bei Verzicht auf ein dingliches Recht (§§ 1165, 1168, 1192, 1200 BGB.). Auch ein Zeitpunkt ist für den Verzicht nicht vorgeschrieben: Daß er aber nicht vor dem Erbfall erklärt werden kann, ergibt sich sowohl aus dem Wortlaut, als auch aus dem Sinn und Zweck der Vorschrift. Er muß aber spätestens gleichzeitig mit der Geltendmachung des Altenteilsanspruchs erklärt werden.

5. Anerben in diesem Sinne sind der ursprüngliche Anerbe und seine Rechtsnachfolger, solange der Hof Erbhof bleibt. Verliert der Erbhof die Erbhofeigenschaft aus irgendeinem Grunde nach Geltendmachung des Rechtes aus § 31, so wird dieses Recht durch den Verlust der Erbhofeigenschaft nicht berührt. Eine Zuständigkeit der Anerbenbehörden für einen solchen Anspruch ist jedoch nicht mehr gegeben. Verliert der Hof nach dem Erbfall, aber vor Geltendmachung des Rechtes aus § 31 die Erbhofeigenschaft, so ist eine Geltendmachung des Rechtes nicht mehr möglich, weil das Recht grundsätzlich das Vorhandensein eines Erbhofs nicht bloß im Zeitpunkt des Erbfalls, sondern auch im Zeitpunkt der Geltendmachung des Rechts voraussetzt (§ 56 REHG.). Erlangt ein Hof nach dem Erbfalle aus irgendeinem Grunde die Erbhofeigenschaft, so ist trotzdem für einen Anspruch aus § 31 nicht Raum geworden, weil es hier von Anfang an an einem Anerben mangelt.

6. Der lebenslängliche Unterhalt ist wesentlich für den Altenteil. Insofern liegt wie hinsichtlich des ganzen Inhalts des § 31 eine Vorschrift zwingender Natur vor, d. h. inhaltlich kann das Altenteilsrecht nicht durch Vertrag abgeändert werden. Es kann also nur unter den Voraussetzungen und mit dem Inhalt des § 31 verlangt werden. Auch bezüglich der Voraussetzungen (Verzicht auf die Ansprüche gegen den Nachlaß und Unmöglichkeit sich aus eigenem Vermögen zu unterhalten) sind abändernde Vereinbarungen unzulässig. Das Gesetz wollte dem Rechtsgebilde des Altenteils eine absolut stabile Gestalt geben.

Etwas anderes ist es, wenn der überlebende Ehegatte von seinem Recht keinen Gebrauch machen will. Das ist zulässig; denn er muß ja nicht, er „kann" nur verlangen. Für die Vergangenheit, nicht aber für die Zukunft kann auf die Ansprüche aus § 31 verzichtet werden. Eine Wiederverheiratung des Altenteilers wird regelmäßig mit Rücksicht auf das Alter des überlebenden Ehegatten nicht in Frage kommen. Durch eine solche wird das Recht an sich nicht berührt, weder in seinem Bestande noch in seinem Umfang. Der Berechtigte kann mit Rücksicht auf seine Wiederverheiratung, keine Erhöhung der Leistungen des Verpflichteten unter Hinweis auf die Mehrbedürfnisse verlangen. Dem neuen Ehegatten und den Kindern der neuen Ehe des Altenteilers stehen Rechtsansprüche aus § 31 überhaupt nicht zu. Nach den besonderen Verhältnissen des Einzelfalls wird es jedoch oft der bäuerlichen Sitte entsprechen, daß die neue Familie des Altenteilers auf dem Hofe bleibt und auf dem Hofe mitunterhalten wird. Die Aufnahme der neuen Familie auf dem Hofe entspricht in der Regel den Interessen des minderjährigen Anerben, weil der neue Ehegatte ja doch auf dem Hofe mitarbeitet. Stirbt der Altenteiler, so endet dessen Recht und damit auch jeder Zusammenhang seiner neuen Familie mit dem Erbhofe.

7. Der Unterhalt besteht in Wohnung, Nahrung, Kleidung, Pflege und Wartung in gesunden und kranken Tagen, Beerdigungskosten, diese jedoch nur, wenn die Bezahlung nicht von den Erben des Altenteilers zu erlangen ist. Ob darüber hinaus noch weitere Leistungen beansprucht werden können, bestimmt sich nach der Üblichkeit in solchen Verhältnissen, d. h. nach dem Stande des Hofes und dessen Kräften unter Berücksichtigung der berechtigten Interessen der Beteiligten (Hofüblichkeit). Nach Hofüblichkeit bestimmen sich auch die Höhe des Taschengeldes, die Höhe von Versicherungen, die Gewährung von eigenen Wohn- und Schlafräumen, Fuhrdiensten, Sonderleistungen anderer Art, die über den Rahmen des üblichen Lebensbedarfs hinausgehen (Kur- und Erholungsaufenthalt). Umfang des Altenteilsanspruchs vgl. Hase in JW. 1934 S. 389.

8. Vgl. Anm. 4 zu § 30.

9. Das „Verlangen" ist Voraussetzung der Fälligkeit des Anspruchs und der Verpflichtung des Anerben. Das Vorliegen der gesetzlichen Voraussetzungen des Altenteilsanspruchs hat die Rechtswirkung des § 241 BGB. Bei Streitigkeiten entscheidet das Anerbengericht endgültig. S. § 32 und die Anmerkungen hiezu.

Der überlebende Ehegatte des Erblassers hat den Anspruch aus § 31 auch dann, wenn der Eigentumsübergang des Erbhofs sich in einer Weise vollzieht, die ihrem praktischen Ergebnisse einem Erbfall vorgreift, z. B. bei der Übergabe des Hofes bei Lebzeiten des Bauern.

Durch Getrenntleben wird der Anspruch aus § 31 nicht ausgeschlossen. Vgl. jedoch § 1933 BGB. für den Fall, daß der Erblasser z. Z. des Erbfalls auf Scheidung wegen Verschuldens des überlebenden Ehegatten zu klagen berechtigt war. Im Falle der Hofübergabe bei Lebzeiten des Bauern beschränkt sich der Verzicht nach § 31 auf alle gegen den künftigen Nachlaß des Bauern zustehenden Ansprüche, während sich der Verzicht im Regelfalle auf die zur Zeit der Geltendmachung des Altenteilsanspruchs noch bestehenden Ansprüche des Altenteilsberechtigten erstreckt.

10. Hat der überlebende Ehegatte eigenes Vermögen, das zu seinem Unterhalt ausreicht, so hat er keinen Anspruch auf Altenteil. Das eigene Vermögen muß jedoch in seinen Erträgnissen für den hofüblichen Unterhalt ausreichen. Zur Substanzverwendung ist der überlebende Ehegatte nicht verpflichtet. Ist das Vermögen des Altenteilers nicht groß genug, um aus seinem Ertrag den vollen Unterhalt zu ermöglichen, so hat der Hof als Altenteilsbelastung nur die Differenz bis zu dem hofüblichen Unterhalt zu tragen. Hat der überlebende Ehegatte die Verwaltung und Nutznießung des Erbhofs kraft Gesetzes oder auf Grund einer Verfügung von Todes wegen, so hat er ein Recht aus § 31 deshalb nicht, weil er sich aus eigenem Vermögen unterhalten kann; er kann ja auf Grund des Nutznießungsrechtes über die Hoferträgnisse verfügen, die zu seinen eigenen Einkünften zählen. Der Altenteilsanspruch ist nicht übertragbar und nicht pfändbar (§ 399 BGB., § 851 ZPO.).

§ 32

Regelung von Streitigkeiten

Bei Streitigkeiten aus den §§ 30 und 31 trifft das Anerbengericht[1] die erforderliche[2] Regelung[3] unter billiger Berücksichtigung der Verhältnisse der Beteiligten so, daß der Hof bei Kräften bleibt. Es kann das Versorgungsrecht aufheben oder einschränken, wenn der Versorgungsberechtigte anderweit gesichert ist oder wenn dem Verpflichteten die Leistung nicht mehr zugemutet werden kann, insbesondere wenn sie die Kräfte des Hofes übersteigt[4]. Die Entscheidung des Anerbengerichts ist endgültig.[5]

Die Feststellung von Art und Umfang der nach §§ 30 und 31 REHG. zu machenden Leistungen, welche ihrem Wesen nach als Reallasten und beschränkte persönliche Dienstbarkeiten anzusprechen sind, die ohne Einigung und Eintragung im Grundbuch kraft Gesetzes vom Berechtigten verlangt werden können (vgl. Schmidt, JW. 1934 S. 815), wird mit Rücksicht auf die entgegengesetzten Interessen der Beteiligten häufig Anlaß zu Meinungsverschiedenheiten unter diesen geben. Die Austragung der Streitigkeiten im ordentlichen Prozeßverfahren wäre zeitraubend und kostspielig. Das REHG. schreibt daher im § 32 für die Regelung solcher Streitigkeiten ein vereinfachtes Verfahren nach den Grundsätzen der freiw. Gerichtsbarkeit vor und überträgt dieses Verfahren dem Anerbengericht in ausschließlicher und endgültiger Zuständigkeit.

1. Die ausschließliche Zuständigkeit des Anerbengerichts der Hofstelle (§§ 42 Abs. 1, 40 Abs. 2 REHG.) als bäuerlichen Sondergerichts ist im § 32 bestimmt für Streitigkeiten:

a) aus dem Unterhalts- und Erziehungsrecht der Abkömmlinge des Erblassers (§ 30 Abs. 1),
b) aus dem Berufsausbildungsrecht und dem Ausstattungsrecht der Abkömmlinge des Erblassers (§ 30 Abs. 2),
c) aus dem Recht der Heimatzuflucht der Abkömmlinge und der Eltern des Erblassers (§ 30 Abs. 3),
d) aus dem Altenteilsrecht des überlebenden Ehegatten des Erblassers (§ 31).

Die Zuständigkeit ist nur für Streitigkeiten über Art und Umfang dieser Versorgungsrechte gegeben. Sind die Rechte selbst bestritten, so ist zur Entscheidung darüber das ordentliche Gericht zuständig. Das Verfahren nach § 32 ist, wenn nötig, in entsprechender Anwendung des § 148 ZPO. bis zur Erledigung des Rechtsstreits über das Bestehen oder Nichtbestehen des Versorgungsrechtes vor dem ordentlichen Gericht (§ 256 ZPO.) durch gemäß § 21 der 1. DV. begründeten Beschluß auszusetzen, gegen den aus § 11 der 1. DV., § 19 FGG. einfache Beschwerde zum Landgericht stattfindet. Eine Verweisung von Streitigkeiten vom Anerbengericht an das ordentliche Gericht ist ebenso unzulässig wie eine Verweisung vom ordentlichen Gericht an das Anerbengericht. Das Verfahren nach § 32 ist ein von den einengenden Verfahrenvorschriften der ZPO. losgelöstes Streitverfahren. Gegen eine entsprechende Anwendung der Vorschriften der ZPO. über den Rahmen des § 15 FGG. hinaus bestehen jedoch insoweit keine Bedenken, als sie dem Offizialprinzip der freiw. Gerichtsbarkeit angepaßt werden können.

2. Das Anerbengericht hat nur die erforderliche Regelung zu treffen. Erforderlich ist die Regelung, welche zur Beseitigung des schwebenden Streitfalls und zur Verhütung künftiger Streitfälle auf Grund des gestellten Antrags und des Beweisergebnisses (§ 12 der 1. DV.) notwendig ist. Für die Entscheidung ist also nicht nur der Inhalt des Antrags maßgebend. Das Gericht hat vielmehr den Herd der Streitigkeit durch Klärung des Sachverhalts bloßzulegen und hienach die Regelung zu treffen, welche notwendig ist. § 32 gilt auch im Falle, daß mehrere Erbhöfe zum Rücklaß gehören. Vgl. auch § 36 Anm. 9.

3. Die erforderliche Regelung ist zu treffen:

a) unter billiger Berücksichtigung der Verhältnisse der Beteiligten,
b) unter Berücksichtigung der Kräfte des Hofes.

Billig ist die Berücksichtigung der Verhältnisse der Beteiligten dann, wenn sie das Bedürfnis und die Leistungsfähigkeit der Beteiligten, wenn nötig unter Zugrundelegung allgemeiner Erfahrungssätze, so gegeneinander abwägt, daß das Ergebnis von einem vernünftig denkenden Bauern als richtig empfunden wird.

Der Hof bleibt dann bei Kräften, wenn er seine Bedeutung als Ackernahrung im Sinne des Gesetzes trotz der Leistungen aus § 30 und § 31 behält. Der Hof muß deshalb in der Lage bleiben, den Unterhalt der Hoffamilie unabhängig vom Markt und der allgemeinen Wirtschaftslage aufzubringen und außerdem den Wirtschaftsablauf des Hofes unter Berücksichtigung der übrigen Belastung (auch der persönlichen Schulden) zu gewährleisten.

4. Bei der billigen Berücksichtigung der Verhältnisse der Beteiligten ist dem Anerbengericht weitgehende Freiheit zugestanden. Es kann und zwar ohne Rücksicht auf den Antragsinhalt die Versorgungsrechte aufheben oder einschränken:

a) wenn der Versorgungsberechtigte anderweit gesichert ist,

b) wenn dem Verpflichteten die Leistung nicht mehr zugemutet werden kann.

Der Versorgungsberechtigte ist anderweit gesichert, wenn er sich aus eigenem Vermögen oder aus eigener Arbeit den Lebensbedarf in einer Weise zu beschaffen vermag, daß ihm wenigstens das Mindestmaß dessen zur Verfügung steht, was ihm inhaltlich der Versorgungsrechte zur Verfügung stünde. Es kann sein, daß die billige Abwägung der Verhältnisse der Beteiligten im Ergebnis dazu führt, dem Berechtigten zuzumuten, daß er auch den Stamm seines Vermögens angreift. Grundsätzlich aber ist unbeschadet der Prüfungspflicht aus § 12 der 1. DV. davon auszugehen, daß der Versorgungsberechtigte nicht anderweit gesichert ist und daß dem Verpflichteten die Leistung zugemutet werden kann. Die „Nichtzumutbarkeit" der Leistung setzt voraus, daß das Verlangen der Leistung unter billiger Berücksichtigung der Verhältnisse der Beteiligten und der Kräfte des Hofes nach dem Denkergebnis eines vernünftig denkenden Bauern unbillig erscheint. Die Nichtzumutbarkeit kann auch in den persönlichen Verhältnissen des Berechtigten ihren Grund haben. Dieser ist z. B. ein sicherheitsgefährlicher oder unverbesserlicher Lump.

Zu berücksichtigen ist auch, daß die gesetzlichen Unterhaltsansprüche gegen den Bauern den Versorgungsrechten aus §§ 30, 31 vorgehen.

5. Die Entscheidung erfolgt durch begründeten Beschluß, der den Beteiligten, soweit er nicht verkündet werden kann, von Amts wegen zuzustellen ist (§ 21 der 1. DV.). Eine sofortige Beschwerde und sofortige weitere Beschwerde sind vom Gesetz nicht zugelassen. Darin liegt eben die Vereinfachung des Verfahrens, die ihre Berechtigung vor allem in der Zusammensetzung des Anerbengerichts als eines bäuerlichen Sondergerichtes findet. Nach § 19 der 1. DV. kann der Vorsitzende eine Vorentscheidung erlassen, für welche hinsichtlich Form und Bekanntmachung § 21 der 1. DV. gleichfalls gilt. Gegen diese Vorentscheidung ist binnen 2 Wochen ab Zustellung Einspruch zum Anerbengericht zulässig. Die Vorentscheidung kann auch nach mündlicher Verhandlung ergehen, falls die Sachlage soweit geklärt erscheint, daß eine Sachentscheidung überhaupt möglich ist. Bei nichtrechtzeitigem Einspruch — auf diese Wirkung ist bei Zustellung hinzuweisen — wird die Vorentscheidung rechtskräftig. Die Vorentscheidung ist nur dann zulässig, wenn sie den ganzen Streitstoff erledigen kann. Es geht nicht an, einen Teil des Streitstoffes etwa analog einem Teilurteil durch eine Vorentscheidung zu erledigen. Die Vorentscheidung ist nicht zu verwechseln mit den Entscheidungen des § 12 Abs. 3 der 1. DV. (sichernde Maßnahmen oder einstw. Anordnungen), die auch hier und zwar durch endgültigen Beschluß getroffen werden können, da die Hauptentscheidung nicht anfechtbar ist. Wird gemäß § 20 der 1. DV. Einspruch eingelegt — Wiedereinsetzung gegen die Versäumung der Einspruchsfrist kann der Vorsitzende auf Antrag durch Beschluß, welche

der Anfechtung durch einfache Beschwerde zum Landgericht unterliegt, gewähren—, so ist zweckmäßig mündliche Verhandlung anzuordnen und durch Beschluß über den Einspruch und zur Sache selbst zu entscheiden. Ist aber der Einspruch verspätet, so ist der Einspruch allein durch Beschluß in mündlicher Verhandlung über den Einspruch als unzulässig mit Kostenfolge zurückzuweisen. Die in § 20 Abs. 3 der 1. DV. vorgesehene Wiedereinsetzung ist zu gewähren, wenn der Einspruchsberechtigte ohne sein Verschulden verhindert war, die Einspruchsfrist einzuhalten, binnen 2 Wochen ab Beseitigung des Hindernisses den Einspruch einlegt und die Begründung glaubhaft macht. Der gemäß § 236 ZPO. auf die Wiedereinsetzung hin nachgeholte Einspruch ist, falls notwendig, mit Antrag aus §§ 719, 707 ZPO. zu verbinden, damit eine evtl. begonnene Zwangsvollstreckung eingestellt werden kann (§ 50 REHG.).

Die Vorentscheidung ist in allen Fällen formell aufzuheben, wenn später eine Sachentscheidung ergeht, weil sie gegenstandslos geworden ist.

Im Verfahren nach § 32 soll der Versuch einer gütlichen Einigung der Beteiligten gemacht werden. Ein etwa zustandekommender Vergleich ist zu Niederschrift zu nehmen und wird nach ZPO. vollstreckt. (§ 15 der 1. DV.)

Kosten, § 51 REHG., §§ 52, 53 der 1. DV.; Gebühr, § 51 Abs. 3 der 1. DV.; Armenrecht, Niederschlagung und Stundung des Kostenbetrages, § 57 der 1. DV.

§ 33

Der übrige Nachlaß

Das außer dem Erbhof vorhandene Vermögen des Bauern[1] vererbt sich nach den Vorschriften des allgemeinen Rechts[2].

Um eine Zersplitterung des Erbhofs im Erbgang zu verhindern, mußte das Gesetz die Erbfolge in den Erbhof besonders und zwar abweichend von den Bestimmungen des bürgerlichen Rechts regeln. Hinsichtlich des übrigen Nachlasses des Bauern war eine solche Sonderregelung abgesehen von der Frage der Berichtigung der Nachlaßverbindlichkeiten im allgemeinen entbehrlich.

1. Alles Vermögen des Bauern, das nicht zum Erbhof gehört, ist übriger Nachlaß. Zu diesem gehört insbesondere:

a) Grundeigentum, welchem die Erbhofeigenschaft fehlt,
b) bewegliches Vermögen, das nicht Zubehör ist,
c) Kapitalvermögen (Bargeld, Wertpapiere, Sparguthaben usw.), ferner Forderungen und Rechte, soweit sie nicht zum Erbhof gehören,
d) gewerbliche Betriebe, die nicht zum Erbhof gehören.

Erbhofvermögen, §§ 7, 8, 9 REHG., § 2 der 2. DV., § 96 BGB.

2. Das „übrige" Vermögen vererbt sich nach BGB. mit seinen Ausführungsvorschriften und Uebergangsvorschriften. Erbhofvermögen und übriger Nachlaß gehen in Gesamtrechtsnachfolge auf den kraft Gesetzes oder Verfügung von Todes wegen berufenen Anerben und die kraft Gesetzes oder Verfügung von Todes wegen nach BGB. berufenen Miterben über. Anerbe und Erben des übrigen Vermögens haben also die volle Rechtsstellung von Miterben nach BGB. Sie haften grundsätzlich für die Nachlaßverbindlichkeiten als Gesamtschuldner (§ 2058 BGB.). Zwischen ihnen besteht zunächst Erbengemeinschaft hinsichtlich des ganzen Nachlasses. Mit endgültigem Anfall des Erbhofs an den Anerben beschränkt sich die Erbengemeinschaft zwischen Anerben und übrigen Erben auf das außer dem Erbhof vorhandene übrige Vermögen, wie wenn eine Teilauseinandersetzung stattgefunden hätte (§ 19 REHG.). Hiebei ist gleichgültig, ob der Anerbe zugleich als Miterbe des übrigen Nachlasses berufen ist oder nicht.

Anzuwenden sind die Vorschriften des BGB. über die Berufung zur Erbfolge, Annahme und Ausschlagung der Erbschaft, Haftung für die Nachlaßverbindlichkeiten, Beschränkung der Haftung auf den Nachlaß (Nachlaßverwaltung und Nachlaßkonkurs), Inventarerrichtung, aufschiebende Einreden, Rechtsverhältnis zwischen Erben und Nachlaßgäubiger usw. Eine Ausnahme besteht insofern, als der Anerbe, der den Erbhof annimmt, die Erbfolge in den übrigen Nachlaß nicht ausschlagen kann (vgl. Anm. zu § 29). Einschränkungen ergeben sich auch aus dem Pflichtteilsrecht und aus § 34 REHG.

War der Erblasser nicht deutscher Staatsangehöriger (§ 3 der 2. DV.), so finden hinsichtlich seines übrigen Nachlasses die erbrechtlichen Bestimmungen des Rechtes seines Heimatstaates Anwendung (Art. 25 EGzBGB.), während sich sein Erbhof nach Reichserbhofrecht vererbt.

Die Ermittlung des Erben ist nach BGB. in der Regel Sache der Beteiligten. Das Nachlaßgericht (§ 72 FGG.) hat aber den Erben von Amts wegen aus den vom Gesetz bestimmten besonderen Anlässen zu ermitteln. Das REHG. ändert hieran nichts. Es ist also ausschließlich Aufgabe des Nachlaßgerichts, sowohl den Anerben des Erbhofs als auch den oder die Erben des übrigen Nachlasses zu ermitteln.

Für die wünschenswerte Berichtigung des Grundbuchs braucht der Anerbe einen Erbschein unter den Voraussetzungen des § 36 der GO. Eine Zustimmung der Miterben zur Grundbuchberichtigung nach § 19 GO. ist nicht nötig. Der Erbschein (§§ 2353 ff. BGB.) kann sich inhaltlich auf den ganzen Rücklaß beziehen oder als Teilerbschein nur auf den Hof allein (§ 3 Abs. 1 u. 2 der 3. DV.). In ersterem Falle (§ 3 Abs. 1 der 3. DV.) kann er lauten:

„Es wird hiemit bezeugt, daß der am 1. Febr. 1934 in Abach verstorbene Bauer Wilhelm Seibert auf Grund Gesetzes von .... beerbt worden ist.

Anerbe des zum Nachlaß gehörigen Erbhofs, Anwesen Haus Nr. 1 in Abach (der Seiberthof in Abach) ist ...."

Im zweiten Falle (§ 3 Abs. 2 der 3. DV.) kann der Erbschein lauten:

„Es wird hiemit bezeugt, daß der am 1. Febr. 1934 in Abach verstorbene Bauer Wilhelm Seibert hinsichtlich des zum Nachlaß gehörigen Erbhofs Haus Nr. 1 (der Seiberthof in Abach) von .... als Anerben beerbt worden ist."

Die Zulässigkeit der Erteilung eines Teilerbscheins ergibt sich schon daraus, daß der Erbhof einen besonderen Teil der Erbschaft des Bauern nach Reichserbhofrecht, wenn auch keinen Erbteil (Bruchteil) der Erbschaft im Sinne des BGB. darstellt. Ein gegenständlich beschränkter Erbschein würde, beschränkt auf den Erbhof als bestimmten Nachlaßgegenstand, nur den Inhalt eines Erbscheins über den ganzen Nachlaß wiedergeben und ist deshalb nicht brauchbar. Er wäre denkbar für Gegenstände, die zum übrigen Nachlaß des Bauern gehören, aber auch, wenn der Erbhof auf einen Alleinerben übergegangen ist, z. B. kraft Erbvertrags auf die Ehefrau des Bauern als Alleinerbin des Gesamtnachlasses und Anerbin des Erbhofs.

Die Erteilung einer Bestätigung als einer Art Erbhofzeugnis ist unzulässig.

Ist Testamentsvollstreckung angeordnet, so ist im Erbschein zu vermerken, daß sich die Rechtswirkung derselben nur auf das außer dem Erbhof vorhandene Vermögen des Bauern erstreckt (§ 2364 BGB.).

Auf den Nachweis des Übergangs des Erbhofs gemäß § 22 Abs. 3 des Gesetzes, § 62 der 1. DV., § 5 der 2. DV. finden die Vorschriften über den Erbschein entsprechende Anwendung (§ 3 Abs. 3 der 3. DV.). Vgl. Anm. 12 zu § 22.

§ 34
Nachlaßverbindlichkeiten

(1) Die Nachlaßverbindlichkeiten[1] einschließlich der auf dem Hofe ruhenden Hypotheken, Grund- und Rentenschulden, aber ohne die auf dem Hofe ruhenden sonstigen Lasten (Altenteil, Nießbrauch, Entschuldungsrente u. a.) sind, soweit das außer dem Hof vorhandene Vermögen dazu ausreicht, aus diesem zu berichtigen[2].

(2) Soweit die Nachlaßverbindlichkeiten nicht in dieser Weise berichtigt werden können, ist der Anerbe den Miterben gegenüber verpflichtet, sie allein zu tragen und die Miterben von ihnen zu befreien[3].

Das REHG. will den Erbhof nicht nur in seinem zur Zeit des Erbfalls gegebenen Zustand ungeteilt erhalten, sondern ihn durch vernünftige Verwendung des übrigen Nachlasses noch wirtschaftlich kräftigen. Ein solches Bedürfnis besteht, solange der Erbhof nicht schuldenfrei und lastenfrei ist. § 34 gibt deshalb die aus dem Sinn und Zweck des Gesetzes folgende Abänderung der Vorschrift des § 2046 BGB. über die Schuldentilgung bei Auseinandersetzung des Nachlasses: Die gesamten Nachlaßverbindlichkeiten sind, soweit möglich, aus dem übrigen Nachlaß des bäuerlichen Erblassers zu berichtigen. Soweit dies nicht möglich ist, treffen sie im Innenverhältnis zu den Miterben den Anerben allein.

1. Nachlaßverbindlichkeiten sind außer den vom Erblasser herrührenden Schulden einschließlich der sog. ererbten Erblasserschulden, welche zur Zeit des Erbfalls begründet, aber erst später wirksam geworden sind, die den Erben als solchen treffenden Verbindlichkeiten, also die Verbindlichkeiten, welche erst nach dem Erbfall entstehen, insbesondere Verbindlichkeiten aus Pflichtteilsrechten, Vermächtnissen und Auflagen (§ 1967 BGB.). Zu den Nachlaßverbindlichkeiten gehören demnach die sämtlichen Passiven des Nachlasses einschließlich der durch den Todesfall selbst verursachten und der aus einer sittlichen oder Anstandspflicht gebotenen oder nach den örtlichen Gewohnheiten sowie der bäuerlichen Auffassung üblichen Verbindlichkeiten (Gegensatz: eigene Verbindlichkeiten des Erben). Bezüglich der dinglichen Lasten des Erbhofs bestimmt § 34, daß nur die Hypotheken, Grundschulden und Rentenschulden, nicht aber die übrigen dinglichen Lasten des Erbhofs (Altenteil, Versorgungsrechte, Nießbrauch, Entschuldungsrente) zu den Nachlaßverbindlichkeiten im obigen Sinne gehören. Bei den hier ausgenommenen dinglichen Lasten fehlt es zum Teil an einem Bedürfnis für eine sofortige Berichtigung (z. B. Entschuldungsrente), zum Teil würde die Wegfertigung dem Gesetzeszwecke widersprechen (Altenteil, Versorgungsansprüche).

2. Wenn das außer dem Erbhof vorhandene Vermögen des bäuerlichen Erblassers zur Berichtigung der Nachlaßverbindlichkeiten i. S. des § 34 ausreicht, sind diese aus ihm zu berichtigen. Der verbleibende Überschuß wird nach § 35 verteilt. Konnten die Erben den Umständen nach annehmen, daß der übrige Nachlaß zur Berichtigung aller Nachlaßverbindlichkeiten ausreiche, so müssen die Nachlaßgläubiger die Berichtigung einer Nachlaßverbindlichkeit als für Rechnung des Nachlasses erfolgt gelten lassen (§ 1979 BGB.). Im andern Falle sind die Erben für die an einen einzelnen Nachlaßgläubiger bewirkte Leistung den übrigen Nachlaßgläubigern gegenüber nach § 1980 BGB. ersatzpflichtig. Haben die Erben von einer Überschuldung des Nachlasses Kenntnis erlangt — ein Mittel hiezu ist das Aufgebot der Nachlaßgläubiger —, oder kannten sie zwar die Überschuldung nicht, hätten sie aber bei Anwendung der im Verkehr erforderlichen Sorgfalt kennen müssen, so haben sie die gleiche Ersatzpflicht der Gesamtheit der Nachlaßgläubiger gegenüber, wenn sie nunmehr nicht unverzüglich den Nachlaßkonkurs beantragen. Wird bei Überschuldung des Nachlasses der Nachlaßkonkurs eröffnet, so beschränkt sich die Haftung der Erben auf den Nachlaß. Der Erbhof samt Zubehör und Zugehör (§§ 7, 8, 9 REG., § 2 der 2. DV.) gehört nicht zur Konkursmasse. Die Haftungsbeschränkung der Erben tritt auch ein, wenn die Nachlaßverwaltung angeordnet wird (§§ 1975, 1981 BGB.). Der Erbhof wird jedoch auch von der Nachlaßverwaltung nicht erfaßt. Ist die Anordnung der Nachlaßverwaltung oder die Eröffnung des Nachlaßkonkurses wegen Mangel einer den Kosten entsprechenden Masse nicht tunlich, oder wird deshalb die Nachlaßverwaltung aufgehoben oder das Konkursverfahren eingestellt, so können die Erben die Befriedigung eines Nachlaßgläubigers insoweit verweigern, als der übrige Nachlaß nicht ausreicht. Die Erben sind in diesem Falle verpflichtet, den übrigen Nachlaß zum Zwecke der Befriedigung der Nachlaßgläubiger im Wege der Zwangsvollstreckung herauszugeben (§ 1990 BGB.).

3. Können die Nachlaßverbindlichkeiten aus dem übrigen Nachlaß nicht berichtigt werden, so entspricht es der Billigkeit, daß der Anerbe, der allein aus dem Nachlaß in Gestalt des Erbhofs etwas erhalten hat, den leerausgehenden Miterben ihre Verpflichtung aus dem Gesamtschuldverhältnis hinsichtlich der noch ungedeckten Nachlaßverbindlichkeiten abnimmt. Dies kann dadurch geschehen, daß der Anerbe:

a) erfüllt,
b) den Miterben, die erfüllt haben, ihre Aufwendungen ersetzt,
c) durch Schuldübernahmevertrag mit den Gläubigern (§ 414 BGB.) die Nachlaßschulden übernimmt (Befreiung).

Die Verpflichtung des Anerben aus Abs. 2 ergibt für die Miterben die Rechtsfolge, daß sie

a) einen Anspruch des Anerben auf Ausgleichung aus § 426 Abs. 2 BGB. ablehnen können,
b) im Falle eines Verschuldens des Anerben einen Schadenersatzanspruch dafür erlangen, daß sie von einem Gläubiger in Anspruch genommen werden.

Die Rechtswirkungen des Abs. 2 beschränken sich also grundsätzlich auf das Innenverhältnis zwischen Anerben und Miterben und treten im Außenverhältnis zu den Gläubigern nur dann in Erscheinung, wenn der Anerbe mit diesen einen Schuldübernahmevertrag nach § 414 BGB. geschlossen hat.

Den Miterben gegenüber kann der Anerbe im Falle des § 34 Abs. 2 die Haftung auf den Nachlaß nicht beschränken. Vgl. Hase, JW. 1934, 289.

1. Beispiel:

Der Erblasser hinterläßt einen Erbhof im Ertragswerte von 100000 RM., der mit einer Bankhypothek zu 15000 RM., von der bereits 6000 RM. getilgt sind, belastet ist. Zum Nachlaß gehört noch ein Bankdepot mit 3000 RM. Barbestand und 25000 RM. (Kurswert) Effekten, außerdem ein Personenauto im Verkaufswerte von 1500 RM. An Kurrentschulden sind 1200 RM. vorhanden. Die Beerdigungskosten betragen 800 RM., die übrigen Todesfallkosten 500 RM. Der Erblasser war außerdem Vater eines unehelichen Kindes, das 14 Jahre alt ist, und hat sich zu 35 RM. Monatsunterhalt für dieses vollstreckbar verpflichtet. Der Vormund dieses Kindes verlangt Weiterzahlung des Unterhalts gemäß § 1712 BGB. Gesetzliche Erben sind die 2 Töchter, Anerbe ist der Bruder des Erblassers. Die beiden Töchter und der Bruder des Erblassers haften als Miterben aus § 2058 BGB. als Gesamtschuldner für die Nachlaßverbindlichkeiten. Der übrige Nachlaß beträgt im ganzen 29500 RM. Aus ihm sind die oben aufgeführten Nachlaßverbindlichkeiten zu 12340 RM. vorweg zu berichtigen, wobei der Tilgungsbetrag der Hypothek abgezogen wird und für das uneheliche Kind eine Gesamtrente von 840 RM. für volle 2 Jahre angesetzt ist. Der Überschuß, welcher nach Berichtigung der Nachlaßverbindlichkeiten verbleibt, in Höhe von 17160 RM. wird gemäß § 35 unter die zwei Töchter des Erblassers je zur Hälfte geteilt. Jede Tochter erhält also 8580 RM. Vgl. auch die Anmerkungen zu § 35.

2. Beispiel:

Beträgt der übrige Nachlaß in vorstehendem Falle nur 5000 RM., so können die Nachlaßverbindlichkeiten zu 12340 RM. nicht aus ihm berichtigt werden. Die Überschuldung des Nachlasses ist hier so offensichtlich, daß die Erben den Umständen nach nicht annehmen können, daß der übrige Nachlaß zur Berichtigung aller Nachlaßverbindlichkeiten ausreicht. Sie dürfen daher, wenn sie eine Haftung aus § 1980 BGB. vermeiden wollen, die Nachlaßgläubiger nicht ohne weiteres befriedigen, müssen vielmehr den Nachlaßkonkurs beantragen (§ 1980 BGB.).

§ 35

Teilung des übrigen Nachlasses

(1) Verbleibt nach Berichtigung der Nachlaßverbindlichkeiten ein Überschuß[1], so ist dieser auf die Miterben des Anerben[2] nach den Vorschriften des allgemeinen Rechts zu verteilen[3].

(2) Der Anerbe kann, falls er nach den Vorschriften des allgemeinen Rechts überhaupt zu einem Erbteil an dem übrigen Nachlaß berufen ist[4], eine Beteiligung an dem Überschuß nur verlangen[5], insoweit der auf ihn entfallende Anteil größer ist als der lastenfreie Ertragswert des Erbhofs. Der Ertragswert bestimmt sich nach dem Reinertrag, den der Hof nach seiner bisherigen wirtschaftlichen Bestimmung nachhaltig gewähren kann[6].

Da nach Anerbenrecht auch eine Person, die nach den allgemeinen Vorschriften nicht als Miterbe am Nachlaß des Bauern berufen ist, Anerbe werden kann, bestimmt § 35 Abs. 1, daß der nach Berichtigung der Nachlaßverbindlichkeiten verbleibende Überschuß auf die Miterben des Anerben zu verteilen ist. Ist der Anerbe nach den allgemeinen Vorschriften zugleich Miterbe, so hat er aus § 33 REHG. Anspruch auf Beteiligung am verbleibenden Überschuß. Der Umfang dieses Anspruches wird durch § 35 Abs. 2 REHG. dahin eingeschränkt, daß der Anerbe, der zugleich Miterbe ist, sich den lastenfreien Ertragswert des Erbhofes gleich einem Vorempfang auf seinen Erbteil anrechnen lassen muß. Er kann also nur dann aus dem Überschuß etwas erhalten, wenn der Wert des auf ihn entfallenden Erbteils größer ist als der lastenfreie Ertragswert des Erbhofs.

1. Überschuß ist der Teil des übrigen Nachlasses, welcher nach Berichtigung der Nachlaßverbindlichkeiten (§ 34) verbleibt. Die Anwendbarkeit des § 35 hat also zur Voraussetzung:

a) daß die Nachlaßverbindlichkeiten bereits berichtigt sind,

b) daß nach ihrer Berichtigung noch ein Überschuß bleibt.

2. Außer dem Anerben muß mindestens noch ein Miterbe vorhanden sein. Miterben sind die Personen, auf welche die Erbschaft als Ganzes entweder bei gesetzlicher oder bei gewillkürter Erbfolge übergeht. Miterben sind nicht Vermächtnisnehmer und Pflichtteilsberechtigte.

3. Die Verteilung erfolgt nach BGB. und zwar:
a) bei gesetzlicher Erbfolge nach dem Verhältnis der gesetzlichen Erbteile (§§ 1924 ff. BGB.),
b) bei Erbfolge auf Grund Verfügung von Todes wegen nach dem Verhältnis der den Erben in der Verfügung zugewandten Erbteile (§§ 2087 ff., 2066 ff. BGB.) unter Berücksichtigung einer event. Teilungsanordnung.

Da die Verteilung des Überschusses dem Wesen nach eine Nachlaßauseinandersetzung ist, finden die Vorschriften des BGB. über die Auseinandersetzung (§§ 2042 ff. BGB., § 192 FGG.) sinngemäße Anwendung.

4. Nur derjenige Anerbe, welcher nach den Vorschriften des allgemeinen Rechts als Miterbe berufen ist, kann eine Beteiligung am Überschuß verlangen. Der Erblasser hinterläßt z. B. zwei Töchter. Anerbe des Erbhofs ist der Bruder des Erblassers. Hier sind als Erben nach BGB. die beiden Töchter berufen, nur unter ihnen ist der Überschuß zu verteilen. Der Bruder ist als Erbe der zweiten Ordnung durch die Töchter, welche Erben der 1. Ordnung sind, von der Erbfolge nach BGB. ausgeschlossen.

5. Das Verlangen des Anerben auf Beteiligung setzt voraus, daß der auf ihn entfallende Anteil und zwar am gesamten Nachlaß einschließlich des lastenfreien Ertragswerts des Erbhofs unter Berücksichtigung der Vorschriften der §§ 2050 ff. BGB. über die Ausgleichung größer ist, als der lastenfreie Ertragswert des Hofes.

Beispiele:

Die Geschwister A, B und C sind gesetzliche Erben. A ist Anerbe und erhält den Erbhof im lastenfreien Ertragswert von 60. Der Überschuß des übrigen Nachlasses beträgt 90. Der gesamte Reinrücklaß ist sonach 150, der Anteil des A hieran als gesetzlicher Miterbe = 150 : 3 = 50. A hat in Form des Erbhofs bereits 60 erhalten, so daß nun der Überschuß zu 90 auf B und C je zur Hälfte zu verteilen ist.

Im gleichen Falle beträgt der lastenfreie Ertragswert des Erbhofs 30, der Überschuß 120, der Reinnachlaß somit 150. Auf A träfe ein Anteil von 50. Er hat in Form des Erbhofs nur 30 erhalten, so daß er von den Miterben eine Beteiligung am Überschuß verlangen kann, und zwar in Höhe von 50 — 30 = 20. Der Rest von 100 wird unter B und C je zur Hälfte verteilt.

Es hat im gleichen Fall A einen Vorempfang von 10, C einen solchen von 5 erhalten. Hier errechnet sich ein Reinnachlaß einschließlich der Vorempfänge zu 165. A hat erhalten in Form des Erbhofs 30 und hat 10 auszugleichen. Sein Drittelanteil als gesetzlicher Miterbe würde 55 betragen. Er erhält deshalb vom Überschuß 55 — 40 = 15. B hat nichts erhalten und bekommt seinen vollen Erbteil mit 55 aus dem übrigen Rücklaß. C hat einen Vorempfang von 5 auszugleichen und erhält deshalb um diesen Betrag weniger als sein gesetzlicher Erbteil sein würde, also 50.

6. Der Ertragswert des Erbhofs bestimmt sich nach dem Reinertrag, den der Erbhof nach seiner bisherigen wirtschaftlichen Bestimmung (also losgelöst von der Person des Bewirtschaftenden) bei ordnungsmäßiger Bewirtschaftung auf die Dauer gewähren kann. Der § 35 Abs. 2 Satz 2 gibt inhaltlich den § 2049 Abs. 2 BGB. wieder. Der ermittelte Reinertrag ist hiebei zu dem in der betreffenden Gegend zur Zeit des Erbfalls üblichen Zinsfuß zu kapitalisieren. Für die Findung des Reinertrags ist nicht der tatsächliche jährlich erzielte Durchschnittsertrag zugrunde zu legen, sondern der Ertrag, den der Erbhof bei ordnungsmäßiger Bewirtschaftung nachhaltig, d. h. auf die Dauer, gewähren kann. Schätzung eines Sachverständigen ist hiebei nicht gut entbehrlich. Der Sachverständige wird freilich auch die tatsächlichen Erträgnisse ermitteln und berücksichtigen. Die laufenden Lasten, Abgaben und Gefälle sind vom Rohertrag abzuziehen. Es ist möglich, daß sich bei einem objektiv unrentablen Betrieb hienach ein Reinertrag überhaupt nicht errechnet, und deshalb

auch ein Ertragswert nicht festgestellt werden kann. Bei der Verteilung des Überschusses hat in solchen Fällen der Erbhof außer Betracht zu bleiben. Bei Feststellung des Reinertrags ist die Frage nicht zu berücksichtigen, ob der Hof bei einer Änderung seiner bisherigen wirtschaftlichen Bestimmung einen höheren Reinertrag aufzubringen imstande wäre.

§ 36

Verbindlichkeiten bei mehreren Erbhöfen

(1) Gehören zum Nachlaß mehrere Erbhöfe[1] (§ 23), so können die gemäß §§ 30, 31 zur Versorgung Berechtigten[2] wählen[3], auf welchem Hof sie den Unterhalt beziehen wollen[4]. Die Pflicht zur Berufsausbildung und Ausstattung[5] wird von allen Anerben gemeinschaftlich, und zwar im Verhältnis zueinander entsprechend dem Wert der Höfe, getragen[6 7].

(2) Die Anerben tragen die Nachlaßverbindlichkeiten im Verhältnis zueinander entsprechend dem Wert der Höfe[8].

(3) Entsteht Streit über die Anwendung von Abs. 1 Satz 2 oder Abs. 2, so entscheidet das Anerbengericht endgültig[9].

§ 36 regelt die Verteilung der sämtlichen Nachlaßverbindlichkeiten im Innenverhältnis der Anerben der mehreren zum Rücklaß gehörigen Erbhöfe. Verteilungsmaßstab ist der Ertragswert der Höfe im Verhältnis zueinander. Bezüglich der Nachlaßverbindlichkeiten aus §§ 30, 31 unterscheidet Abs. 1 zwischen Berufsausbildung und Ausstattung einerseits und den übrigen Versorgungsrechten andererseits. Für die Berechnung des Umfangs der ersteren zwei Versorgungsrechte sind die Mittel der sämtlichen Höfe zusammen maßgebend, für die Berechnung der letzteren nur die Mittel des vom Berechtigten gewählten Hofes. Streitigkeiten unter den Anerben über die Verteilung der Nachlaßverbindlichkeiten im Innenverhältnis entscheidet das Anerbengericht endgültig. Für Streitigkeiten zwischen Anerben und Versorgungsberechtigten gilt § 32.

1. Mehrere Erbhöfe, vgl. § 23 REHG.

2. Versorgungsberechtigte, vgl. §§ 30, 31 REHG.

3. Die Wahl ist eine einseitige empfangsbedürftige Willenserklärung, welche dem Anerben des gewählten Hofes gegenüber abzugeben ist. Das Wahlrecht kann nur einmal ausgeübt werden. Wird aus irgendeinem Grunde später eine Änderung der getroffenen Wahl erforderlich, so entscheidet bei Streit das Anerbengericht endgültig aus § 32.

4. Aus dem gewählten Hofe ist der gesamte Unterhalt (vgl. Anm. 5 zu § 30) mit Ausnahme der Kosten für die Berufsausbildung und Ausstattung zu gewähren. Für die Höhe des Unterhalts sind die Kräfte des gewählten Hofes maßgebend.

5. Berufsausbildung und Ausstattung, s. Anm. 6, 7 zu § 30.

6. Das Wort „gemeinschaftlich" bedeutet, daß der Berechtigte einen Anspruch auf Berufsausbildung und Ausstattung in einer Höhe erhält, welche den Kräften sämtlicher Erbhöfe des Nachlasses zusammengenommen entspricht. Der Berechtigte braucht sich also nicht gefallen zu lassen, daß der Umfang des Anspruches nur nach den Kräften eines einzelnen der mehreren Erbhöfe, z. B. des größten bemessen wird. Eine andere Auslegung des Wortes „gemeinschaftlich" würde nur das Bestehen des Gesamtschuldverhältnisses zwischen den mehreren Anerben aus § 2058 BGB. nochmals unnötig umschreiben.

7. Maßgebend ist der Ertragswert der Höfe, vgl. Anm. 6 zu § 35.

8. Für die Nachlaßverbindlichkeiten (s. Anm. 1 zu § 34), zu welchen auch die Versorgungsrechte gehören, haften die Anerben nach außen hin als Gesamtschuldner (§ 2058 BGB.). Gesamtschuldner (§ 421 ff. BGB.) sind im Verhältnis zueinander gemäß § 426 Abs. 1 BGB. zu gleichen Anteilen verpflichtet, soweit nicht ein anderes bestimmt ist. Erben, welche Gesamtschuldner sind, haften deshalb im Innenverhältnis entsprechend der Höhe ihrer Erbteile. Abs. 2 ändert für Anerben die Verteilung im Innenverhältnis in der Weise, daß an Stelle des Erbteils der Ertragswert des Hofes tritt. Abs. 2 ist in seiner Anwendbarkeit beschränkt:

a) auf die Versorgungsansprüche aus §§ 30, 31,

b) auf die Nachlaßverbindlichkeiten, welche nach § 34 nicht aus dem übrigen Nachlaß berichtigt werden konnten.

9. Die Zuständigkeit des Anerbengerichts aus Abs. 2 besteht nur für Streitigkeiten zwischen den Anerben und zwar

a) für Streitigkeiten über die Verteilung der Kosten aus Berufsausbildung und Ausstattung, § 36 Abs. 1 S. 2,

b) für Streitigkeiten über Verteilung der Nachlaßverbindlichkeiten (Versorgungsrechte und nicht aus dem übrigen Nachlaß berichtigte Nachlaßverbindlichkeiten), § 36 Abs. 2.

Über Streitigkeiten zwischen Anerben und Versorgungsberechtigten entscheidet das Anerbengericht aus § 32. Für Streitigkeiten zwischen Anerben und Dritten hinsichtlich der sonstigen Nachlaßverbindlichkeiten ist das ordentliche Gericht zuständig.

Endgültige Entscheidung, s. Anm. 5 zu § 32.

4. Abschnitt.

Beschränkungen der Veräußerung und Belastung des Erbhofs. Zwangsvollstreckung

§ 37

Veräußerung und Belastung des Erbhofs

(1) Der Erbhof[1] ist grundsätzlich[2] unveräußerlich und unbelastbar[3]. Dies gilt nicht für eine Verfügung über Zubehörstücke, die im Rahmen ordnungsmäßiger Wirtschaftsführung getroffen wird[4].

(2) Das Anerbengericht[5] kann[6] die Veräußerung oder Belastung[7] genehmigen[8], wenn ein wichtiger Grund vorliegt[9]. Die Genehmigung kann auch unter einer Auflage erteilt werden[10].

(3) Das Anerbengericht soll die Genehmigung zur Veräußerung des Erbhofs erteilen, wenn der Bauer den Hof einem Anerbenberechtigten übergeben[11] will, der beim Erbfall der Nächstberechtigte wäre oder vom Erblasser gemäß § 25 zum Anerben bestimmt werden könnte. Das Anerbengericht soll die Genehmigung nur erteilen, wenn der Übergabevertrag den Erbhof nicht über seine Kräfte belastet[12].

Der Schutz des bäuerlichen Hofes vor Überschuldung und Zersplitterung im Erbgang ist allein noch nicht ausreichend. Auch aus unzweckmäßigen Verfügungen unter Lebenden droht dem Erbhof Gefahr. Das Gesetz nimmt daher den Erbhof aus dem freien Grundstücksverkehr heraus und stellt mit geringen Ausnahmen alle Verfügungen des Grundeigentümers, welche auf Veräußerung oder Belastung des Erbhofs im ganzen oder seiner Teile gerichtet sind, unter staatliche Aufsicht, indem es für die Rechtswirksamkeit dieser Verfügungen die Genehmigung des Anerbengerichts vorschreibt. Es lag nicht in der Absicht des Gesetzgebers, ein absolutes und starres Veräußerungsverbot zu schaffen, da sowohl im Interesse der Allgemeinheit als im Interesse von Hof und Hoffamilie wichtige Gründe für eine Veräußerung oder Belastung gegeben sein können. Als wichtigen Grund für die Veräußerung hebt das Gesetz den Fall der Übergabe des Erbhofs besonders hervor.

1. Das Veräußerungs- und Belastungsverbot bezieht sich auf den Erbhof im ganzen, also:

a) auf den Erbhof mit den dazugehörigen Grundstücken, §§ 1—3, 6, 7 REHG., § 62 Abs. 1, 4 der 1. DV., § 5 Abs. 1 der 2. DV., § 1 der 3. DV.,

b) auf das zum Erbhof gehörige Zubehör, § 97 BGB., §§ 7, 8 REHG.,

c) auf die zum Erbhof gehörigen Versicherungsforderungen und Tilgungsguthaben, § 9 REGH.,

d) auf die zum Erbhof gehörigen Nutzungsrechte, § 2 der 2. DV.

Auch zur Veräußerung von Realgemeindeberechtigungen ist Genehmigung aus § 37 nötig, vgl. JW. 1933 S. 2376.

Das Veräußerungs- und Belastungsverbot bezieht sich nicht auf Grundeigentum des Bauern, dem die Erbhofeigenschaft infolge nicht regelmäßiger Bewirtschaftung von der Hofstelle aus (§ 7 REHG.) oder infolge Entziehung der Erbhofeigenschaft gemäß § 64 Abs. 3 S. 2 der 1. DV. fehlt sowie auf alles Eigentum im freien Vermögen des Bauern.

2. Grundsätzlich, d. h. insoweit das Gesetz nicht Ausnahmen ausdrücklich zuläßt, ist die Veräußerung oder Belastung des Erbhofs nur mit Genehmigung des Anerbengerichts möglich.

Das Veräußerungs- und Belastungsverbot ist ausgedehnt auf gewisse Fälle, die in ihrer Wirkung einer Veräußerung oder Belastung nahe kommen:

a) Vom Inkrafttreten des Gesetzes an bedarf ein Vertrag, durch den der Erbhof oder ein Teil des Erbhofs für einen Zeitraum von mehr als 3 Jahren verpachtet wird, der Genehmigung des Anerbengerichts — § 64 Abs. 2 der 1. DV.

b) Vom Inkrafttreten des Gesetzes an bedarf die Bildung mehrerer Erbhöfe durch Teilung eines bestehenden Erbhofs der Genehmigung des Anerbengerichts — § 64 Abs. 3 S. 1 der 1. DV.

c) Einzelnen Teilen des Erbhofs kann die Erbhofeigenschaft nur mit Genehmigung des Anerbengerichts entzogen werden — § 64 Abs. 3 S. 2 der 1. DV.

d) Als Belastung des Grundstücks im Sinne des § 37 REHG. gilt vorbehaltlich des § 64 Abs. 4 der 1. DV. auch die Veräußerung oder Belastung einer Eigentümergrundschuld — § 15 Abs. 3 der 2. DV.

Vom Veräußerungs- und Belastungsverbot sind folgende Verfügungen ausgenommen:

a) Verfügung über Zubehörstücke im Rahmen einer ordnungsmäßigen Wirtschaftsführung — § 37 Abs. 1 S. 2 REHG.

b) Verfügungen gelegentlich der Zusammenlegung zersplitterten Grundbesitzes (Umlegung, Feldbereinigung, Flurbereinigung) — § 16 der 2. DV.

c) Belastung des Erbhofs mit Grunddienstbarkeiten, beschränkten persönlichen Dienstbarkeiten und öffentlichen Lasten — § 64 Abs. 1 der 1. DV.

d) Belastung des Erbhofs mit einer Hypothek, die vor dem 1. Oktober 1933 im

Grundbuch eingetragen ist, deren Gegenwert aber erst später ausbezahlt wird — § 64 Abs. 4 der 1. DV.

e) Eine von der Siedlungsbehörde zugelassene Belastung von Besitzungen mit Erbhofeigenschaft, die auf Grund des Reichssiedlungsgesetzes vom 11. Aug. 1919 oder des Gesetzes über die Neubildung deutschen Bauerntums vom 14. Juli 1933 geschaffen sind — § 64 Abs. 5 der 1. DV.

f) Belastung mit einer Entschuldungshypothek oder Betriebssicherungshypothek gelegentlich der Osthilfeentschuldung von Erbhöfen — § 17 der 2. DV.

g) Belastung einer Besitzung gelegentlich eines Veräußerungsgeschäftes, wenn die Besitzung erst durch dieses Geschäft Erbhofeigenschaft erlangt und die Belastung im Zusammenhang mit dem Veräußerungsgeschäft erfolgt (§ 6 der 3. DV.). Das gleiche gilt sinngemäß für die Belastung einer Besitzung im Zusammenhang mit dem Hinzuerwerb eines Grundstückes, durch den die Besitzung erst Erbhofeigenschaft erlangt.

Seiner rechtlichen Natur nach ist das Veräußerungs- und Belastungsverbot des § 37 REHG. kein „gesetzliches Verbot" im Sinne des § 134 BGB.; denn ein nach § 134 nichtiges Rechtsgeschäft kann nachträglich niemals wirksam werden. Im Gegensatz hiezu läßt § 37 REHG. das ursprünglich noch unwirksame Rechtsgeschäft durch die anerbengerichtliche Genehmigung, die auch nachträglich erfolgen kann, rückwirkend auf den Zeitpunkt seiner Vornahme rechtswirksam werden. Demgemäß bleibt die ohne vorherige Genehmigung des Anerbengerichts vorgenommene Veräußerung oder Belastung solange schwebend unwirksam, bis das Anerbengericht über die Erteilung der Genehmigung rechtskräftig (§ 11 der 2. DV.) entschieden hat. Wird die Genehmigung vom Anerbengericht nicht erteilt, so ist das Rechtsgeschäft von Anfang an nichtig. Vgl. Ries in JW. 1933 S. 2814.

3. § 37 betrifft nur die rechtsgeschäftliche Veräußerung oder Belastung, nicht die Fälle nichtrechtsgeschäftlicher Veräußerung und Belastung, z. B. Zwangsabtretung, Enteignung, ferner nicht die vom Gesetz selbst dem Erbhof auferlegten Belastungen, z. B. die Belastung mit den Versorgungsrechten der §§ 30, 31 REHG., oder mit einer Entschuldungsrente nach der in Aussicht stehenden Erbhofentschuldung. Vorverträge fallen nicht unter das Verbot des § 37 REHG. Nur das dingliche, nicht das schuldrechtliche Rechtsgeschäft bedarf der Genehmigung aus § 37.

Veräußerung ist hier die Übertragung des Eigentums vom Erbhofeigentümer auf Dritte. Die Veräußerung an mehrere Personen oder an juristische Personen ist durch das Gesetz nicht verboten, kann aber nach Sinn und Zweck des Gesetzes nur in ganz besonderen Ausnahmefällen, z. B. bei Vorliegen öffentlichen Interesses, genehmigt werden, weil durch eine solche Veräußerung die Erbhofeigenschaft des Grundeigentums verloren gehen würde.

Belastung ist hier die Eingehung einer Schuldverpflichtung durch den Erbhofeigentümer, für deren Erfüllung der Erbhof allein oder neben dem Schuldner haftet. Die Belastungsgrenze richtet sich im Einzelfalle nach den Kräften des zu belastenden Hofes. Sie ist überschritten, wenn der Hof aus eigenen Kräften nicht mehr in der Lage ist, die neue Schuld zu verzinsen und zu tilgen (amortisieren). Der Begriff der Mündelsicherheitsgrenze, der nur auf die Interessen des Gläubigers abgestellt ist, ist nicht verwendbar.

Die Veräußerung kann in jeder rechtsgeschäftlichen Form erfolgen, die sich zur Übertragung von Eigentum eignet, z. B. Kauf, Tausch, Schenkung, Übergabsvertrag. Die Belastung ist möglich durch Bestellung einer Hypothek, Grundschuld, Rentenschuld usw. Veräußerung und Belastung können miteinander in einem Rechtsgeschäft verbunden sein (zweifache Genehmigung nach § 37), z. B. beim Übergabsvertrag.

Die Begründung von selbständigen Kohlenabbaugerechtigkeiten und Salzabbaugerechtigkeiten sind weder eine Veräußerung noch eine Belastung im Sinne des § 37. Gleiches gilt für Bergwerkseigentum. Vgl. Dr Weigelt, JW. 1934 S. 324ff.

4. Zubehör, §§ 8, 9 REHG., § 2 der 2. DV., § 97 BGB. Die Bewirtschaftung des Erbhofs bringt einen fortgesetzten Wechsel der Zubehörstücke infolge Gebrauch und Verbrauch derselben mit sich, was gleichzeitig Verfügungen des Eigentümers über Zubehörstücke nötig macht. Insoweit die Verfügung nach bäuerlicher Verkehrsanschauung einer ordnungsmäßigen Wirtschaftsführung entspricht, wäre das ein wichtiger Grund, sie nach Abs. 2 zu genehmigen. Wegen der Häufigkeit solcher Verfügungen erschien es nötig, sie von der Genehmigungspflicht des § 37 auszunehmen. Insoweit aber diese Verfügungen die Grenzen der ordnungsmäßigen Wirtschaftsführung überschreiten, bleiben sie aus § 37 Abs. 2 genehmigungspflichtig.

5. Anerbengericht, §§ 41, 42, 40 Abs. 2 REHG.

6. Das Wort „kann" bedeutet, daß das Anerbengericht bei Vorliegen eines wichtigen Grundes nicht nur die Genehmigung erteilen darf, sondern sie auch erteilen muß, wenn nach seinem pflichtgemäßen Ermessen ein wichtiger Grund für die Genehmigung vorliegt.

7. Veräußerung und Belastung s. oben Anm. 2 und 3.

8. Antragsberechtigt sind:

a) der Erbhofeigentümer,

b) derjenige, zu dessen Gunsten die Veräußerung und Belastung stattfindet (§ 15 Abs. 1 der 2. DV.).

Wo das Reichserbhofgesetz und seine Durchführungsverordnungen das Wort „Genehmigung" gebrauchen, ist es nicht im Sinne des § 184 BGB. als nur nachträgliche Zustimmung zu verstehen. Die Genehmigung kann vielmehr zeitlich der Veräußerung oder Belastung vorausgehen oder ihnen nachfolgen. Wird die Genehmigung vor der Verfügung erteilt, so ist eine nachträgliche Abweichung von dem Inhalt der genehmigten Verfügung unzulässig und bedürfte zu ihrer Rechtswirksamkeit einer neuerlichen Genehmigung. In der Regel wird die Genehmigung nachträglich erfolgen, z. B. nach Vorlage der über das Rechtsgeschäft aufgenommenen öffentlichen Urkunde.

Das Anerbengericht kann die Genehmigung vor Abschluß des Rechtsgeschäftes den Beteiligten auch in Aussicht stellen. Die in Aussicht gestellte Genehmigung bindet aber das Anerbengericht nicht. Beschlußform ist hiebei nicht erforderlich.

Genehmigungspflichtig sind Veräußerungen und Belastungen von dem Zeitpunkt an, in welchem das Grundeigentum Erbhofeigenschaft erlangt hat (in der Regel 1. Oktober 1933 oder 21. Dezember 1933). Die Genehmigung ist auch dann erforderlich, wenn vor diesem Zeitpunkt die auf Veräußerung oder Belastung gerichteten Erklärungen des Eigentümers bindend geworden sind, der Antrag auf Eintragung beim Grundbuchamt gestellt, die Eintragung selbst aber vor dem obigen Zeitpunkt noch nicht bewirkt ist. In letzterem Falle ist für die Erteilung der Genehmigung das Vorliegen eines wichtigen Grundes im Sinne des § 37 nicht Voraussetzung. Die Genehmigung soll vielmehr erfolgen, wenn nicht besondere Gründe gegen sie sprechen (§ 15 Abs. 2 der 2. DV.). Ob solche besondere Gründe gegeben sind, ist der Feststellung und Würdigung des Anerbengerichts im Einzelfalle überlassen. Gründe allgemeiner Natur oder solche tatsächliche Umstände, welche in einzelnen Fällen regelmäßig vorzuliegen pflegen, genügen nicht, die Genehmigung zu verweigern. Dagegen reicht regelmäßig ein Verstoß gegen Sinn und Zweck des Reichserbhofrechts zur Verweigerung der Genehmigung aus.

Vor der Genehmigung sind die Beteiligten zu hören. § 12 Abs. 2 der 1. DV.

Die Genehmigung nach § 37 wirkt erst mit Rechtskraft des anerbengerichtlichen Beschlusses (§ 11 der 2. DV.). Dieser Beschluß ist zu begründen (§ 21 der 1. DV.). Eine Vorentscheidung ist unzulässig (§ 19 der 1. DV.). Zustellung von Amts wegen an die Beteiligten — § 21 Abs. 5 der 1. DV., — an die Bauernführer — § 48 Abs. 2 S. 2, § 49 Abs. 2 S. 2 REHG. —. Beschwerdeberechtigt sind die Antragsberechtigten bzw. Kreis- und Landesbauernführer. Sofortige Beschwerde, § 48 Abs. 1 REHG., sofortige weitere Beschwerde, § 49 Abs. 1 REHG.

Soweit nach BRV. vom 15. März 1918 eine Grundstücksveräußerung genehmigungspflichtig ist, bleibt es bei dieser Genehmigungspflicht, da die Genehmigung aus § 37 REHG. nur die dingliche Seite des Rechtsgeschäfts umfaßt. A. A. Vogels Anm. I 1 b zu § 37.

Über eine nötige vormundschaftsgerichtliche Genehmigung wird zweckmäßig nach Erteilung der Genehmigung aus § 37 entschieden, da sie bei Versagung der Genehmigung des Anerbengerichts gegenstandslos ist.

Kosten, § 51 REHG., §§ 52, 53 der 1. DV.; Kostenerinnerung und Kostenbeschwerde, letztere zum Landgericht, §§ 54, 55 der 1. DV.; volle Gebühr, § 51 Abs. 1 Ziff. 1 der 1. DV.

Armenrecht, § 57 der 1. DV. (Bewilligung durch das Gericht, nicht durch den Vorsitzenden allein.) Festsetzung des Gegenstandwerts ohne Beschränkung, §§ 53 Abs. 2, 49 Abs. 2 der 1. DV. Wertbeschwerde zum Landgericht, § 55 der 1. DV.

9. Ein wichtiger Grund liegt vor, wenn für den durch die Veräußerung oder Belastung beabsichtigten Rechtserfolg im öffentlichen Interesse oder nach der Verkehrsanschauung eines sachlich urteilenden Bauern im Interesse des Erbhofs oder der Hoffamilie ein besonderes Bedürfnis besteht.

Die Genehmigung kann nicht erteilt werden, wenn:

a) das Kausalgeschäft nach Inhalt und Auswirkung gegen Bestimmungen des Reichserbhofrechts oder gegen Sinn und Zweck des Gesetzes verstößt, z. B. Veräußerung einer Miteigentumshälfte des Erbhofs an die Ehefrau des Bauern (§ 17 REHG.), Belastung des Erbhofs über seine Kräfte gelegentlich der Übergabe (§ 37 Abs. 3 S. 2 REHG.), Verkauf des Erbhofs an einen Familienfremden unter Ausschluß der Versorgungsrechte der Ehefrau oder eigener Abkömmlinge (§§ 30, 31 REHG.), Belastung des schuldenfreien Erbhofs mit einer Hypothek, um die Valuta in einen Handels- oder Gewerbebetrieb einzulegen, Scheingeschäfte aller Art.

b) Wenn das Kausalgeschäft zwar einen gesetzlich zulässigen Rechtserfolg herbeiführen würde, für den Eintritt dieses Rechtserfolges aber nach Lage des einzelnen Falles ein besonderes Bedürfnis im öffentlichen Interesse oder im Interesse des Erbhofs oder der Hoffamilie (wichtiger Grund) nicht vorliegt, z. B. ein reicher Bauer mit einem schuldenfreien Hofe will Grundstücke des Erbhofs verkaufen, um eine günstige Börsenlage zur Spekulation ausnützen zu können.

Die Genehmigung zur Verfügung über Zubehör über den Rahmen des § 37 Abs. 1 S. 2 REHG. hinaus ist grundsätzlich zu versagen. Sicherungsübereignung von Zubehör unzulässig. Vgl. Beyer in JW. 1934 S. 813.

Ob ein wichtiger Grund für die Genehmigung vorliegt, hat das Anerbengericht nach freiem pflichtgemäßem Ermessen unter Würdigung aller nach Lage des einzelnen Falles für und gegen die Genehmigung sprechenden Umstände von Amts wegen zu prüfen (§§ 11, 12 der 1. DV.).

Beispiele für das Vorliegen eines wichtigen Grundes: Öffentliches Interesse: Veräußerung des Erbhofs oder von Teilen desselben zur Ermöglichung von militärischen Anlagen der Landesverteidigung, für dringende Verkehrszwecke, zur Straßenherstellung, für Siedelungszwecke (Verkauf von Grundstücken im Siedelungs- und Baugelände der Städte), — im Interesse des Erbhofs: Übergabe des

Erbhofs durch den altersgebrechlichen Bauern an den Sohn, Aufnahme einer Hypothek oder Verkauf eines Erbhofgrundstücks zur Beschaffung von Mitteln für die Bezahlung dringender Schulden oder zur Instandsetzung und Verbesserung des Erbhofs, Verkauf und Tausch zu Arrondierungszwecken. — Im Interesse der Hoffamilie: Verkauf von Erbhofgrundstücken oder Belastung des Erbhofs zur Beschaffung von Mitteln für Versorgungszwecke (Ausstattung, Verselbständigung).

In den Fällen der Entziehung der Erbhofeigenschaft von einzelnen Teilen des Erbhofs, der Teilung eines bestehenden Erbhofs in mehrere Erbhöfe und der Verpachtung des Erbhofs oder eines Teiles desselben für einen Zeitraum von mehr als 3 Jahren hat das Gesetz in § 64 Abs. 2 und 3 der 1. DV. die Genehmigung des Anerbengerichts nicht ausdrücklich vom Vorliegen eines wichtigen Grundes abhängig gemacht. Aus Sinn und Zweck des Gesetzes ergibt sich jedoch, daß auch in diesen Fällen die Genehmigung nur erteilt werden kann, wenn ein wichtiger Grund vorliegt (§ 56 REHG.). Im Falle der Teilung eines Erbhofs in mehrere Erbhöfe ist dies regelmäßig schon deshalb der Fall, weil für die Vermehrung der Zahl der Erbhöfe ein öffentliches Interesse besteht.

10. Eine Auflage im Sinne des § 37 Abs. 2 REHG. liegt vor, wenn das Anerbengericht gelegentlich der Genehmigungserteilung einen am Grundgeschäft Beteiligten zu einer Leistung — Tun oder Unterlassen, § 241 BGB. — verpflichtet, ohne daß hiedurch ein Anderer ein Recht auf die Leistung erhält. Die Genehmigung unter einer Auflage ist eine endgültige Genehmigung. Der Schwebezustand wird durch die Genehmigung unter der Auflage beendet. Die Auflage hat nicht den Charakter einer Nebenbestimmung, sondern selbständigen Charakter, ist also keine Bedingung. Dem steht nicht entgegen, daß das in seinen Rechtswirkungen im Sinne des Reichserbhofrechts zunächst mangelhafte Grundgeschäft erst durch Erfüllung der Auflage den genehmigungsfähigen Erfolg erreicht.

Im Gegensatz zur Genehmigung unter einer Bedingung hat die Genehmigung unter einer Auflage den Vorteil einer endgültigen Entscheidung.

Ohne Vorliegen eines wichtigen Grundes für die Genehmigung kann auch eine Genehmigung unter einer Auflage nicht erteilt werden. Eine Genehmigung unter einer Auflage kommt also besonders in Fällen in Frage, in denen trotz Vorliegen eines wichtigen Grundes im Sinne des § 37 die Genehmigungserteilung aus anderen von Amts wegen zu berücksichtigenden Gründen auf Bedenken stößt. Die Auflage muß wirksam sein, d. h. sie muß in einer Form erfolgen, welche ihre Erfüllung gewährleistet. Das Gericht darf sich bei pflichtgemäßer Sachbehandlung nicht mit einem Befehl an einen Beteiligten begnügen, dessen Erfüllung zweifelhaft bleibt. Das Anerbengericht kann z. B. die Kontrolle der Verwendung einer Hypothekvaluta durch einen Treuhänder auflageweise anordnen.

11. Übergabsvertrag ist hier ein Vertrag, in welchem der Eigentümer eines Erbhofs diesen mit Rücksicht auf die künftige Erbfolge einem Dritten unter Vereinbarungen überläßt, welche seinen eigenen Lebensunterhalt und gegebenenfalls für vorhandene Abkömmlinge Abfindungen ausbedingt. Vgl. Anm. 12.

12. Das Anerbengericht soll grundsätzlich die Genehmigung zur Übergabe erteilen:

a) wenn der Übernehmer im Zeitpunkt der Übergabe entweder der nächstberechtigte Anerbe (§§ 20, 21) wäre oder gemäß § 25 REHG. event. unter Zustimmung des Anerbengerichts vom Übergeber als Anerbe bestimmt werden könnte. Bei zulässigem Miteigentum von Ehegatten sind beide Ehegatten Übergeber, bei der fortgesetzten Gütergemeinschaft im Falle des § 62 Abs. 4 der 1. DV. der überlebende Ehegatte und die anteilsberechtigten Abkömmlinge. Als Übernehmer kommen hier die entsprechenden Anerben beider Ehegatten bzw. des verstorbenen Ehegatten in

Frage. In diesen Fällen wird vom Gesetz das Vorliegen eines wichtigen Grundes im Sinne des § 37 Abs. 2 ohne weiteres angenommen. Für die an sich zulässige Übergabe des Erbhofs an andere Personen muß das Vorliegen eines wichtigen Grundes im Einzelfalle besonders nachgewiesen werden Die Übergabe an den Ehegatten ist grundsätzlich zulässig, wenn ein wichtiger Grund vorliegt (§ 37 Abs. 2 REHG.). Ohne Vorliegen eines solchen „soll" die Übergabe an den Ehegatten nur genehmigt werden, wenn dieser nach § 25 Abs. 5 REHG., § 62 Abs. 2 der 1. DV., § 5 Abs. 2 der 2. DV. oder § 1 Abs. 3 der 3. DV. als Anerbe bestimmt werden kann und der Vertrag den Erbhof nicht über seine Kräfte belastet (§ 37 Abs. 3 REHG.).

b) wenn der Übergabsvertrag den Erbhof nicht über seine Grenze belastet. Vgl. hierüber Anm. 3 zu § 32 REHG.

Der Übergabsvertrag soll hinsichtlich der Ansprüche des Übergebers und der aus dem Hofe Weichenden grundsätzlich nicht über das Maß der §§ 30, 31 REHG. hinausgehen. Nur bei Vorliegen besonderer Gründe des Einzelfalls kann innerhalb der Grenze des § 37 Abs. 3 S. 2 von dieser Regel abgewichen werden. Bei der Prüfung der Genehmigungsmöglichkeit eines Übergabevertrags ist auch auf den Umstand Rücksicht zu nehmen, daß die Übergabe des Erbhofs in allen Fällen eine Übernahme des Gesamtvermögens des Übergebers i. S. des § 419 BGB. ist und daher eine Haftung des Übernehmers auch für Schulden des Übergebers entsteht, die vielleicht im Übergabsvertrag nicht aufgeführt sind.

Hofübergabsverträge, s. Wöhrmann, JW. 1934 S. 76 und Reincke, JW. 1934 S. 79.

Vor der Genehmigung des Übergabevertrags sind vor allem die übergangenen Anerbenberechtigten zu hören (§ 12 Abs. 2 der 1. DV.). Nicht übergangen ist ein Berechtigter, der durch Vertrag nach § 2348 BGB. auf sein Anerbenrecht verzichtet hat. Auch formlose Verzichterklärungen können im Falle der Übergabe als wichtiger Grund nach § 37 gewertet werden.

Zutreffend Dr Lange in DRZ. 1934 S. 111ff.

§ 38

Vollstreckungsschutz

(1) In den Erbhof[1] kann wegen einer Geldforderung[2] nicht vollstreckt werden[3].

(2) Auch in die auf dem Erbhof gewonnenen landwirtschaftlichen Erzeugnisse[4] kann wegen einer Geldforderung nicht vollstreckt werden, jedoch vorbehaltlich der Vorschriften der §§ 39, 59[5].

Der Zweck des Gesetzes, den Erbhof in seinem Bestande dem Hofgeschlecht zu erhalten, bringt weiter die Notwendigkeit mit sich, ihn dem freien Zugriff der Gläubiger grundsätzlich zu entziehen und nur in ganz beschränktem vom Gesetz ausdrücklich geregelten Umfang eine Zwangsvollstreckung zuzulassen. Eine Vollstreckung in den Erbhof selbst, sein Zubehör und Zugehör ist unter allen Umständen ausgeschlossen. Dagegen ist eine beschränkte Zwangsvollstreckungsmöglichkeit in die auf dem Erbhof gewonnenen landwirtschaftlichen Erzeugnisse wegen Geldforderungen gestattet. Dieser Vollstreckungsschutz ergänzt die übrigen Schutzmaßnahmen des Gesetzes für den Erbhof (vgl. insbesondere §§ 19, 37 REHG.).

1. Und zwar in seinem Umfang nach §§ 7, 8, 9 REHG., §§ 2, 18 der 2. DV.

2. Geldforderung ist der Anspruch eines Gläubigers gegen den Bauern auf Zahlung in Geld (öffentlichrechtliche Geldforderungen, § 39 REHG., privatrechtliche

Geldforderungen, § 59 REHG.). Zulässig bleibt die Zwangsvollstreckung zur Erwirkung von Handlungen oder Unterlassungen nach §§ 883ff. ZPO., da sich diese Zwangsvollstreckung nicht gegen den Erbhof, sondern gegen den Bauern richtet.

3. Die Vollstreckung ist vom Inkrafttreten des Gesetzes an unzulässig, gleichgültig ob sie vor oder nach dem Inkrafttreten des Gesetzes begonnen hat. Es wäre irrig, die Vollstreckung in den Erbhof als Veräußerung i. S. des § 37 REHG. zu betrachten. § 37 bezieht sich nur auf rechtsgeschäftliche Veräußerungen. Eine Genehmigung nach § 37 wäre in Wirklichkeit nicht eine Genehmigung der Veräußerung sondern eine Zulassung der Zwangsvollstreckung entgegen dem ausdrücklichen gesetzlichen Verbot. Im Widerspruch zum § 38 Abs. 1 laufende Zwangsvollstreckungsverfahren sind ausnahmslos als unzulässig aufzuheben (vgl. § 19 der 2. DV.). A. A. LG. Hanau, JW. 1934 S. 248[5].

Entstehen gelegentlich einer Zwangsvollstreckung Zweifel über die Erbhofeigenschaft, so ist eine Entscheidung des Anerbengerichts nach § 10 REHG. herbeizuführen. Antragsberechtigt ist hier der Schuldner, der Kreisbauernführer, der rechtlich Interessierte (Gläubiger, Vollstreckungsgericht, Notar als Versteigerungsbeamter). Eine Inzidentfeststellung der Erbhofeigenschaft im Zwangsvollstreckungsverfahren ist unzulässig. Vgl. LG. Hirschberg, JW. 1934 S. 441[3]. Bis zur rechtskräftigen Entscheidung des Anerbengerichts ist das Verfahren einstweilen einzustellen. Das gleiche gilt, wenn die Bauernfähigkeit des Vollstreckungsschuldners zweifelhaft ist. Vgl. OLG. Königsberg, JW. 1934 S. 438[4], LG. Potsdam, JW. 1934 S. 441[4].

Den Vollstreckungsschutz genießen nicht:

a) Das außer dem Erbhof mit seinen wesentlichen Bestandteilen, seinem Zubehör und Zugehör (§§ 7, 8, 9 REHG., §§ 2, 18 der 2. DV.) vorhandene Vermögen des Bauern, z. B. Luxusstücke, Liebhabergegenstände, Wertpapiere, Bargeld usw.

b) die landwirtschaftlichen Erzeugnisse des Erbhofs soweit sie nicht gemäß § 39 Abs. 1 REHG. Vollstreckungsschutz genießen.

Aber auch soweit die Zwangsvollstreckung zulässig ist, sind die Vorschriften des Zwangsvollstreckungsnotrechtes (RGBl. 1933 S. 295ff.) einschließlich der Vorschriften des Gesetzes über die landwirtschaftliche Schuldenregelung zu beachten. (Vgl. JMB. vom 13. Dez. 1933, bay. JMBl. NF. Bd. V S. 112ff.).

4. Landwirtschaftliche Erzeugnisse sind die Ergebnisse (Erzeugnisse) des landwirtschaftlichen Betriebes. Analog bei Forstwirtschaft, Obst-, Wein- und Gemüsebau (§§ 1, 6 REHG.).

Das Reichserbhofgesetz unterscheidet:

a) auf dem Erbhof vorhandene landwirtschaftliche Erzeugnisse, welche ohne Rücksicht, ob sie auf dem Erbhof gewonnen sind oder nicht, der Bewirtschaftung des Erbhofs dienen und deshalb Zubehör sind (§ 8 Abs. 1 REHG.). Sie genießen Vollstreckungsschutz.

b) landwirtschaftliche Erzeugnisse, welche auf dem Erbhof gewonnen sind und zum Unterhalt des Bauern oder seiner Familie bis zur nächsten Ernte erforderlich sind, soweit sie nicht Zubehör nach § 8 Abs. 1 REHG. sind. Diese genießen Vollstreckungsschutz nach § 38 Abs. 2, jedoch vorbehaltlich der §§ 39 Abs. 1, 59 REHG.

c) alle übrigen auf dem Erbhof vorhandenen landwirtschaftlichen Erzeugnisse. Diese genießen keinen Vollstreckungsschutz; jedoch sind die Vorschriften des Zwangsvollstreckungsnotrechtes zu beachten.

5. Soweit in landwirtschaftliche Erzeugnisse vollstreckt werden kann, ist die Vollstreckung nicht nur für öffentlich-rechtliche Geldforderungen (§ 39 REHG.), sondern

auch, und zwar bis zu einer anderen im Wege der Durchführungsverordnung zu treffenden Regelung wegen privatrechtlicher Geldforderungen (§ 39 REHG.) zulässig.

§ 39

Vollstreckung wegen öffentlich-rechtlicher Geldforderungen

(1) Wegen öffentlicher Abgaben[1], wegen eines Anspruchs aus öffentlichen Lasten[2] oder wegen einer sonstigen öffentlich-rechtlichen Geldforderung[3] kann in die auf dem Erbhof gewonnenen[4] landwirtschaftlichen Erzeugnisse[4] vollstreckt werden, soweit diese nicht zum Zubehör[5] gehören und nicht zum Unterhalt des Bauern oder seiner Familie bis zur nächsten Ernte erforderlich sind[6].

(2) Die Vollstreckung gemäß Abs. 1 darf nur beginnen, wenn der Gläubiger einen Monat vorher dem Kreisbauernführer den Vollstreckungstitel sowie die Erklärung hat zustellen lassen, daß er die Zwangsvollstreckung gegen den Bauern einzuleiten beabsichtige[7].

(3) Innerhalb der Frist kann der Kreisbauernführer, falls er vom Reichsnährstand dazu ermächtigt ist, dem Gläubiger gegenüber schriftlich die Erklärung abgeben, daß er die Schuld für den Reichsnährstand übernehme. Durch diese Erklärung wird der Reichsnährstand verpflichtet, den Gläubiger gegen Aushändigung des Vollstreckungstitels nebst einer öffentlich beglaubigten Empfangsbestätigung zu befriedigen. Der Gläubiger kann die Forderung nicht mehr gegen den Bauern geltend machen[8].

(4) Soweit der Reichsnährstand den Gläubiger befriedigt, geht die Forderung des Gläubigers kraft Gesetzes auf ihn über. Der Reichsnährstand kann aus dem Vollstreckungstitel gegen den Bauern mit der Beschränkung des § 38, § 39 Abs. 1 vollstrecken[9].

(5) Die Vorschriften der Abs. 2 bis 4 finden keine Anwendung, wenn die Forderung ohne Zinsen und Kosten den Betrag von einhundertfünfzig Reichsmark nicht übersteigt[10].

Der Vollstreckungsschutz verliert seine innere Berechtigung dort, wo öffentliche Interessen eine Ausnahme von der Schutzvorschrift rechtfertigen. Diese Voraussetzung ist gegeben, soweit es sich um die Beitreibung öffentlich-rechtlicher Forderungen handelt. Aber auch hier soll die Zwangsvollstreckung nicht den Erbhof selbst in seinem Bestande treffen, weshalb die Vollstreckung in die landwirtschaftlichen Erzeugnisse und in diese nur beschränkt zugelassen wird.

1. Öffentliche Abgaben im allgemeinen sind Leistungen, die der Staat oder eine andere Gebietskörperschaft zur Erzielung von Einnahmen kraft öffentlichen Rechtes auferlegt ohne Rücksicht, ob seitens des Staates usw. eine Gegenleistung in Frage kommt. Öffentliche Abgaben im speziellen Sinn sind nur die Steuern.

2. Der Begriff der „öffentlichen Lasten" umfaßt die Abgaben (Geldleistungen) und die öffentlich-rechtlichen Naturalleistungen.

3. „Öffentlich-rechtliche Geldforderungen" sind Forderungen des Staates oder einer öffentlichen Körperschaft, die nicht schon unter den Begriff der öffentlichen Abgaben und der öffentlichen Lasten fallen (Anm. 1 und 2). Hierher gehören die Gebühren und Beiträge, welche von einer Gegenleistung des Staates usw. abhängen, ferner Einnahmen, die nicht zur Erzielung von Einkünften auferlegt werden, z. B. Geldstrafen, Kostenersatz, Beiträge zu öffentlichen Versicherungen.

4. Die Vollstreckung in Ausdehnung der Vorschrift des § 39 auf privatrechtliche Geldforderungen (s. § 59 REHG.) ist als Ausnahme von § 38 Abs. 2 REHG. zugelassen in die aus dem Erbhof gewonnenen landwirtschaftlichen Erzeugnisse. Vgl. auch Anm. 4 zu § 38.

5. Vgl. § 8 und Anmerkung hiezu.

6. Die vom Gesetz gewählte Fassung nimmt Rücksicht auf den Wirtschaftsablauf des Hofes (§ 8 REHG.) und das Existenzbedürfnis des Bauern und der Hoffamilie. Die Grenze der Vollstreckungsmöglichkeit bestimmt sich nach den besonderen Verhältnissen des Einzelfalles unter besonderer Berücksichtigung der Verkehrsanschauung.

7. Da unter Umständen die Schuld, wegen der vollstreckt werden soll, durch den Kreisbauernführer für den Reichsnährstand übernommen wird (vgl. Abs. 3), darf die Vollstreckung nur beginnen, wenn der Gläubiger einen Monat vorher dem Kreisbauernführer den Vollstreckungstitel sowie die schriftliche Erklärung hat zustellen lassen, daß er zwangsvollstrecken wolle. Der Vollstreckungstitel ist außerdem dem Schuldner zuzustellen (§ 750 Abs. 2 ZPO.).

8. Erklärt der vom Reichsnährstand hiezu ermächtigte Kreisbauernführer dem Gläubiger gegenüber schriftlich die Übernahme der Schuld für den Reichsnährstand innerhalb der Frist des Abs. 2, so tritt damit eine gesetzliche Schuldübernahme ein, welche den bisherigen Schuldner dem Gläubiger gegenüber befreit. Da das Gesetz ausdrücklich bestimmt, daß durch die Erklärung des Kreisbauernführers der Reichsnährstand verpflichtet wird, den Gläubiger zu befriedigen, muß die Erklärung als eine vertragsmäßige Anerkennung der Schuld des Bauern seitens des übernehmenden Nährstandes dem Gläubiger gegenüber angesehen werden. Der Reichsnährstand, welcher innerhalb der einmonatlichen Frist Gelegenheit hatte, die Schuld auf ihren rechtlichen Bestand zu prüfen, kann nachträglich keine Einwendungen gegen Grund und Höhe der Forderung geltend machen. Er kann aber die Bezahlung verweigern, solange ihm nicht der Vollstreckungstitel und eine öffentlich beglaubigte Empfangsbestätigung des Gläubigers Zug um Zug ausgehändigt wird.

9. Der Reichsnährstand tritt infolge der Übernahmeerklärung kraft Gesetzes an die Stelle des Gläubigers. Er braucht, um zu vollstrecken, den Vollstreckungstitel nicht auf sich als Gläubiger umschreiben lassen, kann vielmehr aus dem bisherigen Schuldtitel ohne weiteres wie der Gläubiger selbst vollstrecken. Aber auch für ihn gelten die Vollstreckungsbeschränkungen der §§ 38, 39, 59 REHG.

10. d. h. Forderungen, welche ohne Zinsen und Kosten den Betrag von 150 RM. nicht übersteigen, kann der Reichsnährstand überhaupt nicht übernehmen. Der Gläubiger braucht, um zu vollstrecken, den Titel nur dem Schuldner zustellen. Muß die Beitreibung einer öffentlich-rechtlichen Geldforderung im Verwaltungszwangsverfahren erfolgen, so gelten die besonderen Ausführungsvorschriften des § 65 der 1. DV.: Durch die in dieser Bestimmung vorgeschriebene besondere Erklärung der beitreibenden Vollstreckungsbehörde wird die im § 39 Abs. 2 des Gesetzes vorgesehene Zustellung des Vollstreckungstitels ersetzt. Im übrigen erfolgt nach § 65 Abs. 5 der 1. DV. die Vollstreckung im Sinne des § 39 Abs. 4 des Gesetzes nach den Vorschriften über die Beitreibung öffentlicher Abgaben.

5. Abschnitt.

Die Anerbenbehörden

§ 40

Grundsatz

(1) Zur Durchführung der besonderen Aufgaben[1] dieses Gesetzes werden Anerbengerichte, Erbhofgerichte und das Reichserbhofgericht gebildet[2].

(2) In den durch dieses Gesetz den Anerbenbehörden zur Entscheidung überwiesenen Angelegenheiten können die ordentlichen Gerichte nicht angerufen werden[3 4].

Der besondere Charakter des Erbhofrechtes als eines Standesrechtes der Bauernschaft verlangt die Einrichtung von Sonderbehörden (Anerbenbehörden), die nach Zusammensetzung und Verfahren sichere Gewähr für eine sachgemäße Erledigung der besonderen Aufgaben des Gesetzes bieten. Anerbenbehörden sind die Anerbengerichte, die Erbhofgerichte und das Reichserbhofgericht. Sie alle entscheiden als bäuerliche Sondergerichte unter Mitwirkung bäuerlicher Beisitzer in ausschließlicher Zuständigkeit.

1. Die besonderen Aufgaben der Anerbenbehörden als Sondergerichte der freiwilligen Gerichtsbarkeit sind in den Vorschriften des REHG. und der Durchführungsverordnungen enthalten.

Hienach entscheiden die Anerbengerichte in folgenden Fällen:

1. über die Erbhofeigenschaft, § 10 REHG.,
2. in den Fällen des § 15 Abs. 2 und 3 REHG. (einfache und strenge Abmeierung).
3. über die Bauernfähigkeit einschließlich der Rassereinheit, § 18 REHG.,
4. über den Brauch, § 21 Abs. 3 REHG.,
5. über Befreiung des Anerben von den Nachlaßverbindlichkeiten und mit dem Hof zusammenhängenden persönlichen Verbindlichkeiten bei Austausch eines Erbhofs, § 22 Abs. 4, 5 REHG.,
6. bei Bestimmung des Anerben in den Fällen der §§ 25 Abs. 1 Ziff. 3, 25 Abs. 1 2. S., 25 Abs. 2, 25 Abs. 3, 25 Abs. 4 REHG.,
7. bei Streitigkeiten aus Versorgungsrechten, § 32 REHG.,
8. bei Streitigkeiten aus § 36 Abs. 1 S. 2 und § 36 Abs. 2 REHG.,
9. über die Genehmigung bei Veräußerung und Belastung des Erbhofs, § 37 Abs. 2 und 3 REHG.,
10. im Anlegungsverfahren über den Einspruch nach § 40 der 1. DV.,
11. über die Kostenverteilung nach § 52 Abs. 3 und 5 der 1. DV.,
12. über die Kosten des Verfahrens, §§ 51 REHG., § 53 der 1. DV.,
13. über Bewilligung des Armenrechts, § 57 der 1. DV.,
14. über Genehmigung einer langfristigen Verpachtung des Erbhofs, § 64 Abs. 2 der 1. DV.,
15. über Genehmigung der Teilung eines Erbhofs in mehrere Erbhöfe, § 64 Abs. 3 S. 1 der 1. DV.,
16. über Genehmigung der Entziehung der Erbhofeigenschaft einzelner Grundstücke des Erbhofs, § 64 Abs. 3 S. 2 der 1. DV.,

17. über Zustimmung zur Bestimmung des Anerben durch den überlebenden Ehegatten im Falle des § 62 Abs. 2 und 4 der 1. DV., der §§ 5 Abs. 2 und 6 Abs. 2 der 2. DV., § 1 Abs. 3 der 3. DV.

18. über Überlassung der Verwaltung und Nutznießung im Falle des § 62 Abs. 4 der 1. DV. nach § 6 Abs. 3 der 2. DV.,

19. über Aufhebung der Verwaltung und Nutznießung des überlebenden Ehegatten, § 26 REHG., § 13 Abs. 2 der 2. DV.,

20. über Zulassung eines Adoptivkindes als Anerbe im Übergang, § 7 der 2. DV.

21. über Zweifel bezüglich des Hofnamens und über Ablehnung der Führung des Hofnamens, § 5 Abs. 2 und 3 der 3. DV.

Außerdem führen die Anerbengerichte die Erbhöferolle und haben eine Reihe gesetzlich vorgeschriebener Erklärungen, z. B. die Ausschlagungserklärung (§ 20 REHG.), Austauscherklärung (§ 22 REHG.) und Wahlerklärung (§ 23 REHG.) entgegenzunehmen.

Die Anerbengerichte entscheiden im 1. Rechtszuge, beschwerdefähig und endgültig (z. B. § 32 REHG.), auch durch die Vorsitzenden allein (Vorentscheidungen, Verfügungen).

Die Erbhofgerichte sind zuständig für die Entscheidung über die sofortige Beschwerde (§ 48 REHG.).

Das Reichserbhofgericht ist das Gericht der sofortigen weiteren Beschwerde (§ 49 REHG.).

2. Bildung der Anerbengerichte, § 41 REHG., Bildung der Erbhofgerichte, § 42 REHG., des Reichserbhofgerichts, § 47 REHG.

3. Die Zuständigkeit der Anerbenbehörden ist eine ausschließliche. Die Zuständigkeit der ordentlichen Gerichte ist insoweit ausgeschlossen. Eine Vereinbarung der Beteiligten über die Zuständigkeit ist rechtsunwirksam. Die zur Zuständigkeit der Anerbengerichte gehörigen Sachen können nicht mit Sachen verbunden werden, welche vor andere Gerichte gehören. Sachlich nicht zuständige Gerichte haben das Verfahren bis zur Entscheidung der Anerbenbehörden auszusetzen (§ 148 ZPO.). Sie können nicht etwa inzidenter über Fragen entscheiden, welche zur Zuständigkeit der Anerbenbehörden gehören. Eine Verweisung von den ordentlichen Gerichten zu den Anerbenbehörden und umgekehrt ist unzulässig. Die Einwendung, daß die Anerbenbehörden zuständig seien, ist durch die Einrede der sachlichen Unzuständigkeit nicht etwa durch die der Unzulässigkeit des Rechtswegs geltend zu machen. Sachlich nicht vor die Anerbenbehörden gehörige Anträge sind durch Formalbeschluß als unzulässig mit Kostenfolge zurückzuweisen.

4. Im Gesetz ist eine weitgehende Mitwirkung der Bauernführer vorgeschrieben. Vgl. hierüber die Anm. zu § 54.

§ 41

Das Anerbengericht

(1) Das Anerbengericht wird durch die Landesjustizverwaltung bei dem Amtsgericht für dessen Bezirk gebildet[1]. Die Landesjustizverwaltung kann den Bezirk anders bestimmen; sie kann insbesondere bestimmen, daß für mehrere Amtsgerichtsbezirke nur ein Anerbengericht gebildet wird[2].

(2) Das Anerbengericht entscheidet in der Besetzung von einem Richter als Vorsitzenden und zwei Bauern[3].

(3) Der Vorsitzende und sein ständiger Stellvertreter werden von der Landesjustizverwaltung ernannt, und zwar regelmäßig für die Dauer des Kalenderjahrs. Sie sollen mit den Erbgewohnheiten der bäuerlichen Bevölkerung vertraut sein[4].

In nächster Berührung mit der Bauernschaft steht das beim Amtsgericht gebildete Anerbengericht, welches in der Besetzung mit einem richterlichen Vorsitzenden und zwei bäuerlichen Anerbenrichtern im ersten Rechtszuge und in verschiedenen Sachen endgültig entscheidet. Die Bildung eines Anerbengerichts für mehrere Amtsgerichtsbezirke ist zugelassen.

1. Das Anerbengericht ist, wenn auch Sondergericht der freiwilligen Gerichtsbarkeit, kein selbständiges Gericht, sondern ein Teil des Amtsgerichts, bei dem es errichtet ist (vgl. auch § 8 Abs. 2 der 1. DV.). Sämtliche Länder haben, von einigen Ausnahmen abgesehen, für jeden Amtsgerichtsbezirk ein Anerbengericht beim Amtsgerichte des Bezirkes errichtet. Das Anerbengericht untersteht hinsichtlich Verwaltung und Dienstaufsicht dem Amtsgerichtsvorstand und den diesem übergeordneten Landgerichts- und Oberlandesgerichtspräsidenten.

2. Die Bildung des Anerbengerichts erfolgt:

a) durch Ernennung des Vorsitzenden und seines ständigen Stellvertreters, § 41 Abs. 3 REHG.,

b) durch Ernennung der Anerbenrichter und der stellvertretenden Anerbenrichter, §§ 3, 1 der 1. DV.,

c) durch Bildung einer Geschäftsstelle, § 8 der 1. DV.

3. Das Anerbengericht ist der Besetzung nach ein Kollegialgericht. Die bäuerlichen Beisitzer heißen nicht bloß Anerbenrichter, sondern üben während der Sitzung des Anerbengerichts das Richteramt in vollem Umfang und mit gleichem Stimmrecht aus wie der Vorsitzende (§ 4 Abs. 3 der 1. DV.).

Heranziehung der Anerbenrichter zu den Sitzungen, § 4 Abs. 1 der 1. DV. Beeidigung der Anerbenrichter, § 4 Abs. 2 der 1. DV., Ausschließung und Ablehnung der Anerbenrichter, § 4 Abs. 4 der 1. DV., §§ 41 bis 48 ZPO. Als Bauern sind die Anerbenrichter und ihre Stellvertreter arischer Abstammung. Verlust der Bauernfähigkeit s. Anm. 3 zu § 45.

4. Die Vorsitzenden der Anerbengerichte und ihre ständigen Stellvertreter, welche von der Landesjustizverwaltung für ein Kalenderjahr ernannt werden, müssen:

a) arischer Abstammung sein, § 7 der 1. DV.,

b) mit den Erbgewohnheiten der bäuerlichen Bevölkerung vertraut sein. Erbgewohnheit ist hier der ererbte Brauch, den die bäuerliche Bevölkerung einer bestimmten Gegend bei Regelung der Verhältnisse des Hofes und der Hoffamilie gelegentlich des Erbgangs und der Übergabe als Erbgang unter Lebenden übt.

Ihr Amt endet, wenn sie aufhören, an dem Orte als Richter tätig zu sein, an dem sie tätig waren, als ihre Ernennung erfolgte (§ 2 Abs. 2 der 1. DV.). Der Vorsitzende des Anerbengerichts wird durch seinen ständigen Stellvertreter oder bei dessen Verhinderung durch seinen allgemeinen Vertreter im Richteramt vertreten. Nötigenfalls wird der Vertreter vom Landgerichtspräsidenten bestimmt (§ 2 Abs. 1 der 1. DV.).

§ 42

Örtliche Zuständigkeit des Anerbengerichts

(1) Zuständig ist das Anerbengericht, in dessen Bezirk sich die Hofstelle des Erbhofs befindet[1].

(2) Bestehen Zweifel, so bestimmt der Präsident des Erbhofgerichts das zuständige Anerbengericht[2].

Während vielfach für Sondergerichte keine besonderen Vorschriften über die örtliche Zuständigkeit getroffen sind, so daß regelmäßig die Vorschriften der ZPO. Anwendung finden, bestimmt das REHG. das Anerbengericht der Hofstelle in einer Art dinglichen Gerichtsstandes als örtlich zuständiges Gericht. Nach dieser Zuständigkeit richtet sich auch die örtliche Zuständigkeit des Erbhofgerichts.

1. Örtlich zuständig ist das Anerbengericht, in dessen Amtsbezirk sich die Hofstelle des Erbhofs (§ 3 Abs. 2 REHG.) befindet. Im Zweifel entscheidet die Lage des Wohngebäudes. Die Lage der zum Erbhof gehörigen Grundstücke ist für die Frage der örtlichen Zuständigkeit ohne Bedeutung. Auch die Eintragung des Erbhofs in die Erbhöferolle oder das Grundbuch ist nicht entscheidend.

2. Zweifel, das ist Ungewißheit über die örtliche Zuständigkeit mit Rücksicht auf die örtliche Lage der Hofstelle. Liegt die Hofstelle z. B. mit dem Wohngebäude gerade auf der Grenze mehrerer Anerbengerichtsbezirke oder läßt sich ein Wohngebäude innerhalb der Hofstelle mit Sicherheit nicht feststellen, so hat nicht etwa der Antragsteller die Wahl, welches Anerbengericht er angehen will. Es entscheidet vielmehr der Präsident des übergeordneten Erbhofgerichts. Die Zweifel über die örtliche Zuständigkeit können einen Streit mehrerer Anerbengerichte in dieser Richtung zur Folge haben (Kompetenzkonflikt). Ein solcher Streit ist jedoch nicht Voraussetzung der Bestimmung der Zuständigkeit nach § 42 Abs. 2 REHG. Das Anerbengericht, welches über die Frage der örtlichen Zuständigkeit im Ungewissen ist, hat vielmehr die Akten zur Bestimmung der Zuständigkeit dem Präsidenten des zuständigen Erbhofgerichts vorzulegen. Ein zusammenfassender kurzer Bericht ist mit der Vorlage zu verbinden. Der Präsident des Erbhofgerichts entscheidet allein und durch begründeten Beschluß. Er hat von Amts wegen die nötigen Ermittlungen zu veranstalten und seine Entscheidung den Beteiligten bekanntzumachen (§§ 21, 12 der 1. DV., §§ 12, 16 FGG.). Die Entscheidung ist auch dem Anerbengericht zuzufertigen, welches die Bestimmung beantragt hat. Gegen die Entscheidung des Präsidenten des Erbhofgerichts ist Beschwerde nicht zulässig (§ 5 Abs. 2 FGG., § 11 der 1. DV.).

Das Anerbengericht hat die örtliche Zuständigkeit von Amts wegen zu prüfen. Wird die Hofstelle eines Erbhofs z. B. durch Neubau in einen anderen Anerbengerichtsbezirk verlegt, so ändert sich auch automatisch die örtliche Zuständigkeit. Für Eintragung des Hofes in der Erbhöferolle des nun zuständigen Anerbengerichts und Löschung in der Rolle des bisher zuständigen Anerbengerichts ist Sorge zu tragen.

Ausdrückliche oder stillschweigende Vereinbarung von Beteiligten über die örtliche Zuständigkeit der Anerbengerichte ist rechtsunwirksam.

Die Entscheidung des örtlichen unzuständigen Anerbengerichts ist rechtswirksam (§ 7 FGG.). Sie muß aber auf sofortige Beschwerde durch das Erbhofgericht aufgehoben werden, da eine Gesetzesverletzung vorliegt. Ist die ergangene Entscheidung endgültig rechtskräftig, so gibt es kein Rechtsmittel mehr. Kann eine Vorentscheidung noch durch Einspruch angefochten werden, so ist die Einrede der örtlichen Unzuständigkeit im Einspruch geltend zu machen.

Besteht für das angegangene Anerbengericht kein Zweifel über seine Unzuständigkeit und die Zuständigkeit eines anderen Anerbengerichts, so muß es grundsätzlich den Antrag an das zuständige Anerbengericht leiten oder, falls das Verfahren bereits im Laufe ist, sich durch Beschluß für örtlich unzuständig erklären und die Sache zur weiteren Behandlung an das örtlich zuständige Anerbengericht verweisen.

§ 43
Das Erbhofgericht

(1) Für jedes Land wird durch die Landesjustizverwaltung bei einem von ihr zu bestimmenden Oberlandesgericht ein Erbhofgericht gebildet. Für mehrere Länder kann durch die beteiligten Länder ein gemeinschaftliches Erbhofgericht gebildet werden. In einem Lande können auch mehrere Erbhofgerichte gebildet werden[1].

(2) Das Erbhofgericht entscheidet in der Besetzung von einem Richter als Vorsitzenden, zwei weiteren Richtern und zwei Bauern[2].

(3) Die Vorschriften des § 41 Abs. 3 finden entsprechende Anwendung[3].

Als Anerbenbehörden 2. Instanz werden durch die Landesjustizverwaltungen Erbhofgerichte gebildet. Die Bildung mehrerer Erbhofgerichte in einem Lande z. B. bei jedem Oberlandesgericht ist ebenso zugelassen, wie die Bildung eines gemeinschaftlichen Erbhofgerichts für mehrere Länder.

1. Auch das Erbhofgericht ist regelmäßig kein selbständiges Gericht, sondern Bestandteil des Oberlandesgerichts, bei dem es errichtet ist. Es untersteht der Dienstaufsicht des Oberlandesgerichtspräsidenten. Die Landesgesetzgebung kann aber bestimmen, daß das Erbhofgericht als selbständige Behörde eingerichtet wird (§ 66 der 1. DV.). Hievon hat Preußen durch Errichtung eines selbständigen Landeserbhofgerichts in Celle Gebrauch gemacht. Bayern hat bei jedem Oberlandesgericht für dessen Bezirk ein Erbhofgericht gebildet. Das Erbhofgericht für Sachsen ist beim Oberlandesgericht Dresden, das für Württemberg beim Oberlandesgericht Stuttgart und das für Baden beim Oberlandesgericht Karlsruhe gebildet.

Soweit gemeinschaftliche Oberlandesgerichte für mehrere Länder bestehen, sind auch gemeinschaftliche Erbhofgerichte bei diesen Oberlandesgerichten gebildet.

Die Bildung der Erbhofgerichte erfolgt:

a) durch Ernennung des Vorsitzenden und seines ständigen Stellvertreters (§ 43 Abs. 3, § 41 Abs. 3 REHG.).

b) durch Ernennung der Erbhofrichter und stellvertretenden Erbhofrichter, § 5 der 1. DV.,

c) durch Bildung einer Geschäftsstelle, § 8 der 1. DV.

2. Das Erbhofgericht, als Gericht der sofortigen Beschwerde gegen Entscheidungen des Anerbengerichts, ist Kollegialgericht mit 5 Mitgliedern; denn auch die Erbhofrichter üben während der Sitzung das Richteramt in vollem Umfang aus (§§ 5 Abs. 4, 4 Abs. 3, 1 der 1. DV.).

Heranziehung der Erbhofrichter zu den Sitzungen, §§ 5 Abs. 4, 4 Abs. 1 der 1. DV., Beeidigung derselben, §§ 5 Abs. 4, 4 Abs. 4 der 1. DV., ihre Ausschließung und Ablehnung, §§ 5 Abs. 4, 4 Abs. 4 der 1. DV., §§ 41—48 ZPO.

3. Die Erbhofrichter sind als Bauern arischer Abstammung. Verlust der Bauernfähigkeit s. Anm. 3 zu § 45. Die richterlichen Mitglieder des Erbhofgerichts müssen ebenfalls arischer Abstammung und mit den Erbgewohnheiten der bäuerlichen Bevölkerung vertraut sein (§ 7 der 1. DV.). Beendigung des Amts der beamteten Mitglieder, §§ 2 Abs. 2, 5 Abs. 4 der 1. DV. Vgl. im übrigen § 5 der 1. DV. Örtliche Zuständigkeit der Erbhofgerichte nach der Lage der Hofstelle, aus § 42 REHG.

Verfahren vor den Erbhofgerichten, s. §§ 23ff. der 1. DV.

S. auch Anm. 4 zu § 41.

§ 44
Ernennung der bäuerlichen Beisitzer

Die bäuerlichen Beisitzer der Anerbengerichte werden auf Vorschlag des Landesbauernführers, die bäuerlichen Beisitzer der Erbhofgerichte auf Vorschlag des Reichsbauernführers durch die Landesjustizverwaltung ernannt. Außer den Beisitzern ist die erforderliche Zahl von Stellvertretern zu ernennen[1].

1. Die bäuerlichen Beisitzer bei den Anerbengerichten heißen Anerbenrichter, bei den Erbhofgerichten Erbhofrichter und bei dem Reichserbhofgericht Reichserbhofrichter.

Das Verfahren bei Ernennung der bäuerlichen Beisitzer ist das folgende:

Der Landesbauernführer reicht je eine Vorschlagsliste für die Anerbenrichter und die stellvertretenden Anerbenrichter durch den Vorsitzenden des Anerbengerichts, welcher prüft, ob die Vorgeschlagenen Bauern sind, mit einem Erbhof im Bezirke angesessen sind und keiner der Hinderungsgründe der §§ 31—33 GVG. vorliegt sowie dies bestätigt, an den Oberlandesgerichtspräsidenten. Jede Vorschlagsliste soll, um eine Auswahl möglich zu machen, 6 Namen enthalten (§ 3 Abs. 1, 3 der 1. DV.). Der Oberlandesgerichtspräsident wählt aus den Vorgeschlagenen je 3 Bauern und ernennt sie zu Anerbenrichtern und stellvertretenden Anerbenrichtern. Enthalten die Vorschlagslisten nur je 3 Namen, so ernennt der Oberlandesgerichtspräsident die Vorgeschlagenen. Die Liste der Ernannten ist dem Anerbengericht und dem Landesbauernführer mitzuteilen (§ 3 Abs. 4 der 1. DV.). Die Ernennung erfolgt für 3 Jahre, erstmals für die Zeit bis zum 31. Dez. 1936. Mindestens drei Monate vor Ablauf der Amtszeit sind die Vorschlagslisten für die Neuernennung durch die Vorsitzenden der Anerbengerichte dem Oberlandesgerichtspräsidenten einzureichen. Die bisherigen bäuerlichen Beisitzer können wiederernannt werden. Falls die Zahl der Beisitzer nicht ausreicht, sind Ersatzernennungen in der gleichen Weise möglich, § 3 Abs. 5 der 1. DV.

Für die Ernennung der Erbhofrichter und stellvertretenden Erbhofrichter sowie der Reichserbhofrichter und ihrer Stellvertreter gilt Entsprechendes (§§ 5 Abs. 2, 6 Abs. 8 der 1. DV. in der Fassung des § 8 der 3. DV.), wobei die Vorschläge in beiden Fällen dem Reichsbauernführer obliegen. Die Ernennung erfolgt in ersterem Falle durch die Landesjustizverwaltung, in letzterem Falle durch den Reichsminister für Ernährung und Landwirtschaft, je auf die Dauer von 3 Jahren.

Ernennung der bäuerlichen Beisitzer bei gemeinschaftlichem Oberlandesgericht, §§ 3 Abs. 2, 5 Abs. 3, der 1. DV.

Rechtsverhältnisse und Entschädigung der bäuerlichen Beisitzer s. § 45 REHG.

Örtliche Zuständigkeit der Kreis- und Landesbauernführer s. § 54 REHG.

§ 45
Rechtsverhältnisse und Entschädigung der bäuerlichen Beisitzer

(1) Für die Rechtsverhältnisse und die Entschädigung der bäuerlichen Beisitzer gelten die für die Schöffen bestehenden Vorschriften der §§ 31 bis 33, § 35 Nr. 1 und 5, §§ 51 bis 56 des Gerichtsverfassungsgesetzes sinngemäß mit der Maßgabe, daß es einer Mitwirkung der Staatsanwaltschaft hier nicht bedarf[1].

(2) Über die im Schlußsatz des § 55 des Gerichtsverfassungsgesetzes

gegebene Aufsichtsbeschwerde entscheidet endgültig bei den Anerbengerichten der Landgerichtspräsident und bei den Erbhofgerichten der Präsident des Oberlandesgerichts[2].

(3) Wird das Fehlen einer Voraussetzung für die Berufung zum Beisitzeramt nachträglich bekannt oder fällt eine Voraussetzung nachträglich fort, so wird der Beisitzer von der Stelle, welche ihn ernannt hat, seines Amtes enthoben; vor der Entscheidung ist der Beisitzer zu hören. Die Entscheidung ist endgültig[3].

Die Stellung der bäuerlichen Beisitzer innerhalb des Verfahrens vor den Anerbenbehörden entspricht ihrem Wesen nach etwa der Stellung der Schöffen im Strafprozeß. Mit Rücksicht hierauf erschien es zweckmäßig und ausreichend, für die Regelung ihrer Rechtsverhältnisse den Anerbenbehörden gegenüber und für ihre Entschädigung die für die Schöffen bestehenden Vorschriften sinngemäß zur Anwendung zu bringen.

1. Das Amt eines bäuerlichen Beisitzers ist ein Ehrenamt. Es kann nur von einem bauernfähigen, erbhofsässigen Deutschen versehen werden. Unfähig zu diesem Amte sind die der bürgerlichen Ehrenrechte Verlustigen, die durch gerichtliche Anordnung in der Verfügung über ihr Vermögen Beschränkten, Personen, gegen die das Hauptverfahren wegen eines Verbrechens oder Vergehens eröffnet ist, das die Aberkennung der bürgerlichen Ehrenrechte oder den Verlust der Fähigkeit zur Bekleidung öffentlicher Ämter zur Folge haben kann. Als bäuerliche Beisitzer sollen nicht berufen werden Personen unter 30 Jahren, noch nicht 2 Jahre im Bezirk ansässige Bauern, öffentlich Unterstützte, körperlich und geistig Gebrechliche, Personen, die hauptberuflich nicht Bauern sind. Die Berufung können ablehnen Personen über 65 Jahren, § 3 Abs. 3 der 1. DV., §§ 31—33 GVG.

Die bäuerlichen Beisitzer werden nach der Reihenfolge einer Liste zu den Sitzungen herangezogen, die der Vorsitzende der Anerbenbehörde vor Beginn des Geschäftsjahres aufstellt. Sie werden von den Vorsitzenden auf die Dauer ihres Richteramts vereidigt und üben während der Sitzungen das Richteramt in vollem Umfange und mit gleichem Stimmrecht aus wie der Vorsitzende (§§ 4, 5 Abs. 4, 6 Abs. 8 der 1. DV. in der Fassung des § 8 der 3. DV.).

Die Vorschriften der §§ 41—48 ZPO. über die Ausschließung und Ablehnung von Gerichtspersonen gelten hinsichtlich der bäuerlichen Beisitzer der Anerbenbehörden sinngemäß. Über die Ausschließung und Ablehnung entscheidet der Vorsitzende endgültig, § 4 Abs. 4, § 5 Abs. 4, § 6 Abs. 8 der 1. DV. in der Fassung des § 8 der 3. DV. — Siehe auch § 21 der 2. DV.

Bäuerliche Beisitzer, welche ohne genügende Entschuldigung zu den Sitzungen nicht rechtzeitig erscheinen oder ihren Obliegenheiten in anderer Weise sich entziehen, sind zu einer Ordnungsstrafe in Geld sowie in die verursachten Kosten zu verurteilen. (VO. v. 6. 2. 1924, RGBl. I S. 44, Art. II Abs. 2.) Die Verurteilung wird durch den Vorsitzenden ausgesprochen und kann bei nachträglicher Entschuldigung zurückgenommen werden. Gegen die Entscheidung ist Beschwerde gemäß § 19 FGG. zum Landgericht zulässig (§ 56 GVG.).

Über die Beeidigung der bäuerlichen Beisitzer, welche auch unter einer zugelassenen Beteuerungsformel möglich ist, ist vom Urkundsbeamten der Geschäftsstelle eine Niederschrift aufzunehmen (§ 51 GVG.). Ablehnungsgründe sind nur zu berücksichtigen, wenn sie innerhalb einer Woche nach Einberufung zum Dienste vom Beisitzer geltend gemacht werden. Die Entscheidung trifft der Vorsitzende endgültig (§ 53 GVG.).

Ein bäuerlicher Beisitzer kann durch den Vorsitzenden auf Antrag von der Dienstleistung an bestimmten Sitzungstagen entbunden werden. Die Entbindung kann davon abhängig gemacht werden, daß ein anderer Beisitzer als Ersatz eintritt. Antrag und Bewilligung sind aktenkundig zu machen (§ 54 GVG.).

Für die Entschädigung der bäuerlichen Beisitzer gilt die Verordnung über die Entschädigung der Schöffen, Geschworenen, Vertrauenspersonen vom 18. März 1924 usw., welche im Anhang abgedruckt ist.

2. Beschwerden gegen die Festsetzung der Entschädigung der bäuerlichen Beisitzer werden im Aufsichtswege von dem dem betreffenden Anerbengericht übergeordneten Landgerichtspräsidenten, und beim Erbhofgericht vom Präsidenten des Oberlandesgerichts, bei dem es errichtet ist, entschieden.

3. Abs. 3 ersetzt den § 52 GVG. Verliert der Beisitzer die Bauernfähigkeit oder treten Hinderungsgründe der §§ 31—33 GVG. nachträglich bei ihm ein, so wird der Beisitzer, nachdem er vorher angehört wurde, in endgültiger Entscheidung von der Stelle enthoben, die ihn ernannt hat. Das gleiche gilt, wenn sich nachträglich herausstellt, daß die Voraussetzungen zur Ernennung irrtümlich als gegeben angenommen wurden. Bis zu ihrer Enthebung sind solche Beisitzer selbstverständlich zu Sitzungen nicht mehr heranzuziehen.

§ 46

Verfahren

(1) Das Verfahren vor den Anerbengerichten und Erbhofgerichten wird in Anlehnung an die Grundsätze des Verfahrens in Angelegenheiten der freiwilligen Gerichtsbarkeit durch Verordnung des Reichsministers der Justiz und des Reichsministers für Ernährung und Landwirtschaft geregelt.

(2) Die Verordnung kann eine Vorentscheidung des Vorsitzenden und die Erhebung von Beweisen durch einzelne Mitglieder des Gerichts vorsehen[1].

Da die Anerbenbehörden im Rahmen dieses Gesetzes nicht bloß bei Schutz und Aufrechterhaltung, sondern insbesondere bei der Gestaltung einer Privatrechtsordnung mitzuwirken haben, kann diese Mitwirkung nicht in einem auf dem Parteiprinzip aufgebauten Verfahren der streitigen Gerichtsbarkeit erfolgen. Der das Verfahren in Anerbensachen beherrschende Grundsatz des Amtsbetriebes gibt dem Verfahren von vornherein den Charakter freiwilliger Gerichtsbarkeit. Demgemäß lehnen sich die Verfahrensvorschriften des Reichserbhofrechtes an die Grundsätze der Vorschriften des FGG. an. Dabei legt das Gesetz das Gewicht auf eine möglichst rasche und die Bedürfnisse des einzelnen Falles sorgfältig berücksichtigende sachgemäße Entscheidung. Die Verfahrensvorschriften enthalten sich dabei bewußt jedes unnötigen formalen Zwangs.

1. I. Auf das Verfahren vor den Anerbenbehörden, auf welches die Gerichtsferien ohne Einfluß sind (§ 22 der 1. DV.), finden die Vorschriften des FGG. Anwendung, soweit nicht im Reichserbhofgesetz und den Durchführungsvorschriften hiezu etwas anderes bestimmt ist (§ 11 der 1. DV.).

Das Gericht hat zuerst die Frage seiner örtlichen und sachlichen Zuständigkeit zu prüfen (§§ 42, 40 REHG.). Es hat ferner von Amts wegen (Amtsbetrieb):

a) die zur Feststellung d. Tatsachen erforderlichen Ermittlungen anzustellen: Die Ermittlungen können in jeder möglichen Art u. Form erfolgen. Das Gericht kann sie selbst vornehmen oder durch ersuchte Behörden im Wege der Amtshilfe vornehmen lassen.

b) Die geeignet erscheinenden Beweise aufzunehmen, § 12 Abs. 1 der 1. DV. Zu suchen ist die objektive Wahrheit. Geeignete Beweismittel sind Augenschein, Vernehmung von Zeugen, Auskunftspersonen und Sachverständigen, Einsicht von Akten und Urkunden, Erkundigungen bei Behörden, nicht aber Geständnis, Anerkenntnis, Verzicht oder gar zugeschobener und richterlicher Eid. Über Art und Umfang der Beweisaufnahme entscheidet das Gericht nach freiem Ermessen (§ 17 Abs. 1 der 1. DV.). Die Vorschriften der ZPO. über den Zeugenbeweis, Sachverständigenbeweis und das Verfahren bei Abnahme von Eiden sind entsprechend anzuwenden. Über die Beeidigung eines Zeugen oder Sachverständigen entscheidet grundsätzlich das freie Ermessen des Gerichts (§ 11 der 1. DV., § 15 FGG.). Die Beteiligten oder der Antragsteller haben auf die Frage der Beeidigung keinen Einfluß. Sie haben auch kein Recht der Fragestellung an Zeugen, Auskunftspersonen und Sachverständige. Die Vorschriften der §§ 393—402 ZPO. über die unbeeidigte Einvernahme von Zeugen und Sachverständigen sind zu beachten. Beweisanordnungen des Gerichts können mit Beschwerde nicht angefochten werden. Sie brauchen auch dem Beteiligten oder dem Antragsteller nicht mitgeteilt werden. Die Auswahl der Sachverständigen erfolgt ausschließlich durch das Gericht. Jedoch darf eine Entscheidung des Gerichts nur ergehen, nachdem den Beteiligten zuvor Gelegenheit zur Äußerung gegeben worden ist. Wer in diesem Sinne als Beteiligter anzusehen ist, entscheidet das Gericht nach freiem Ermessen (§ 12 der 1. DV., § 7 der 3. DV.).

Die Ladung der Zeugen, Auskunftspersonen und Sachverständigen erfolgt gemäß § 16 FGG.

Das Gericht kann eines seiner Mitglieder beauftragen:

a) mit der Beweisaufnahme im Ganzen oder mit der Aufnahme einzelner Beweise,

b) mit örtlichen Ermittlungen (Augenschein),

c) mit Verhandlungen mit den Beteiligten. Die Vorschriften der ZPO. über das Verfahren vor dem beauftragten Richter einschließlich § 576 ZPO. finden entsprechende Anwendung. Zur Abnahme von Eiden sind jedoch die bäuerlichen Beisitzer nicht befugt (§ 17 Abs. 2 der 1. DV.).

II. Regelmäßig ist für die Tätigkeit der Anerbenbehörden ein Antrag Voraussetzung. Anträge, d. h. Erklärungen, welche eine bestimmte Tätigkeit der Anerbenbehörde fordern, können gestellt werden:

a) durch schriftliche Einreichung bei Gericht; daß der Antragsteller den Antrag selbst schreibt oder unterschreibt, ist nicht notwendig. Antragstellung durch den Bürgermeister oder den Gemeindeschreiber in Protokollform ist zulässig.

b) durch mündliche Erklärung vor dem Vorsitzenden des Anerbengerichts. Der Vorsitzende kann den Antragsteller jedoch an die Geschäftsstelle verweisen. Nimmt er den Antrag selbst entgegen, so muß er hierüber eine Niederschrift aufnehmen.

c) durch Erklärung zu Niederschrift des Urkundsbeamten der Geschäftsstelle (§ 8 der 1. DV.). Die Antragstellung in den Sitzungen der Anerbenbehörden ist unzulässig, da die Sitzungen nicht öffentlich sind. Die Anträge können auch nicht bei den Beisitzern (den beamteten und den bäuerlichen) zu Protokoll gestellt werden.

III. Die Einsicht der Akten der Anerbenbehörden „kann" nach § 34 FGG. demjenigen gestattet werden, der ein berechtigtes Interesse, d. h. ein Interesse, das nach vernünftigem Ermessen und nach Lage des Einzelfalles die Einsicht rechtfertigt, glaubhaft macht. Die Einsicht kann demnach auch trotz Glaubhaftmachung eines berechtigten Interesses verweigert werden, wenn nämlich diesem Interesse ein anderes gegensätzliches Interesse entgegensteht, das höher zu bewerten ist. Die allenfallsige Verweigerung der Akteneinsicht darf aber nicht soweit gehen, daß dem um Einsicht Nachsuchenden durch die Verweigerung die Verteidigung seines Rechts unmöglich gemacht ist. Gegen die Verweigerung der Einsicht einfache Beschwerde nach

§ 19 FGG. Eine Versendung der Erbhöferolle ist mit Rücksicht auf die Verlustgefahr und die Störung der Einsichtsmöglichkeit unzulässig. Das gleiche gilt für die Erbhofakten und die zu ihnen zu nehmenden abgeschlossenen Akten der Anerbenbehörden. Die Versendung von in Streitsachen geführten Akten der Anerbenbehörden ist, auch nach deren Abschluß, zulässig.

Die Anerbenbehörden und, für die Zwecke der Durchführung des § 5 REHG., auch der Reichsminister für Ernährung und Landwirtschaft, können andere Gerichte und Behörden um Amtshilfe ersuchen. Sie können insbesondere:

a) die Gemeinde- und Polizeibehörden ersuchen, die für die Eignung eines Erbhofs wesentlichen Tatsachen festzustellen,

b) die Gemeinde- oder Polizeibehörden, sowie den Kreis- oder Landesbauernführer um eine gutachtliche Äußerung ersuchen,

c) den Vorsitzenden des Anerbengerichts um die Aufnahme von Beweisen ersuchen. Bei der Einnahme eines Augenscheins durch das ersuchte Gericht kann ein Beisitzer als sachkundiger Berater zugezogen werden. Die §§ 55, 56 GVG. gelten sinngemäß, § 18 der 1. DV.

IV. Die Verhandlungen vor den Anerbenbehörden sind nicht öffentlich. Den Bauernführern und ihren Beauftragten sowie Personen, welche ein berechtigtes Interesse daran haben, ist die Anwesenheit zu gestatten (§ 10 Abs. 1 der 1. DV.). Die Mitglieder der Anerbenbehörden sind zur Amtsverschwiegenheit verpflichtet: Sie haben über die Angelegenheiten, die ihnen amtlich zur Kenntnis gelangt sind, Stillschweigen zu wahren, und zwar auch noch nach Beendigung des Amtsverhältnisses. Das gleiche gilt für die Bauernführer hinsichtlich der Sachen, mit denen sie auf Grund des REHG. u. der DV. befaßt werden. (§ 10 Abs. 2 der 1. DV.; vgl. RBeamtG. § 11 [RGBl. 1907 S. 245].)

Die Beteiligten werden, soweit sie nicht geschäftsfähig oder geschäftsbeschränkt sind, durch ihre gesetzlichen Vertreter vertreten. Im übrigen können sie mit Beiständen erscheinen oder, wenn nicht ihr persönliches Erscheinen angeordnet ist, sich durch Bevollmächtigte vertreten lassen. Das Gericht kann die Vorlage einer öffentlich beglaubigten Vollmacht verlangen (§ 14 Abs. 1 der 1. DV.). Als Beistände oder Bevollmächtigte sind vor den Anerbenbehörden ausgeschlossen:

a) Personen, welche nichtarischer Abstammung i. S. des § 1a des Reichsbeamtengesetzes sind, auch wenn sie Rechtsanwälte sind,

b) Personen, welche, ohne Rechtsanwalt zu sein, das Verhandeln vor Gericht geschäftsmäßig betreiben.

Anträge und Eingaben der ausgeschlossenen Personen sind vom Vorsitzenden zurückzuweisen, selbst wenn sie durch Dritte eingereicht sind (§ 14 Abs. 2 der 1. DV.). Im übrigen sind deutsche Rechtsanwälte ohne Einschränkung zugelassen (§ 14 Abs. 3 der 1. DV.).

V. Die Anberaumung einer mündlichen Verhandlung liegt im Ermessen des Gerichts (§ 13 Abs. 1 der 1. DV.). Der Vorsitzende oder ein von ihm bestimmtes Mitglied des Gerichts hat schon vor der mündlichen Verhandlung oder der Sitzung alle Anordnungen zu treffen, die nötig sind, um die Sache möglichst in einer Sitzung zu erledigen. § 272b ZPO. findet sinngemäße Anwendung. Die Anordnung des persönlichen Erscheinens von Beteiligten ist zulässig (§ 16 Abs. 1 der 1. DV.). Auch kann ein bäuerlicher Beisitzer mit der vorherigen Besichtigung eines Hofes betraut werden, wenn die Erbhofeigenschaft in Zweifel steht (§§ 2, 3 REHG., § 16 Abs. 2 der 1. DV.). Das Gericht kann einen Beteiligten, der die mündliche Verhandlung beantragt, aufgeben, den übrigen Beteiligten die Kosten vorzuschießen oder zu erstatten, die ihnen durch die persönliche Wahrnehmung des Termins oder durch die Stellung von Prozeßbevollmächtigten erwachsen (§ 13 Abs. 2 der 1. DV.).

Der Vorsitzende eröffnet und leitet die mündliche Verhandlung. Er erteilt das Wort und kann es entziehen. Er hat für erschöpfende Erörterung und sachgemäße Behandlung zu sorgen. Erforderlichenfalls hat er den Termin zur Fortsetzung der mündlichen Verhandlung sofort zu bestimmen. Er schließt die Verhandlung, verkündet die Entscheidungen (§ 13 Abs. 3, § 21 Abs. 4 der 1. DV., § 136 ZPO.).

Über den Gang der mündlichen Verhandlung ist vom Urkundsbeamten eine Niederschrift aufzunehmen, welche vom Vorsitzenden und vom Urkundsbeamten zu unterzeichnen ist (§ 13 Abs. 3 der 1. DV.). Eine Zuziehung des Urkundsbeamten ist im übrigen nur im Falle des § 169 FGG. nötig.

Über Ausschließung des Urkundsbeamten s. § 8 Abs. 1 S. 2 der 1. DV.

VI. Das Gericht entscheidet durch begründeten Beschluß (§ 21 Abs. 1 der 1. DV.). Der Beschluß, dem nur formelle Rechtskraft zukommt, enthält die Bezeichnung des Gerichts und der Sache, die Namen der beteiligten Gerichtsmitglieder und den Tag der Entscheidung (§ 21 Abs. 2 der 1. DV.). Der mit Gründen versehene Beschluß ist beim Anerbengericht grundsätzlich nur vom Vorsitzenden, bei den übrigen Gerichten von dem Vorsitzenden und den beamteten Mitgliedern zu unterzeichnen, soweit diese Richter sind (§ 21 Abs. 3 der 1. DV.).

Die Bekanntmachung der Entscheidungen erfolgt:

a) durch Verkündung, wenn die Entscheidung im Anschluß an eine mündliche Verhandlung ergeht und die Beteiligten anwesend sind. Die Verkündung erfolgt durch Verlesen der Beschlußformel. Die Gründe können verlesen oder ihr wesentlicher Inhalt mitgeteilt werden (§ 21 Abs. 4 der 1. DV.),

b) im übrigen durch Zustellung an die Beteiligten von Amts wegen (§ 21 Abs. 5 der 1. DV.).

Zustellung von Amts wegen an den Kreisbauernführer bzw. Landesbauernführer in den Fällen der §§ 48 Abs. 2 S. 2, 49 Abs. 2 S. 2 REHG.

Verfügungen der Vorsitzenden, welche nicht Entscheidungen im eigentlichen Sinne sind, brauchen nicht begründet zu werden.

Eine Vorentscheidung des Vorsitzenden des Anerbengerichts allein ist zulässig (§ 19 Abs. 1 der 1. DV.):

a) in Fällen, in denen das Anerbengericht endgültig entscheidet, also in den Fällen der §§ 32, 36 REHG., § 5 Abs. 2 u. 3 der 3. DV.,

b) in Fällen, in denen eine Beschwerde vom Beschwerdegericht als unzulässig verworfen wurde, weil sie nicht statthaft oder nicht form- und fristgerecht eingelegt war (§ 574 ZPO.),

c) in den Fällen des § 22 Abs. 4, 5 REHG.

Gegen die Vorentscheidung ist binnen 2 Wochen seit Zustellung Einspruch zulässig. Auf diese Möglichkeit ist bei der Zustellung hinzuweisen (§ 19 Abs. 2 der 1. DV.). Der Einspruch ist bei dem Gericht einzulegen, dessen Vorsitzender die Vorentscheidung erlassen hat und zwar:

a) schriftlich oder

b) zu Niederschrift des Urkundsbeamten der Geschäftsstelle (§ 20 Abs. 1 der 1. DV.). Der Einspruch kann auf neue Tatsachen oder Beweise gestützt werden (§ 20 Abs. 2 der 1. DV.). Dem Einspruchsberechtigten, der ohne sein Verschulden verhindert war, die Einspruchsfrist einzuhalten, ist Wiedereinsetzung in den vorigen Stand auf Antrag zu gewähren, wenn er:

a) binnen 2 Wochen nach Beseitigung des Hindernisses Einspruch einlegt und

b) die Tatsachen glaubhaft macht, welche die Wiedereinsetzung begründen (§ 20 Abs. 3 der 1. DV.).

Wenn die Entscheidung nach Vorentscheidung des Vorsitzenden ergeht, ist die Beschlußformel beim Anerbengericht auch von den bäuerlichen Beisitzern mitzuunterschreiben (§ 21 Abs. 3 S. 2 der 1. DV.).

VII. Der Versuch einer gütlichen Einigung (Güteversuch) soll gemacht werden:

a) im Verfahren über die Ansprüche der Versorgungsberechtigten (§ 32 REHG.),

b) im Verfahren über Verteilung von Verbindlichkeiten (§§ 22, 36 REHG.).

Ein etwa zustande kommender Vergleich ist in Niederschrift festzulegen, den Beteiligten vorzulesen oder zur Durchsicht vorzulegen. Daß dies geschehen und die Genehmigung der Beteiligten erteilt ist, ist in der Niederschrift zu vermerken (§ 15 Abs. 1 und 2 der 1. DV.).

VIII. Das Gericht kann nach seinem Ermessen, wenn ihm das nach den Umständen geboten erscheint, auf Antrag oder von Amtswegen durch begründeten Beschluß sichernde Maßnahmen oder einstweilige Anordnungen treffen, welche nur zusammen mit der Hauptentscheidung angefochten werden können (§ 12 Abs. 1 und 2 der 1. DV.).

IX. Die Bewilligung des Armenrechts erfolgt in kurz begründetem Beschluß (§ 126 Abs. 2 ZPO.) durch das Gericht, nicht den Vorsitzenden allein. Ein nach den Vorschriften der ZPO. (§ 118 Abs. 2 ZPO.) für den Schuldner des Kostenbetrages ausgestelltes Zeugnis soll in der Regel ausreichen, um die völlige oder teilweise Niederschlagung oder Stundung des Kostenbetrages wegen Armut zu begründen (§ 57 der 1. DV.). Außerdem können die Kosten gemäß § 6 GKG. niedergeschlagen werden (§ 58 der 1. DV.), und zwar

a) Gebühren und Auslagen, die bei richtiger Behandlung der Sache nicht entstanden wären,

b) Auslagen, die durch eine von Amts wegen veranlaßte Verlegung des Termins oder Vertagung einer Verhandlung oder durch eine für begründet befundene Beschwerde entstanden sind.

Für abweisende Bescheidung sowie im Falle der Zurücknahme eines Antrags kann Gebühren- und Auslagenfreiheit gewährt werden, wenn der Antrag auf nicht anzurechnender Unkenntnis der Verhältnisse oder auf Unwissenheit beruht.

X. Für das Verfahren vor den Erbhofgerichten und dem Reichserbhofgericht gelten gemäß §§ 24—26 der 1. DV. noch folgende Sondervorschriften: Das Gericht kann die schriftliche Vorbereitung der Sache anordnen. Die Vorschriften der ZPO. über vorbereitende Schriftsätze (§§ 129—134 ZPO.) finden sinngemäße Anwendung. Die Verhandlung ist eine mündliche (§ 128 ZPO.). Das Gericht kann anordnen, daß sich ein Beteiligter durch einen Rechtsanwalt vertreten läßt. Es finden dann die Vorschriften der §§ 78, 115 Abs. 1 Nr. 3 Abs. 2, 129, 135 Abs. 1, 2 ZPO. entsprechende Anwendung. Das Gericht kann auch in anderen Fällen als den in § 116 ZPO. bezeichneten der Partei einen Rechtskundigen beiordnen. Die sofortige weitere Beschwerde muß von einem Rechtsanwalt unterzeichnet sein, es sei denn, daß sie vom Landesbauernführer, einer Behörde oder einem Notar eingelegt ist.

Hebt das Reichserbhofgericht die Entscheidung eines Erbhofgerichts auf, so kann es

a) in der Sache selbst entscheiden, oder

b) die Sache zu neuer Entscheidung an das Erbhofgericht oder ein anderes Erbhofgericht zurückverweisen. Das Erbhofgericht ist an die Beurteilung des Reichserbhofgerichts gebunden.

Beschwerdeverfahren, s. § 48 REHG., sofortige weitere Beschwerde, s. § 49 REHG.

Geschäftsordnung für die Geschäftsstellen, s. § 9 der 1. DV.

Vollstreckung der Entscheidungen, s. § 50 REHG.

Gebühren für Rechtsanwälte, s. § 59 der 1. DV. in der Fassung des § 9 der 3. DV., das Gesetz über Erstattung der Rechtsanwaltsgebühren in Armenrechtssachen vom 20. 12. 28 (RGBl. S. 141), 1. 12. 30 (RGBl. S. 604) und 6. 10. 31 (RGBl. 563) ist sinngemäß anwendbar.

Gebühren des Notars im Falle des § 10 der 2. DV. s. die Neufassung in § 9 Ziff. 2 der 3. DV.

Gebühren und Auslagen der Zeugen, Sachverständigen und Gerichtsvollzieher, s. § 22 der 2. DV.

Entschädigung der bäuerlichen Beisitzer, s. § 45 REHG.

§ 47

Das Reichserbhofgericht

Einrichtung, Verfahren und Sitz des Reichserbhofgerichts werden durch Verordnung des Reichsministers der Justiz und des Reichsministers für Ernährung und Landwirtschaft geregelt. Dabei kann vorgesehen werden, daß die Entscheidungen des Reichserbhofgerichts der Bestätigung durch den Reichsminister für Ernährung und Landwirtschaft bedürfen[1].

Die oberste Instanz der Anerbenbehörden ist das Reichserbhofgericht, das beim Reichsministerium für Ernährung und Landwirtschaft gebildet ist. Es ist die Anerbenbehörde der sofortigen weiteren Beschwerde.

1. Die Bildung des Reichserbhofgerichts ist in den §§ 6 und 6a der 1. DV. in der Neufassung des § 8 der 3. DV. geregelt.

Das Reichserbhofgericht besteht:

a) aus dem Reichsminister für Ernährung und Landwirtschaft als Präsidenten,

b) aus einem vom Reichspräsidenten auf Vorschlag des Reichsministers für Ernährung und Landwirtschaft vorgeschlagenen Richter als Vizepräsidenten,

c) aus Mitgliedern aus dem Kreise der Beamten, welche vom Reichsminister für Ernährung und Landwirtschaft im Einvernehmen mit dem Reichsminister der Justiz vorgeschlagen, durch den Reichspräsidenten ernannt werden und die Bezeichnung „Reichserbhofgerichtsräte" führen, soweit sie nicht als Hilfsrichter zugezogen sind.

d) aus bäuerlichen Beisitzern, den Reichserbhofrichtern und stellvertretenden Reichserbhofrichtern (§ 1 der 1. DV.), welche auf Vorschlag des Reichsbauernführers vom Reichsminister für Ernährung und Landwirtschaft ernannt werden. Das Reichserbhofgericht entscheidet als Gericht der sofortigen weiteren Beschwerde in der Besetzung eines Vorsitzenden, zweier beamteter und zweier bäuerlicher Beisitzer, ist also Kollegialgericht mit 5 Mitgliedern.

Für die Rechtsverhältnisse und Entschädigung der bäuerlichen Besitzer gilt § 45 REHG. Die bäuerlichen Beisitzer müssen mit einem Erbhof im Deutschen Reich ansässig sein. Hinderungsgründe der §§ 31—33 GVG. dürfen bei ihnen nicht vorliegen, § 3 Abs. 3, § 6 Abs. 8 der 1. DV. in der Neufassung des § 8 der 3. DV. Vereidigung der bäuerlichen Beisitzer, § 6 Abs. 5, § 4 der 1. DV. Arische Abstammung der beamteten Mitglieder, § 7 der 1. DV.

Das Reichserbhofgericht hat seinen Sitz in Berlin. Es kann jedoch auch außerhalb Berlins Sitzungen abhalten (§ 6 Abs. 1 der 1. DV.). Ein „großer Senat" des Reichserbhofgerichts ist vorgesehen für abweichende Entscheidungen in grundsätzlichen Rechtsfragen (§ 6a der 1. DV. in der Neufassung des § 8 der 3. DV.).

Geschäftsgang, Anweisung, siehe Anhang Nr. 7.

§ 48

Sofortige Beschwerde

(1) Gegen die Entscheidungen des Anerbengerichts[1] findet die sofortige Beschwerde statt[2]. Die Beschwerdefrist beträgt zwei Wochen[3].

(2) Gegen Entscheidungen, welche das Anerbengericht auf Grund des § 10, § 15 Abs. 3, § 18, § 21 Abs. 3, § 25, § 37 Abs. 2 getroffen hat, kann die sofortige Beschwerde auch von dem Kreisbauernführer eingelegt werden. Das Anerbengericht hat die vorerwähnten Entscheidungen dem Kreisbauernführer von Amts wegen zuzustellen[4].

(3) Über die Beschwerde entscheidet das Erbhofgericht[5].

Bei der Bedeutung und Tragweite der Entscheidungen des Anerbengerichts lag es im Interesse der am Verfahren Beteiligten, aber auch des Reichsnährstandes, unter Zubilligung eines selbständigen Beschwerderechts an diesen, ein Rechtsmittelverfahren zuzulassen. Da es in Erbhofsachen in erster Linie auf eine möglichst rasche endgültige Sachentscheidung ankommt, stand für die wesentlichen Entscheidungen nur ein befristetes Rechtsmittel als brauchbar in Frage.

1. Entscheidungen im Sinne des § 48 sind alle Sachentscheidungen. Sie fallen unter den Begriff der „Verfügungen" des FGG. (vgl. §§ 16, 19 FGG.).

Von den beim Anerbengericht möglichen Entscheidungen sind nicht anfechtbar:

a) die endgültigen Entscheidungen des Anerbengerichts, §§ 32, 36 REHG., § 5 Abs. 2 und 3 der 3. DV.

b) die endgültigen Vorentscheidungen des Vorsitzenden des Anerbengerichts, § 19 der 1. DV.

Die übrigen Entscheidungen des Anerbengerichts sind mit den Rechtsmitteln der sofortigen Beschwerde (§ 48 REHG.) und der sofortigen weiteren Beschwerde (§ 49 REHG.) anfechtbar, soweit nicht ausdrücklich im Reichserbhofgesetz und den Durchführungsverordnungen eine einfache Beschwerde zum Landgericht vorgesehen ist (z. B. § 55 der 1. DV.) oder gemäß § 11 der 1. DV. mangels einer im Reichserbhofgesetz und den Durchführungsverordnungen enthaltenen Bestimmung die einfache oder sofortige Beschwerde nach den Vorschriften des FGG. zulässig ist.

§ 48 REHG. bezieht sich nur auf die Entscheidungen des Anerbengerichts. Diese Entscheidungen können vom Anerbengericht nicht abgeändert werden (§ 18 Abs. 2 FGG.).

Die sofortige Beschwerde nach § 48 REHG. kann eingelegt werden beim Anerbengericht, dessen Entscheidung angefochten wird, oder beim zuständigen Erbhofgericht (Beschwerdegericht).

Die Einlegung kann gemäß § 21 FGG., § 11 der 1. DV. erfolgen:

a) durch Einreichung einer Beschwerdeschrift, die an keine Form gebunden ist. Es genügt jedes Schriftstück, aus welchem der Wille des Beschwerdeführers, Beschwerde einzulegen, ersichtlich ist. Ort und Zeitangabe sowie eigenhändige Unterschrift des Beschwerdeführers nicht nötig, auch kein bestimmter Antrag und Begründung. Telegrammform zulässig.

b) Durch Erklärung zu Protokoll des Urkundsbeamten der Geschäftsstelle desjenigen Anerbengerichts, dessen Entscheidung angefochten wird oder der Geschäftsstelle des Erbhofgerichtes (Beschwerdegericht). Dieses Protokoll braucht der Beschwerdeführer selbst nicht zu unterzeichnen. Dagegen muß der Urkundsbeamte das Protokoll selbst abfassen und unterzeichnen.

Die Beschwerde kann auch zu Protokoll des Urkundsbeamten eines anderen Anerbengerichts, nicht Erbhofgerichts, erklärt werden (§ 11 FGG., § 11 der 1. DV) hat dann aber nur die Bedeutung einer Beschwerdeschrift und gilt erst als eingelegt, wenn das Protokoll beim zuständigen Anerbengericht bzw. Erbhofgericht in den Einlauf gekommen ist. Der unzuständige Urkundsbeamte muß die Beschwerde selbst in Form einer Niederschrift aufnehmen und alsbald weiterleiten.

Die sofortige Beschwerde kann auch durch Bevollmächtigte eingelegt werden. Vorlage einer einfachen Vollmacht genügt (§ 14 Abs. 1 der 1. DV.). Die Beschwerdeschrift eines nichtarischen Bevollmächtigten oder eines Bevollmächtigten, der, ohne Rechtsanwalt zu sein, das Verhandeln vor Gericht gewerbsmäßig betreibt, soll zurückgewiesen werden (§ 14 Abs. 2 der 1. DV.).

Die sofortige Beschwerde kann auf neue Tatsachen und Beweise gestützt werden (§ 23 FGG.). Die Beschwerde kann sich nur gegen den Ausspruch (Beschlußtenor) richten. Eine Beschwerde gegen den Inhalt der Entscheidungsgründe ist unzulässig. Werden sachliche Feststellungen in den Gründen bemängelt, so bleibt nur der Weg neuer Antragstellung. Aussetzung der Vollziehung der angefochtenen Entscheidung, § 24 Abs. 2, 3 FGG.

Beschwerdeberechtigt ist jeder, dessen Recht durch die Entscheidung beeinträchtigt ist. Die Beschwerdeberechtigung ist vom Beschwerdegericht von Amts wegen zu prüfen. Die Beeinträchtigung jedes Rechtes privater oder öffentlich-rechtlicher Natur genügt. Die Einschränkung des § 20 Abs. 2 FGG. ist für das Verfahren vor den Anerbenbehörden nach Sinn und Zweck des Reichserbhofgesetzes nicht anwendbar.

3. Die Beschwerdefrist von 2 Wochen beginnt mit dem Zeitpunkt, in welchem die Entscheidung dem Beschwerdeführer bekannt gemacht worden ist. Eine Verlängerung oder Abkürzung der Frist ist ausgeschlossen. Die Frist kann für die verschiedenen Beteiligten je nach dem Zeitpunkt der von Amts wegen erfolgten Zustellung verschieden beginnen. Für die Berechnung der Frist gelten die Vorschriften des BGB. (§ 17 FGG., § 11 der 1. DV., §§ 187 Abs. I, 188 Abs. II BGB.). Die sofortige Beschwerde kann schon vor Beginn der Beschwerdefrist in zulässiger Weise eingelegt werden.

4. Dem Kreisbauernführer als Vertreter des Reichsnährstandes ist in den im Abs. 2 aufgeführten wichtigen Entscheidungsfällen ein selbständiges Beschwerderecht eingeräumt, damit er die allgemeinen Belange des Reichsnährstandes wahren und in Einzelfällen besonderer Bedeutung eine Instanzentscheidung herbeiführen kann. Hiezu sind die in Abs. 2 genannten Entscheidungen dem Kreisbauernführer gemäß § 16 FGG. von Amts wegen zuzustellen.

5. Gericht der sofortigen Beschwerde gemäß § 48 ist das Erbhofgericht.

Ist die Beschwerdefrist ohne Verschulden des Beschwerdeführers versäumt, so entscheidet auf dessen Antrag das Erbhofgericht über die Wiedereinsetzung in den vorigen Stand gemäß § 11 der 1. DV., § 22 Abs. 2 FGG. Das Gericht hat nach seinem Ermessen zu entscheiden, ob eine Tatsache als Hindernis anzusehen ist und ob die Verhinderung zur Fristwahrung eine unverschuldete war. Nach Ablauf eines Jahres vom Ende der versäumten Beschwerdefrist an kann die Wiedereinsetzung nicht mehr beantragt werden (§ 22 Abs. 2 letzter Satz FGG.).

Verfahren, §§ 23ff., 11ff. der 1. DV.

Beschwerdeentscheidung, § 21 der 1. DV.

§ 49

Sofortige weitere Beschwerde

(1) Gegen die Entscheidung des Erbhofgerichts findet die sofortige weitere Beschwerde statt. Die Beschwerdefrist beträgt zwei Wochen[1].

(2) Bezieht sich die Entscheidung des Erbhofgerichts auf eine der im § 48 Abs. 2 erwähnten Entscheidungen, so kann diese Beschwerde auch von dem Landesbauernführer eingelegt werden. Das Erbhof-

gericht hat die vorerwähnten Entscheidungen dem Landesbauernführer von Amts wegen zuzustellen[2].

(3) Über die weitere Beschwerde entscheidet das Reichserbhofgericht[3].

(4) Die weitere Beschwerde ist nur zulässig, wenn in der Entscheidung des Erbhofgerichts ein neuer selbständiger Beschwerdegrund enthalten ist. Dies gilt nicht für die im Abs. 2 vorgesehene Beschwerde des Landesbauernführers[4].

1. Sofortige weitere Beschwerde, § 11 der 1. DV., § 29 FGG. Sie erfolgt:

a) durch Einreichung einer Beschwerdeschrift beim Anerbengericht, dem Erbhofgericht oder dem Reichserbhofgericht. Die Beschwerdeschrift muß von einem Rechtsanwalt unterzeichnet sein, es sei denn, daß die sofortige weitere Beschwerde von einer Behörde, einem Notar im Rahmen des § 10 der 2. DV. oder dem Landesbauernführer eingelegt ist. Der die Beschwerdeschrift unterzeichnende Rechtsanwalt muß seine Vollmacht nachweisen (§§ 25 S. 1 der 1. DV., 14 der 1. DV.).

b) durch Erklärung zu Protokoll eines der vorgenannten Instanzgerichte. — Frist zur sofortigen Beschwerde, vgl. § 48 Anm. 3. Berechtigt zur sofortigen Beschwerde ist jeder, dessen Recht beeinträchtigt ist, und der Landesbauernführer, ferner die Notare nach Maßgabe des § 10 der 2. DV.

Gegen die Versäumung der Frist zur sofortigen weiteren Beschwerde gibt es Wiedereinsetzung in den vorigen Stand (§§ 29 Abs. 4, 22 Abs. 2 FGG., § 11 der 1. DV.).

Die Anerbenbehörden der 1. und 2. Instanz sind nicht befugt, der sofortigen weiteren Beschwerde abzuhelfen. Sie können jedoch die Entscheidungen abändern, solange die sofortige weitere Beschwerde noch nicht eingelegt ist (§§ 29 Abs. 31, 18 Abs. 2 FGG.). Das Reichserbhofgericht kann seine Entscheidung nicht abändern.

Hebt das Reichserbhofgericht die Entscheidung des Erbhofgerichts auf, so kann es entweder in der Sache selbst entscheiden oder die Sache zur neuerlichen Entscheidung an das bisher zuständige oder an ein anderes Erbhofgericht zurückverweisen, wobei diese Gerichte an die Sachbeurteilung des Reichserbhofgerichts gebunden sind (§ 26 der 1. DV.).

2. Das Recht zur Einlegung der sofortigen weiteren Beschwerde ist dem Landesbauernführer aus dem gleichen Grunde und in denselben Fällen zugestanden, wie das Recht zur sofortigen Beschwerde dem Kreisbauernführer im Falle des § 48 Abs. 2 REHG. Es sind deshalb die betr. Entscheidungen des Erbhofgerichts dem Landesbauernführer nach § 16 Abs. 2 FGG. von Amts wegen zuzustellen.

3. Reichserbhofgericht, § 47 REHG.

4. Wenn kein neuer selbständiger Beschwerdegrund vorliegt, ist die sofortige weitere Beschwerde als unzulässig zurückzuweisen, es sei denn, daß sie vom Landesbauernführer eingelegt ist. Hat also z. B. das Erbhofgericht die Entscheidung des Anerbengerichts bestätigt, so kann in der Regel nur mehr der Landesbauernführer sofortige weitere Beschwerde einlegen.

§ 50

Vollstreckung der Entscheidungen

Aus den rechtskräftigen Entscheidungen der Anerbengerichte, der Erbhofgerichte und des Reichserbhofgerichts findet die Zwangsvollstreckung nach den Vorschriften der Zivilprozeßordnung statt[1].

Da die Entscheidungen der Anerbenbehörden „gerichtliche" Entscheidungen darstellen, mußte ihnen Vollstreckungsfähigkeit gegeben werden. Wegen ihres sondergerichtlichen Charakters war eine ausdrückliche Vorschrift im Reichserbhofgesetz notwendig über die Art und Weise, wie die Zwangsvollstreckung vor sich gehen soll. Mit Rücksicht auf den Inhalt der Entscheidungen erschien es zweckmäßig, die Vorschriften der ZPO. über die Zwangsvollstreckung anzuwenden.

1. Die rechtskräftigen Entscheidungen der Anerbenbehörden sind, soweit ihr Inhalt überhaupt eine Vollstreckung zuläßt, nach ZPO. (§§ 704ff. ZPO.) zu vollstrecken.

Die Vollstreckung findet statt:

a) aus Vergleichen nach Güteversuch (§ 15 der 1. DV.), aus Vergleichen bei Streitigkeiten nach §§ 32, 36 REHG.,,

b) aus selbständigen Kostenentscheidungen (z. B. nach Antragsrücknahme),

c) aus allen Entscheidungen der Anerbenbehörden, gegen welche das Rechtsmittel der Beschwerde stattfindet,

d) aus endgültigen Vorentscheidungen des Vorsitzenden des Anerbengerichts (§ 19 der 1. DV.) und

e) aus Beschlüssen der Anerbenbehörden, welche sichernde Maßnahmen anordnen oder einstweilige Anordnungen treffen (§ 12 der 1. DV.).

Die Vollstreckung muß sich im Rahmen des Vollstreckungsschutzes der §§ 38, 39, 59 REHG. halten.

Die Vollstreckung setzt mit Ausnahme der Beschlüsse nach § 12 der 1. DV. die Rechtskraft der Entscheidung (Vollstreckungstitel) voraus. Die Vollstreckung darf nur beginnen, wenn der Vollstreckungstitel demjenigen zugestellt ist, gegen den vollstreckt werden soll (§ 750 ZPO.). Die Rechtskraft des Vollstreckungstitels wird vom Urkundsbeamten der Geschäftsstelle des Anerbengerichts für alle Vollstreckungstitel bestätigt (§ 11 der 1. DV., § 31 FGG.).

Der Urkundsbeamte erteilt das Rechtskraftszeugnis auf Grund der Akten, nötigenfalls unter Erholung eines Zwischenzeugnisses bei den Instanzgerichten.

Über Einwendungen von Beteiligten, welche die Zulässigkeit der Vollstreckungsklausel betreffen, entscheidet das Anerbengericht, welches die Vollstreckungsklausel erteilt hat, ohne vorgängige mündliche Verhandlung (§ 732 ZPO.). Gegen diese Entscheidung ist Beschwerde und weitere Beschwerde nach ZPO. möglich. Die Beschwerde geht also an das übergeordnete Landgericht. Das Anerbengericht kann die einstweilige Einstellung der Zwangsvollstreckung mit oder ohne Sicherheitsleistung gemäß § 732 Abs. 2 ZPO. anordnen. Einwendungen nach § 767 ZPO. setzen die Möglichkeit einer Klage beim Prozeßgericht voraus. Da das Reichserbhofrecht eine Klage in diesem Sinne nicht kennt, scheidet § 767 ZPO. für eine Anwendung im Verfahren vor den Anerbenbehörden aus. Dem Schuldner bleibt jedoch die Möglichkeit, im Wege eines Antrags das Anerbengericht um eine neue Sachentscheidung anzugehen, vorausgesetzt, daß der Antrag sich auf Einwendungen gründet, deren Vorbringen den Beteiligten innerhalb des früheren Verfahrens nicht möglich gewesen ist. Für den Fall der Widerspruchsklage ist das Amtsgericht zuständig, in dessen Bezirk die Zwangsvollstreckung erfolgt ist (§ 771 ZPO.). Über Einwendungen, welche die Art und Weise der Zwangsvollstreckung betreffen (§ 766 ZPO.), hat das Vollstreckungsgericht zu entscheiden (§ 764 ZPO.).

§ 51
Kosten

Die Gebühren und Kosten für das Verfahren vor den Anerbenbehörden werden durch Verordnung des Reichsministers der Justiz und des Reichsministers für Ernährung und Landwirtschaft geregelt[1].

1. Während die 1. Durchführungsverordnung den 4. Abschnitt zutreffend „Gebühren und Auslagen" überschreibt und auch § 51 des Gesetzes die zutreffende Überschrift „Kosten" wählt, ist im Text des § 51 von „Gebühren und Kosten" die Rede. Es sind hierunter die „Gebühren und Auslagen" zu verstehen, welche üblicherweise unter dem Gesamtbegriff „Kosten" zusammengefaßt werden. Gebühren sind bestimmte Pauschsätze für Abschnitte des Verfahrens. Auslagen sind z. B. die Schreibgebühren, die Zeugen- und Sachverständigengebühren.

Gebühren und Auslagen dürfen nur erhoben werden, soweit das in den Kostenvorschriften der 1. Durchführungsverordnung (§§ 49—58 der 1. DV.) und in den Bestimmungen des gemäß § 58 der 1. DV. ergänzend anzuwendenden Gerichtskostengesetzes vorgesehen sind. Für eine entsprechende Anwendung von Kostenvorschriften im Wege der Auslegung ist regelmäßig kein Raum.

Die Berechnung der Kosten ist Verwaltungstätigkeit und obliegt dem Urkundsbeamten der Geschäftsstelle. Gegen den Ansatz von Gebühren und Auslagen durch die Geschäftsstelle sind „Erinnerungen" des Zahlungspflichtigen zugelassen, über welche der Vorsitzende gebührenfrei entscheidet. Auch eine Berichtigung der Ansätze im Verwaltungswege ist möglich. Gegen die Entscheidung des Vorsitzenden des Anerbengerichts über die Erinnerungen ist Beschwerde zum Landgericht zulässig, soweit die Beschwerdesumme 50 RM. übersteigt. Die entsprechende Entscheidung des Vorsitzenden des Erbhofgerichts ist unanfechtbar (§§ 54, 55 der 1. DV.).

Im Verfahren vor den Anerbenbehörden werden die Gebühren nach dem Werte des Gegenstands erhoben (§ 49 Abs. 1 der 1. DV.). Volle Gebühr und Gebührensätze, §§ 50, 51 der 1. DV., Mindestgebühr 2 RM., § 49 Abs. 3 der 1. DV. Der Gegenstandswert wird vom Vorsitzenden nach freiem Ermessen entweder in einem Sonderbeschluß oder gleichzeitig in der Entscheidung über die Hauptsache festgesetzt (§ 53 Abs. 2 der 1. DV.). Gegen die Wertfestsetzung des Vorsitzenden des Anerbengerichts ist Beschwerde zum Landgericht zugelassen, soweit die Beschwerdesumme 50 RM. übersteigt. Das Landgericht entscheidet endgültig (§ 55 Abs. 1 der 1. DV.). Gegen die Wertfestsetzung durch den Vorsitzenden des Erbhofgerichts ist eine Beschwerde nicht möglich (§ 55 Abs. 2 der 1. DV.).

Im Verfahren nach §§ 10, 13, 15, 18, 21 Abs. 3, 25 des Gesetzes darf kein höherer Wert als 3000 RM. festgesetzt werden (§ 49 Abs. 2 der 1. DV.). Im Verfahren über Führung des Hofnamens werden keine Gebühren erhoben (§ 5 Abs. 5 der 3. DV.).

Die Gebühren werden in jedem Rechtszuge nur einmal erhoben (§ 51 Abs. 5 der 1. DV., s. aber § 51 Abs. 3 Nr. 3 der 1. DV.).

Gebühren der Rechtsanwälte und Notare, § 59 der 1. DV., § 10 der 2. DV., in Neufassung des § 9 der 3. DV.

Die Kostenentscheidung ist zugleich mit der Hauptsache zu treffen und kann nur mit dieser Entscheidung zusammen, nicht aber für sich allein, angefochten werden (§ 53 Abs. 1 der 1. DV.). Diese Anfechtung richtet sich nicht wie die Erinnerungen gegen den Ansatz von Gebühren und Auslagen, sondern gegen die Pflicht zur Tragung oder gegen die Auferlegung von Kosten. Sie erfolgt durch sofortige Beschwerde und sofortige weitere Beschwerde gemäß §§ 48, 49 REHG.

Kostenschuldner ist

a) der Antragsteller,

b) im Verfahren von Amts wegen oder auf Antrag einer Behörde (z. B. Vollstreckungsgericht, Notar, Versteigerungsbeamter, § 61 der 1. DV.), wenn die Entscheidung der Anerbenbehörden für das bei ihr schwebende Verfahren wesentlich ist, derjenige, dessen Belange wahrgenommen werden,

c) derjenige, dem vom Gericht die Kosten auferlegt werden. Kostenauferlegung ist zugelassen:

α) bei Streitigkeiten (§§ 22 Abs. 4, 5, 32, 36 Abs. 3 REHG.); hier entscheidet das Gericht nach billigem Ermessen darüber, wer die Kosten zu tragen hat oder wie sie zu verteilen sind. Das Gericht kann hiebei bestimmen, daß die außergerichtlichen Kosten ganz oder teilweise zu erstatten sind (§§ 103—107 ZPO.),

β) bei Antragsstellung durch einen Bauernführer, da diesem Kosten nicht auferlegt werden dürfen; hier entscheidet das Gericht über die Kostenauferlegung an die Beteiligten nach billigem Ermessen,

γ) bei unbegründeter Beschwerde: dem Beschwerdeführer können hier die Kosten in Höhe bis zu einer vollen Gebühr in an sich gebührenfreien Sachen auferlegt werden (§ 52 der 1. DV.).

Das Gericht kann aber auch:

a) aus besonderen Gründen anordnen, daß von der Erhebung der Gerichtskosten ganz oder teilweise abgesehen wird (§ 52 Abs. 1 S. 2 der 1. DV.),

b) die Kosten gemäß § 6 GKG. niederschlagen (vgl. Anm. 1 IX zu § 46),

c) das Armenrecht bewilligen. Ein Zeugnis nach § 118 Abs. 2 ZPO. soll regelmäßig genügen, um die volle oder teilweise Niederschlagung der Kosten oder deren Stundung wegen Armut zu begründen (§ 57 der 1. DV.).

Zahlungspflichtig ist der Kostenschuldner, d. h.:

a) die Person, welche nach dem Gesetz die Kosten zu tragen hat,

b) die Person, der das Gericht die Kosten auferlegt hat (§ 52 Abs. 6 der 1. DV.).

Die Fälligkeit der Kosten tritt mit der Beendigung des Verfahrens in der Instanz ein. Kostenvorschüsse werden grundsätzlich nicht erhoben (§ 52 Abs. 7 der 1. DV., vgl. aber § 13 Abs. 2 der 1. DV.).

Die Beitreibung der Kosten richtet sich nach den landesrechtlichen Vorschriften für die Beitreibung von Gerichtskosten, die Beitreibung der Kosten des Reichserbhofgerichts nach den Vorschriften, welche für die Beitreibung von Kosten des Reichsgerichts gelten (§ 56 der 1. DV.).

Gebühren und Auslagen der Zeugen und Sachverständigen, s. § 22 der 2. DV.

6. Abschnitt.

Erbhöferolle und Grundbuch

§ 52

(1) Die Erbhöferolle (§ 1 Abs. 3) wird beim Anerbengericht geführt[1].

(2) Die Eintragung der Erbhöfe erfolgt gebührenfrei[2].

(3) Die Einrichtung der Höferolle und das Eintragungsverfahren wird durch Verordnung des Reichsministers der Justiz geregelt[3].

Die Erbhöferolle ist ein öffentliches amtliches Verzeichnis derjenigen im Bezirke eines bestimmten Anerbengerichtes mit ihrer Hofstelle gelegenen Besitzungen, welche als Erbhöfe gelten. Im Gegensatz zum Grundbuch besitzt die Erbhöferolle keinen öffentlichen Glauben. Die in § 1 der 2. DV. an die Eintragung geknüpfte Rechtsvermutung kann durch Gegenbeweis entkräftet werden.

1. Die Erbhöferolle ist ein Verzeichnis der Erbhöfe, welche ihre Hofstelle im Bezirke eines Anerbengerichts haben (§ 1 Abs. 3 REHG.). Die Eintragung in die

Erbhöferolle hat nur rechtserklärende Bedeutung, d. h. der Erwerb der Erbhofeigenschaft erfolgt nicht etwa durch die Eintragung in die Rolle, vielmehr kraft Gesetzes. Die Eintragung eines Grundstücks in die Rolle begründet die Vermutung, daß das Grundstück Erbhofeigenschaft besitzt. Andererseits wird von dem Zeitpunkte an, in dem die Höferolle als angelegt anzusehen ist, vermutet, daß nicht in die Höferolle eingetragene Grundstücke Erbhofeigenschaft nicht besitzen (§ 1 der 2. DV.).

In die Erbhöferolle sind die Grundstücke des Erbhofs nach Wirtschaftsart, Größe und Grundbuchstelle vorzutragen. Das gilt auch soweit später Grundstücke zum Erbhof hinzu erworben werden (§ 27 Abs. 1 der 1. DV.). Die Höferolle ist nach Maßgabe der §§ 46, 47 der 1. DV. in regelmäßigen Zeiträumen von je 10 Jahren, aber auch bei Gelegenheit, zu ergänzen. Über die Führung der Erbhöferolle s. die AV. des Reichsministers der Justiz v. 27. Febr. 1934 (I f 579) — unten abgedruckt.

Die Einsicht der Höferolle ist jedem gestattet, welcher ein berechtigtes Interesse darlegt (§ 31 der 1. DV.). Ein berechtigtes Interesse liegt vor, wenn nach vernünftiger Erwägung der Sachlage die Einsicht gerechtfertigt ist. Ein wissenschaftliches Interesse allein genügt nicht. Das berechtigte Interesse muß dargelegt werden. Die Behauptung des Interesses muß durch Tatsachen begründet werden. Eine Glaubhaftmachung ist nicht notwendig. Doch kann sie das Gericht verlangen. Das Recht auf Einsicht beschränkt sich nicht nur auf die Höferolle selbst, sondern gilt auch für die Grundakten des Anerbengerichts und die nicht erledigten Akten. Die Einsicht darf nur während der Geschäftsstunden und in den Amtsräumen unter Aufsicht eines Beamten gestattet werden. Über die Gewährung der Einsicht entscheidet der Vorsitzende. Gegen die Ablehnung der Einsicht ist Beschwerde zum Landgericht zulässig (§ 19 FGG.). Behörden können auch schriftliche Aufschlüsse statt der Einsicht verlangen. Vgl. ferner Anm. 1, III zu § 46.

Verliert der Erbhof die Erbhofeigenschaft, so ist er in der Höferolle zu löschen (§ 28 Abs. 1 der 1. DV.). Ebenso sind einzelne Grundstücke zu löschen, welche vom Erbhof abgetrennt werden (§ 28 Abs. 2 der 1. DV.). Stellt sich nachträglich heraus (z. B. auf Grund einer Entscheidung oder gelegentlich eines Antrags), daß der Hof nicht Erbhof war, als die Eintragung erfolgte, so ist der Hof in der Rolle zu löschen. Bei Verlust der Bauernfähigkeit des Eigentümers bleibt der Hof Erbhof (§ 16 REHG.). War zur Zeit der Eintragung der Eigentümer des Hofes nicht deutscher Staatsangehöriger und sein Hof aus diesem Grunde nicht Erbhof, so ist dem Eigentümer eine angemessene Frist zu setzen, innerhalb welcher er den Erwerb der deutschen Staatsangehörigkeit nachzuweisen hat (§ 28 Abs. 3 der 1. DV.; vgl. aber auch § 3 der 2. DV.). Vgl. Anm. zu § 12.

Die Eintragungen in die Höferolle erfolgen von Amts wegen. Eintragungen und Löschungen in die Rolle werden:

a) vom Vorsitzenden des Anerbengerichts unter Angabe des Wortlauts verfügt,
b) vom Urkundsbeamten der Geschäftsstelle ausgeführt, und
c) von beiden unter Angabe des Tages unterzeichnet (§ 29 der 1. DV.).

Von allen Eintragungen und Löschungen ist der Erbhofeigentümer zu benachrichtigen. Der Benachrichtigung im Falle der Eintragung des Erbhofs ist eine beglaubigte Abschrift des Blattes der Erbhöferolle beizufügen (§ 30 der 1. DV.).

2. Gebührenfrei sind nicht bloß die Eintragungen der Erbhöfe in die Rolle, sondern auch Entscheidungen gemäß §§ 10, 13, 18 REHG., welche im Zusammenhang mit einem Verfahren zur Eintragung oder Löschung einer Besitzung in der Erbhöferolle ergehen (§ 51 Abs. 1 Nr. 2 der 1. DV.).

3. Die Vorschriften über die Einrichtung der Erbhöferolle usw. sind in den §§ 34—42 der 1. DV., die Berichterstattung über Besitzungen von mehr als 125 ha und das Verfahren bei Zulassung von Erbhöfen auf Grund des § 5 REHG. in den

§§ 42—45 der 1. DV. enthalten. Nachprüfung und Ergänzung der Erbhöferolle, §§ 46, 47 der 1. DV.

Die Anlegung der Erbhöferolle erfolgt auf Grund des Gemeindeverzeichnisses, welches die als Erbhöfe in Betracht kommenden Besitzungen enthält. Das Gemeindeverzeichnis wird nach gutachtlicher Stellungnahme der unteren Verwaltungsbehörde unter Prüfung vom Vorsitzenden des Anerbengerichts durchgesehen. Das Ergebnis ist das gerichtliche Verzeichnis. Ein Auszug aus dem gerichtlichen Verzeichnis ist jedem Eigentümer zuzustellen. Das gerichtliche Verzeichnis ist ferner ein Monat lang an der Gerichtstafel auszuhängen und in Abschrift bei den Gemeindevorstehern zur Einsicht aufzulegen. Eine weitere Abschrift ist dem Kreisbauernführer zuzustellen. Dieser und die Beteiligten können gemäß §§ 37, 38, 39 der 1. DV. Einspruch zum Anerbengericht einlegen. Über den Einspruch wird durch Gerichtsbeschluß entschieden. Soweit ein Einspruch nicht eingelegt ist oder der Einspruch rechtskräftig abgewiesen ist, werden die Höfe in die Rolle eingetragen. Vordrucke, s. Anlagen zur 1. DV. Über das Einspruchsverfahren bei Anlegung der Höferolle vgl. Dr Bergmann in Deutsche Justiz 1934 S. 187ff. — Inhalt und Aushang des gerichtlichen Verzeichnisses s. AV. des Reichsministers der Justiz v. 27. Febr. 1934 (I f 311) — Deutsche Justiz S. 270.

§ 53

Grundbuchvermerk

(1) Die Eintragung in die Höferolle ist auf Ersuchen des Vorsitzenden des Anerbengerichts bei den zum Erbhof gehörenden Grundstücken im Grundbuch zu vermerken. Der Vermerk erfolgt gebührenfrei[1].

(2) Die zum Erbhof gehörenden Grundstücke sind auf ein besonderes Grundbuchblatt einzutragen[2]. Das Grundbuchamt soll tunlichst darauf hinwirken, daß der Bauer sie durch entsprechende Eintragung im Grundbuch zu einem Grundstück vereinigen läßt[3].

1. Eine Angabe über die Erbhofeigenschaft eines Grundstücks gehört ebensowenig zu dem öffentlichen Glauben genießenden Inhalt des Grundbuchs nach § 892 BGB. wie etwa tatsächliche Angaben des Grundbuchs, z. B. über Zweckbestimmung, Kulturart, Lage, Größe eines Grundstücks. Das Gesetz hat jedoch der Vollständigkeit des Grundbuchs wegen eine Eintragung der Erbhofeigenschaft im Grundbuch vorgesehen. Diese Eintragung begründet dieselbe Rechtsvermutung wie die Eintragung in die Höferolle selbst (vgl. § 1 der 2. DV.).

Bestimmung des zuständigen Grundbuchamts bei Streit oder Ungewißheit über die örtliche Zuständigkeit, § 10 Abs. 2 der 3. DV.

Gleichzeitig mit der Eintragung des Erbhofs in die Erbhöferolle übersendet der Vorsitzende des Anerbengerichts dem Grundbuchamt eine Abschrift des Blattes der Höferolle mit dem Ersuchen, im Grundbuch bei den Grundstücken, welche zum Erbhof gehören, den Erbhofvermerk einzutragen (§ 32 Abs. 1 der 1. DV.). Der Vorsitzende des Anerbengerichts benachrichtigt das Grundbuchamt auch gelegentlich des Hinzuerwerbs eines Grundstücks, der Löschung eines Grundstücks und der Löschung des Erbhofs in der Höferolle von den bezüglichen weiteren Eintragungen in die Rolle mit dem Ersuchen, im Grundbuch den Erbhofvermerk entsprechend einzutragen oder zu löschen (§ 32 Abs. 3 der 1. DV.). Die bei den Grundbuchanlagen (Grundakten) befindliche Abschrift der Höferolle ist hiebei vom Urkundsbeamten der Geschäftsstelle des Grundbuchamts auf dem Laufenden zu halten (§ 32 Abs. 4 der 1. DV.).

Das Grundbuchamt hat die Ersuchen des Anerbengerichts auf Eintragung oder Löschung des Erbhofsvermerks ohne weitere Prüfung zu vollziehen. Eine Löschung des Erbhofsvermerks von Amts wegen (§ 54 GBO.) ist unzulässig. Die Löschung ist nur auf Ersuchen des Anerbengerichts möglich.

Der Wortlaut des Erbhofvermerks für das Grundbuch ist im § 32 Abs. 2 der 1. DV. enthalten.

Einsicht des Grundbuchs, § 11 GBO.; für Bauernführer und deren Beauftragte ohne Darlegung eines berechtigten Interesses auch in die Grundakten, Erteilung von Abschriften an die Bauernführer, Gebührenfreiheit, § 11 der 3. DV.

2. Für die Erbhofgrundstücke ist ein gemeinschaftliches besonderes Grundbuchblatt zu führen. Nicht zum Erbhof gehörige Grundstücke dürfen auf diesem Grundbuchblatt nicht vorgetragen werden (§ 33 Abs. 1 der 1. DV.). Um die notwendige Übereinstimmung von Erbhöferolle und Grundbuchblatt des Erbhofs und die Beachtung des § 37 REHG. sicherzustellen, hat das Grundbuchamt dem Anerbengericht Nachricht zu geben, wenn der Bauer ein Grundstück zum Erbhof hinzuerwirbt oder ein zum Erbhof gehöriges Grundstück veräußert (§ 33 Abs. 2 der 1. DV.). Angesichts der Beschränkung der Zwangsvollstreckung in den Erbhof ist von der Anlage eines gemeinschaftlichen Grundbuchblattes für alle Erbhofgrundstücke eine Verwirrung nicht zu besorgen. Eine verschiedenartige Belastung der einzelnen Grundstücke ist auf dem gemeinschaftlichen Blatt kenntlich zu machen. Die Anlage eines gemeinschaftlichen Blattes ist selbstverständlich auch zulässig, wenn die Grundstücke des Erbhofs in den Bezirken mehrerer Grundbuchämter desselben Landes liegen. § 10 Abs. 1 der 3. DV.

Die Aufhebung des gemeinschaftlichen Grundbuchblattes erfolgt von Amts wegen, wenn die Erbhofeigenschaft wegfällt.

3. Durch Eintragung der Erbhofgrundstücke auf ein gemeinschaftliches besonderes Grundbuchblatt verlieren diese Grundstücke noch nicht ihr selbständiges Rechtsdasein. Das gemeinschaftliche Blatt ist vielmehr Grundbuchblatt für jedes der mehreren Erbhofgrundstücke i. S. des § 3 GBO.

Wenn aber die Erbhofgrundstücke gem. § 53 Abs. 2 S. 2, worauf das Grundbuchamt hinwirken soll, zu einem Grundstück vereinigt werden (§ 890 Abs. 1 BGB.), was durch entsprechende Eintragung im Titel (Aufschrift) zu vermerken ist, werden die zum Erbhof gehörigen Grundstücke eine rechtliche Einheit. Die Wiederaufhebung der Vereinigung ist keine Verfügung über Grundstücke, die der Genehmigung des Anerbengerichts aus § 37 Abs. 2 REHG. bedürfte. Es kann Fälle geben, in denen sich eine Vereinigung der Erbhofgrundstücke zu einem Grundstück nicht empfiehlt, z. B. bei parzellierten Baugrundstücken, deren Wegveräußerung vom Erbhof in Aussicht steht, oder bei Streubesitz, der Grundstückstausch erwarten läßt.

Für die Vereinigung der zum Erbhof gehörigen Grundstücke zu einem Grundstück sowie die gerichtliche Beurkundung eines hierauf gerichteten Antrags werden Gebühren nicht erhoben (§ 23 der 1. DV.).

7. Abschnitt.

Schlußvorschriften

§ 54.

Örtliche Zuständigkeit der Kreis- und Landesbauernführer

Für die örtliche Zuständigkeit der Kreis- und Landesbauernführer ist der Ort maßgebend, an dem sich die Hofstelle des Erbhofs befindet[1].

Im Reichserbhofgesetz ist eine weitgehende Mitwirkung des Reichsnährstandes durch die Bauernführer vorgesehen. Das Mitwirkungsrecht ergibt sich aus den Aufgaben des Reichsnährstandes, wie sie in den §§ 2, 3 der 1. Verordnung über den vorläufigen Aufbau des Reichsnährstandes vom 8. Dez. 1933 aufgeführt sind.

1. Der Reichsnährstand, der ein Selbstverwaltungskörper des öffentlichen Rechtes und dessen Führer und gesetzlicher Vertreter der vom Reichskanzler ernannte Reichsbauernführer ist (§ 10 Abs. 1 der 1. V. über den vorl. Aufbau des Reichsnährstandes v. 8. Dez. 1933), gliedert sich in Ortsbauernschaften, welche innerhalb des Kreises unter Führung des Kreisbauernführers und innerhalb eines deutschen Landes unter Führung des Landesbauernführers zusammengeschlossen sind.

Soweit eine Mitwirkung der Bauernführer im Reichserbhofgesetz und den Durchführungsvorschriften vorgeschrieben ist, ist für die örtliche Zuständigkeit der Bauernführer die Lage der Hofstelle des Erbhofs maßgebend. Diese Regelung entspricht der örtlichen Zuständigkeit des Anerbengerichts, für welche gleichfalls die Lage der Hofstelle entscheidend ist.

Die sachliche Mitwirkung des Reichsbauernführers ist vorgeschrieben:

a) im Falle des § 15 Abs. 3 REHG. (Antrag auf strenge Abmeierung),

b) im Falle des § 25 Abs. 5 REHG.: wenn Anerben der im § 20 REHG. bezeichneten Ordnungen nicht vorhanden sind, der Erblasser einen Anerben nicht bestimmt hat oder der von ihm bestimmte Anerbe nicht bauernfähig ist, so bestimmt der Reichsbauernführer den Anerben,

c) der Reichsbauernführer schlägt die bäuerlichen Beisitzer der Erbhofgerichte vor, § 5 Abs. 2 der 1. DV.,

d) er schlägt die Reichserbhofrichter vor, § 6 Abs. 8 der 1. DV. (Fassung des § 8 der 3. DV.).

Die Mitwirkung des Landesbauernführers ist vorgeschrieben:

a) bei der Entstehung eines Erbhofs durch besondere Zulassung, § 5 Abs. 1 REHG.,

b) bei Übertragung der Verwaltung und Nutznießung nach § 15 Abs. 2 REHG.,

c) durch selbständiges Beschwerderecht nach § 49 Abs. 2 REHG. in den Fällen, in welchen der Kreisbauernführer zur sofortigen Beschwerde berechtigt ist,

d) durch Mitwirkung bei der Berichterstattung über Besitzungen von mehr als 125 ha nach § 43 Abs. 5 der 1. DV.,

e) durch Mitwirkung bei der besonderen Zulassung eines Erbhofs, § 44 Abs. 4 der 1. DV.

Die Mitwirkung des Kreisbauernführers ist vorgesehen:

a) durch Antragsrecht nach §§ 10, 18 REHG.,

b) durch Mitwirkung bei Übernahme einer Schuld durch den Reichsnährstand, § 39 Abs. 3 REHG., § 65 der 1. DV.,

c) durch Vorschlag der bäuerlichen Beisitzer der Anerbengerichte, § 44 REHG.,

d) durch selbständiges Recht der sofortigen Beschwerde in den Fällen der §§ 10, 15 Abs. 3, 18, 21 Abs. 3, 25, 27 Abs. 2 REHG., §§ 6, 7 der 2. DV. nach § 48 Abs. 2 REHG.,

e) durch Mitwirkung bei der besonderen Zulassung eines Erbhofs, § 44 Abs. 4 der 1. DV.,

f) durch Einspruchsrecht bei der regelmäßigen Nachprüfung der Erbhöferolle, § 46 Abs. 3, 47 der 1. DV.

g) bei Entscheidungen gem. § 5 der 3. DV. (Hofname).

Den Bauernführern und ihren Beauftragten ist die Anwesenheit bei der mündlichen Verhandlung vor den Anerbenbehörden nach Maßgabe ihrer eigenen örtlichen Zuständigkeit gestattet. Sie sind zur Amtsverschwiegenheit hinsichtlich der Sachen verpflichtet, mit denen sie auf Grund des Reichserbhofgesetzes oder seiner Durchführungsverordnungen befaßt sind (§ 10 der 1. DV.). Kreis- und Landesbauernführer sind kraft Gesetzes von der Ausübung des Richteramts ausgeschlossen, wenn sie das Verfahren durch ihren Antrag in Gang gebracht oder in der Sache Beschwerde eingelegt haben (§ 21 der 2. DV).

Sie haben ohne Darlegung eines berechtigten Interesses Einsicht in Grundbuch, Erbhöferolle, Akten, Grundakten, können Abschriften verlangen. § 11 der 3. DV.

§ 55

Befreiung von der Erbschafts- und Grunderwerbssteuer

Der Anerbe hat für den Übergang des Erbhofs keine Erbschaftssteuer oder Grunderwerbssteuer zu zahlen[1 2].

Für den Übergang des Erbhofs auf den Anerben und zur Erleichterung der Neubildung von Erbhöfen gewähren das Gesetz und die Durchführungsverordnungen Freiheit und Ermäßigung von Steuern, Kosten und Abgaben.

1. Die Befreiung des § 55 kommt nur dem Anerben zugute, d. h. der Person, welche kraft Gesetzes oder Verfügung von Todes wegen als Anerbe des Erblassers berufen ist oder berufen wäre, wenn der Erbhofeigentümer zur Zeit der Veräußerung unter Lebenden gestorben wäre. Erbschaftssteuerpflicht ist ja nur für den Übergang des Erbhofs im Erbwege gegeben, während die Grunderwerbsteuer für den Übergang des Erbhofs unter Lebenden (z. B. Übergabe, Verkauf usw.) in Betracht kommt. Soweit der Anerbe am übrigen Nachlaß Teil hat (§§ 33, 35 REHG.), kann er auf eine Steuerbefreiung keinen Anspruch erheben. Bei den Miterben des Anerben, die an sich auf den übrigen Nachlaß beschränkt sind, hat eine Steuerbefreiung oder sonstige Erleichterung keine Berechtigung.

2. Außerhalb des Rahmens des § 55 sind noch folgende Erleichterungen vorgesehen:

a) Der Anerbe hat für den Übergang des Erbhofzubehörs samt Zugehör (§§ 8, 9 FEHG., § 2 der 2. DV.) keine Grundstückszubehörsteuer (Inventarsteuer) zu bezahlen. Dies gilt auch in den Fällen des § 67 Abs. 1, 3 der 1. DV. — § 24 der 2. DV. in der Fassung des § 12 der 3. DV.

b) Von der Erhebung der Grunderwerbsteuer, Erbschaftsteuer, von Stempelabgaben, sowie von Gerichtskosten für die Umschreibung im Grundbuch wird unter Ermäßigung der notariellen und gerichtlichen Gebühren für die Beurkundung der notwendigen Erklärungen auf die Hälfte abgesehen:

aa) wenn ein sonst erbhoffähiges Grundeigentum (§§ 1—4, 6 REHG.), das in nach Reichserbhofrecht unzulässigem Eigentum oder Miteigentum (§ 17 REHG.) steht, nach dem 30. Sept. 1933 in das Alleineigentum einer bauernfähigen Person überführt wird und das Grundeigentum hiedurch Erbhof wird,

bb) wenn ein Grundeigentum von über 125 ha nach dem 30. Sept. 1933 aus nach Reichserbhofrecht unzulässigem Eigentum oder Miteigentum (§ 17 REHG.) unter Zulassung gemäß § 5 REHG. auf unverzüglich gestellten Antrag im das Alleineigentum einer bauernfähigen Person überführt und hiedurch Erbhof wird (§ 67 der 1. DV.).

Die Fälle des im Übergang gemäß §§ 62 Abs. 1, 4 der 1. DV., § 5 der 2. DV., § 1 der 3 DV. zugelassenen Miteigentums werden von der Bestimmung des § 67 Abs. 1 der 1. DV. nicht erfaßt, weil hier schon vor Überführung der Besitzung in das Alleineigentum einer bauernfähigen Person die Besitzung Erbhof war.

§ 56

Auslegungsregel

Entstehen bei Anwendung dieses Gesetzes Zweifel, so hat der Richter so zu entscheiden, wie es dem in den Einleitungsworten dargelegten Zweck des Gesetzes entspricht[1].

Während § 61 REHG. über die Fortentwicklung des REHG. bestimmt, enthält 56 eine Vorschrift über die Auslegung des Gesetzes in Zweifelsfällen.

1. Die Vorschrift des § 56 richtet sich an alle Richter der Anerbenbehörden, gleich b sie beamtete oder bäuerliche Richter sind, und gilt für die Anwendung des Gesetzes einschließlich der Durchführungsverordnungen. Insbesondere wo Gesetz und Durchführungsverordnungen nach ihrem Wortlaut bei ihrer Anwendung eine verchiedene Art der Auslegung zulassen oder wo sie zwar nicht den zu entscheidenden Tatbestand, aber einen verwandten Tatbestand regeln, ist bei der Entscheidung vom Zweck des Gesetzes auszugehen, wie er in den Einleitungsworten zum Gesetze darelegt ist. Die Grundsätze des Reichserbhofrechts ergeben sich hienach insbesondere us dem Begriffe des Erbhofs, des Bauern, seiner Bedeutung für das Volksganze, us der Verbundenheit zwischen Erbhof und Bauer, der Ungeteiltheit, Unveräußerichkeit und Unbelastbarkeit des Erbhofs, aus dem Begriffe und Sinn der Anerbenolge, wie sie in den erbrechtlichen Bestimmungen des 3. Abschnittes entwickelt ist, us dem Begriffe des Hofgeschlechts und seiner Verbundenheit mit dem Erbhof.

Die Auslegung ist ausschließlich aus dem in den Einleitungsworten zum Gesetze argelegten Gesetzeszweck zu schöpfen. Die Rechtsprechung darf nicht von sich aus elbständig neue Grundsätze des Reichserbhofrechts im Wege des § 56 entwickeln vollen. Die Auslegung kann also nur bestehende Vorschriften „auslegen". Das „Ergänzen" und „Abweichen", d. h. die Schaffung neuer Rechtsgrundsätze ist Sache er Gesetzgebung (s. § 61 REHG.). Die „entsprechende" oder „sinngemäße" Anvendung des Gesetzes gehört in den Rahmen der Auslegung.

§ 57

Inkrafttreten

(1) Dieses Gesetz tritt am 1. Oktober 1933 in Kraft[1].

(2) Es hat Wirkung für die Erbfälle, die nach diesem Zeitpunkt eintreten[2].

Um eine möglichst reibungslose und durchgreifende Wirkung des neuen Bauernechtes zu erzielen, wurden Gesetz und Durchführungsverordnung mit einem äußerst kurzen Termin nach Verkündung bzw. sogar mit Rückwirkung in Kraft esetzt.

1. Das Reichserbhofgesetz und die drei ergangenen Durchführungsverordungen — die 2. Durchführungsverordnung mit Ausnahme der am Tage der Verkündung (21. Dez. 1933) in Kraft getretenen §§ 5 und 27 und die 3. Durchführungserordnung mit Ausnahme der am Tage der Verkündung (30. April 1934) in Kraft etretenen §§ 3, 5, 8 bis 11 — sind gleichzeitig am 1. Okt. 1933 in Kraft getreten.

Die Durchführungsverordnungen enthalten:

a) Ausführungsbestimmungen (§§ 60, 61, 65—67 der 1. DV., §§ 1—4, 8—11, 3—16, 18, 21—24, 26, 27 der 2. DV.), 3, 5, 6, 7, 8, 9, 10, 11, 12 der 3. DV.).

b) Übergangsvorschriften (§§ 62 Abs. 1, 4, 63, 64 Abs. 4, 5, 65, 68 der 1. DV., , 6, 7, 8, 12, 17, 19, 20, 25, 28 der 2. DV.), 1, 2, 4 der 3. DV.).

c) Vorschriften über Einrichtung der Anerbenbehörden, §§ 1 mit 10 der 1. DV.; Vorschriften über das Verfahren, §§ 11 mit 26 der 1. DV.; Vorschriften über die Erbhöferolle, §§ 27 mit 48 der 1. DV.; Vorschriften über Gebühren und Auslagen, §§ 49 mit 59 der 1. DV.

Im Reichserbhofgesetz selbst finden sich folgende Übergangsbestimmungen: §§ 21 Abs. 7, 58 und 59.

2. Insoweit Rechtshandlungen ihre rechtsverändernde Wirkung bereits vor dem 1. Okt. 1933 geäußert haben, bleiben sie grundsätzlich für eine rückwirkende Anwendbarkeit des Reichserbhofrechts außer Betracht. Anders dagegen, wenn vor dem 1. Okt. 1933 ihre Rechtswirkung noch nicht eingetreten ist. Daher ist z. B. Genehmigung des Anerbengerichts nach § 37 REHG. nötig, wenn bei einem Verkauf die Auflassung durch Eintragung im Grundbuch noch nicht wirksam geworden ist (§ 15 Abs. 2 der 2. DV.). Die Frage gewinnt besondere Bedeutung für die Rechtswirkung von Verfügungen von Todes wegen, die vor dem 1. Okt. 1933 errichtet sind, wenn der Erbfall erst nach dem 1. Okt. 1933 eintritt. Um jeden Zweifel zu beseitigen, ist durch Absatz 2 des § 57 die Wirkung des Gesetzes ausdrücklich auf alle Erbfälle, die nach dem 1. Okt. 1933 eintreten, vorgeschrieben, ohne Rücksicht auf den Zeitpunkt der Errichtung der Verfügung von Todes wegen. Hieraus folgt, daß vor dem 1. Okt. 1933 errichtete Verfügungen von Todes wegen in bezug auf einen nach dem 1. Okt. 1933 eingetretenen Erbfall nur insoweit Rechtswirkung äußern können, als sie inhaltlich mit den Bestimmungen des Gesetzes nicht im Widerspruch stehen. Vgl. Anm. II zu § 24.

Ist bei gemeinschaftlichen Verfügungen von Todes wegen (gemeinschaftliches Testament, Erbvertrag) der eine Teil bereits gestorben oder ist eine Vorerbschaft bereits angefallen, so kann an den Bestimmungen, die sich auf den Tod des Überlebenden bzw. auf den Eintritt der Nacherbfolge beziehen, grundsätzlich nichts mehr geändert werden. Hier gibt die Übergangsbestimmung des § 68 der 1. DV. die Möglichkeit, dem letzten Willen, soweit er sich auf den Tod des Überlebenden bzw. auf die Nacherbfolge bezieht, in gewissen Grenzen Rechtswirksamkeit zu belassen, obwohl der unmittelbare Inhalt der letztwilligen Verfügung gegen die Normen des Reichserbhofrechtes verstößt.

Der Abs. 1 des § 68 der 1. DV. setzt voraus, daß:

a) „Ehegatten" vor dem Inkrafttreten des Gesetzes sich gegenseitig zu Erben eingesetzt und eine Bestimmung bezüglich der Beerbung des Überlebenden getroffen haben (§ 2269 BGB.),

b) daß einer der Ehegatten vor dem Zeitpunkt, in dem die Besitzung Erbhof geworden ist — § 25 der 2. DV. — gestorben ist.

Es sind zwei Fälle zu unterscheiden:

1. Soll nach den Bestimmungen der Verfügung von Todes wegen der Nachlaß nach dem Tode des Überlebenden an bestimmte Verwandte des Erstverstorbenen fallen, so fällt der Erbhof an denjenigen dieser eingesetzten Verwandten, der nach dem Reichserbhofgesetz nächstberufener Anerbe des Erstverstorbenen ist. Ist unter diesen keine anerbenfähige Person, so tritt gesetzliche Anerbenfolge ein.

2. Soll nach der gemeinschaftlichen Verfügung von Todes wegen ein bestimmter Verwandter des Erstverstorbenen allein den Hof übernehmen, sei es als Alleinerbe, Vermächtnisnehmer oder auf Grund einer Teilungsanordnung, so fällt der Hof diesem Verwandten als Anerben an, falls er zu den Personen gehört, die nach § 25 des Gesetzes als Anerbe des Erstverstorbenen hätten bestimmt werden können. Andernfalls tritt auch hier gesetzliche Anerbenfolge ein.

Abs. 2 des § 68 der 1. DV. betrifft den Fall der Einsetzung eines Nacherben gemäß § 2100 BGB. unter der Voraussetzung, daß die Vorerbschaft vor dem 1. Okt.

1933 angefallen ist. Hier muß der Erblasser in der Verfügung von Todes wegen bestimmt haben, daß beim Tode des Vorerben einer der Nacherben allein den Hof übernehmen soll. Gehört dieser Nacherbe zu den Personen, die nach § 25 des Gesetzes als Anerbe des Erblassers hätten bestimmt werden können, so fällt ihm der Hof als Anerben an. Hat der Erblasser eine solche Verfügung nicht getroffen, so fällt der Hof beim Tode des Vorerben in allen Fällen an denjenigen als Anerben, der Anerbe wäre, wenn der Erblasser im Zeitpunkt des Todes des Vorerben gestorben wäre. Der § 68 der 1. DV. gilt nicht für Erbverträge von Nicht-Ehegatten.

§ 58

Übergangsvorschrift zu § 23 (Mehrere Erbhöfe)

Besitzt der Erblasser mehrere Erbhöfe[1], so kann er durch Testament oder Erbvertrag in Abweichung von § 23 bestimmen[2], daß bei dem ersten[3] nach dem Inkrafttreten dieses Gesetzes eintretenden Erbfall insgesamt zwei Erbhöfe auf einen Anerben entfallen, wenn der Anerbe ein Sohn oder Sohnessohn ist und beide Höfe zusammen einhundertfünfundzwanzig Hektar nicht übersteigen[4].

Es ist Grundsatz des Gesetzes, daß im Erbwege nur ein Erbhof auf einen Anerben übergehen soll. Durch § 58 ist für die Übergangszeit unter gewissen Voraussetzungen zugelassen, daß der Erblasser, welcher mehrere Erbhöfe hat, auch für zwei Erbhöfe den gleichen Anerben bestimmen kann.

1. D. h. mehr als einen Erbhof.

2. Eine Zustimmung des Anerbengerichts ist hiebei nur notwendig, soweit sie nach § 25 Abs. 1 REHG. für die Bestimmung der Person des Anerben erforderlich ist, nicht aber für die Bestimmung nach § 58 als solche.

3. Bei Alleineigentum des Erblassers ist das der erste Erbfall nach dem Zeitpunkt, in welchem die mehreren Erbhöfe Erbhofeigenschaft erlangt haben. Bei zulässigem Miteigentum von Ehegatten ist als erster Erbfall noch der Tod des überlebenden Ehegatten anzusehen, wenn zunächst dieser Anerbe des erstverstorbenen Ehegatten geworden ist. § 4 der 3. DV.

4. Die Bestimmung d. Anerben nach § 58 kann der Erblasser nur vornehmen, wenn:
a) der Anerbe ein Sohn oder Sohnessohn ist, also der ersten Anerbenordnung des § 20 REHG. angehört,
b) beide Höfe zusammen 125 ha, also die Erbhofhöchstgrenze, nicht übersteigen.

§ 59

Übergangsvorschrift zu §§ 38, 39 (Vollstreckung)

Die Vorschriften des § 39 über die Vollstreckung in die landwirtschaftlichen Erzeugnisse des Erbhofs finden bis zu einer anderen, im Wege der Durchführungsverordnung zu treffenden Regelung auch auf die Vollstreckung wegen privatrechtlicher Geldforderungen Anwendung[1].

Auf die Vollstreckung in die landwirtschaftlichen Erzeugnisse des Erbhofs wegen privatrechtlicher Geldforderungen sind durch § 59 für den Übergang die Vorschriften über die Vollstreckung wegen öffentlich-rechtlicher Geldforderungen des § 39 des Gesetzes für anwendbar erklärt.

1. Vgl. die Anm. zu §§ 38, 39 REHG. Die Vollstreckungsmöglichkeit des § 59 ist auf die Übergangszeit beschränkt. Auch hier ist die Vollstreckung in den Erbhof ausgeschlossen (§ 38 Abs. 1 REHG.) und nur in die landwirtschaftlichen Erzeugnisse des Erbhofs zulässig (§ 38 Abs. 2 REHG.), soweit diese Erzeugnisse nicht zum Zubehör des Erbhofs gehören (§ 98 Nr. 2 BGB.) und nicht zum Unterhalt des Bauern oder seiner Familie bis zur nächsten Ernte erforderlich sind (§ 39 Abs. 1 REHG.). Um wegen einer privatrechtlichen Forderung von über 150 RM. Hauptsache vollstrecken zu können, muß der Gläubiger dem Kreisbauernführer den Vollstreckungstitel mit der Erklärung zustellen lassen, daß er die Zwangsvollstreckung einleiten wolle (§ 39 Abs. 2 und 4 REHG.). Erst nach Ablauf einer Frist von einem Monat nach dieser Zustellung darf die Vollstreckung beginnen. Innerhalb der Frist kann jedoch der Kreisbauernführer die Schuld durch schriftliche Erklärung gegenüber dem Gläubiger mit der Wirkung des § 39 Abs. 3 REHG. übernehmen. Insoweit der Reichsnährstand den Gläubiger befriedigt, geht dessen Forderung auf ihn über (§ 39 Abs. 4 REHG.).

Die Vollstreckung wegen privater Geldforderungen unter 150 RM. Hauptsache ist in die landwirtschaftlichen Erzeugnisse ohne Beschränkung zulässig.

Vgl. noch § 20 der 2. DV. wegen des Früchtepfandrechtes aus Ansprüchen gemäß § 1 der Notverordnung zur Sicherung der Düngemittel- und Saatgutversorgung vom 19. Jan. 1933 und § 1 des Gesetzes zur Versorgung mit Schädlingsbekämpfungsmitteln und Hopfenbindematerial vom 25 April 1933.

§ 60

Landesgesetze

(1) Mit dem Inkrafttreten dieses Gesetzes treten die landesgesetzlichen Vorschriften über das Anerbenrecht außer Kraft[1].

(2) Unberührt bleiben die landesgesetzlichen Vorschriften über das Anerbenrecht bei den auf Grund der Gesetze über Auflösung der Fideikommisse gebildeten Gütern (insbesondere Waldgütern und Deichgütern), soweit sie nicht Erbhof werden, sowie bei Erbpachtgütern[2].

Da das Reichserbhofgesetz ein allgemeines deutsches Bauernrecht schaffen wollte, war es nötig, eine Reihe von Landesgesetzen aufzuheben, die gemäß Art. 64 des EGzBGB. noch in Geltung waren. Soweit bisherige landesgesetzliche Vorschriften über das Anerbenrecht unberührt bleiben, wurde dies ausdrücklich festgelegt.

1. Außer Kraft sind nunmehr folgende landesgesetzliche Vorschriften:

A. Preußen:

a) Gesetz vom 21. Febr. 1881, betreffend das Höferecht im Kreise Herzogtum Lauenburg (GS. S. 19),

b) Landgüterordnung für die Provinz Brandenburg, vom 10. Juli 1883 (GS. S. 111),

c) Landgüterordnung für die Provinz Schlesien, vom 24. April 1884 (GS. S. 121),

d) Landgüterordnung für die Provinz Schleswig Holstein mit Ausnahme des Kreises Herzogtum Lauenburg, vom 2. April 1886 (GS. S. 117),

e) Landgüterordnung für den Regierungsbezirk Kassel mit Ausnahme des Kreises Rinteln, vom 1. Juli 1887 (GS. S. 315),

f) Gesetz vom 8. Juni 1896, betr. das Anerbenrecht bei Renten- und Ansiedlungsgütern (GS. S. 124; vgl. jedoch § 26 der 2. DV.),

g) Gesetz vom 2. Juli 1896, betr. das Anerbenrecht bei Landgütern in der Provinz Westfalen und in den Kreisen Rees, Essen (Land), Essen (Stadt), Duisburg-Ruhrort und Mülheim a. d. Ruhr (GS. S. 139),

h) Höfegesetz für die Provinz Hannover, Fassung der Bekanntmachung vom 9. August 1909 (GS. S. 662),

i) Höfegesetz für den Kreis Grafschaft Schaumburg, Fassung der Bekanntmachung vom 20. Juli 1910 (GS. S. 115),

k) Gesetz vom 15. Mai 1933, über das bäuerliche Erbhofrecht (GS. S. 165) mit den Ausführungsvorschriften (GS. S. 310, 321, 333).

B. Bayern:

Gesetz vom 22. Februar 1855, die landwirtschaftlichen Erbgüter betr. (Gesetz- und Verordnungsbl. S. 49); bereits aufgehoben durch § 2 des Gesetzes über Aufhebung der Familienfideikommisse vom 28. März 1919, in welchem bestimmt wurde, daß landwirtschaftliche Erbgüter nicht mehr errichtet werden dürfen und die bestehenden aufgehoben wurden.

C. Württemberg:

Gesetz vom 14. Februar 1930, über das Anerbenrecht (Wü.RBl. S. 5).

D. Baden:

Gesetz vom 20. August 1898, die geschlossenen Hofgüter betr. (GVBl. S. 405).

E. Hessen:

Gesetz vom 11. September 1858, die landw. Erbgüter betr. (RBl. S. 537).

F. Mecklenburg:

a) Schwerin: Verordnung vom 8. April 1899 (RBl. S. 152), soweit sie sich nicht auf Erbpachtgüter beziehende anerbenrechtliche Vorschriften erstreckt.

b) Strelitz: Gesetz vom 20. April 1922, 1. Mai 1925 und 8. April 1926, über das Anerbenrecht (Amtl. Anzeiger S. 201, 127, 223).

G. Braunschweig:

Gesetz vom 28. März 1874 und 22. März 1919, den bäuerlichen Grundbesitz betreffend (GS. S. 43 bzw. S. 81).

H. Oldenburg:

Gesetz vom 19. April 1899 und 25. Mai 1921, betr. das Grunderwerbrecht (GBl. S. 391 bzw. S. 162).

J. Lippe-Detmold:

Gesetz vom 12. August 1933, betr. das bäuerliche Erbhofrecht (GS. S. 145).

K. Schaumburg-Lippe:

Gesetz vom 24. März 1909, betr. die geschlossenen Bauernhöfe und das Anerbenrecht (LandesV. S. 371).

L. Bremen:

Gesetz vom 18. Juli 1899, 29. Juni 1923, betr. das Höferecht im Landgebiet (GBl. S. 327 bzw. S. 407).

M. Lübeck:

§ 148 des AGzBGB.

2. Unberührt bleiben die landesgesetzlichen Vorschriften über das Anerbenrecht:

a) bei den auf Grund der Gesetze über Auflösung der Familienfideikommisse gebildeten Gütern, soweit sie nicht kraft Gesetzes Erbhof werden: die Fideikommisse waren gemäß Art. 155 Abs. 2 RV. aufzulösen. Hinsichtlich der Anwendung des Erbhofrechts sind die ehemaligen Fideikommisse nun wie anderes Grundeigentum zu behandeln. Sie werden Erbhof, wenn sie die gesetzlichen Voraussetzungen des REHG. erfüllen. Sie können gemäß § 5 REHG. besonders zugelassen werden.

Hierher gehören die Wald- und Deichgüter, welche größeres Grundeigentum an Waldbesitz oder Grundeigentum an Deichen aus Gründen der Wirtschaftlichkeit und

Erhaltung der Deiche zusammenfassen. Preußen hat im Zwangsauflösungsgesetz vom 22. April 1930 (GS. S. 125) das Anerbenrecht für diese Güter, die nun unter staatlicher Aufsicht stehen, festgelegt, um sie in ihrem Bestande zu erhalten.

b) Bei Erbpachtgütern, soweit ihnen nicht schon kraft Gesetzes Erbhofeigenschaft zukommt (§ 27 Abs. 1—4 der 2. DV.). Sie wären an sich deshalb nicht Erbhöfe kraft Gesetzes, weil es bei ihnen am Erfordernis des Alleineigentums (§ 1 Abs. 1 Ziff. 2 REHG.) fehlt. § 27 der 2. DV. bestimmt nun, daß Erbpachtgüter, die, abgesehen davon, daß sie nur im Nutzeigentum stehen, die gesetzlichen Voraussetzungen für Erbhofentstehung erfüllen, als Erbhöfe anzusehen sind. Der Obereigentümer kann sie also nicht veräußern und nicht belasten, ebensowenig der Erbpächter. Sie genießen den Vollstreckungsschutz des REHG. Als Bauer gilt der Erbpächter, nicht der Obereigentümer.

c) Bei Lehnbauerngütern, die nicht schon kraft Gesetzes Erbhöfe sind (§ 27 Abs. 5 der 2. DV.).

d) Bei Rentengütern und preuß. Ansiedlungsgütern von nicht mehr als 125 ha, soweit diese nicht kraft Gesetzes Erbhöfe sind (§ 26 der 2. DV.).

3. Soweit Besitzungen über 125 ha bisher dem landesrechtlichen Anerbenrecht unterworfen waren, tritt dieses Recht im Falle besonderer Zulassung nach § 5 REHG. erst mit dem Zeitpunkt außer Kraft, in dem über die Zulassung entschieden ist, spätestens aber mit dem 1. Juli 1934 (§ 28 der 2. DV.). § 60 Abs. 2 REHG. bleibt durch die Bestimmung des § 28 der 2. DV. unberührt.

Aufhebung und Abänderung der Vorschriften des § 60 Abs. 2 REHG., s. § 61 Abs. 2 REHG.

§ 61

Ausführungsvorschriften

(1) Der Reichsminister der Justiz und der Reichsminister für Ernährung und Landwirtschaft sind ermächtigt, gemeinschaftlich die zur Durchführung dieses Gesetzes erforderlichen Rechtsverordnungen und allgemeinen Verwaltungsvorschriften zu erlassen[1].

(2) Sie können hierbei, soweit sie es zur Erreichung des Zwecks dieses Gesetzes für erforderlich halten, auch Vorschriften ergänzenden oder abweichenden Inhalts treffen, insbesondere auch die im § 60 Abs. 2 bezeichneten Vorschriften aufheben oder abändern[2].

Da die Einführung des bäuerlichen Erbhofrechts für das ganze Reichsgebiet wegen der Neuheit des Rechtsstoffes in der praktischen Anwendung fortgesetzt neue Bedürfnisse auftauchen läßt, muß die Möglichkeit rascher Abhilfe durch Beseitigung bestehender und Einführung neuer Bestimmungen gewährleistet sein. In diesem Sinne können der Reichsminister der Justiz und der Reichsminister für Ernährung und Landwirtschaft die erforderlichen Rechtsverordnungen und allgemeinen Verwaltungsvorschriften erlassen.

1. An Rechtsverordnungen, d. i. materiellrechtlichen gesetzlichen Vorschriften zur Durchführung des Reichserbhofgesetzes sind bis jetzt erlassen:

a) 1. Durchführungsverordnung zum Reichserbhofgesetz insbesondere über Einrichtung und Verfahren der Anerbenbehörden, vom 19. Okt. 1933, in Kraft getreten mit Wirkung vom 1. Okt. 1933 (§ 69 der Verordnung),

b) 2. Durchführungsverordnung zum Reichserbhofgesetz, vom 19. Dez. 1933, in Kraft getreten mit Wirkung vom 1. Oktober 1933 bzw. bezüglich der §§ 5 und 27 am 21. Dezember 1933 (§ 29 der Verordnung). Vgl. auch das Gesetz über den vorl. Aufbau des Reichsnährstandes vom 13. Sept. 1933 und die 1. Verordnung gleichen Betreffs vom 8. Dez. 1933.

c) 3. Durchführungsverordnung zum Reichserbhofgesetz, vom 27. April 1934, in Kraft getreten mit Wirkung vom 1. Oktober 1933 bzw. bezüglich der §§ 3, 5, 8 bis 11 am 30. April 1934.

An wichtigen allgemeinen Verwaltungsvorschriften sind in den Ländern besonders Anweisungen über Einrichtung und Führung der Geschäftsstellen, der Akten und Anweisungen an die Gerichtsvollzieher ergangen.

Vgl. im übr. unten Anhang.

2. Durchführungsvorschriften können

a) das REHG. ergänzen und abändern, soweit das zur Erleichterung des Gesetzeszweckes erforderlich ist,

b) die in § 60 Abs. 2 REHG. bezeichneten landesgesetzlichen Vorschriften aufheben oder abändern,

c) sonstige zur Durchführung des REHG. erforderliche Rechtsverordnungen und allgemeine Verwaltungsvorschriften enthalten. Ob Ausführungsvorschriften erforderlich sind, entscheiden die beiden Minister in gegenseitigem Benehmen. Der Erlaß dieser Vorschriften erfolgt durch sie gemeinschaftlich.

Anhang.

1. Erste Durchführungsverordnung zum Reichserbhofgesetz, insbesondere über Einrichtung und Verfahren der Anerbenbehörden.

Vom 19. Oktober 1933.

Auf Grund der §§ 46, 47, 51, 52, 61 des Reichserbhofgesetzes vom 29. September 1933 (Reichsgesetzbl. I S. 685) wird folgendes verordnet:

1. Abschnitt

Ergänzende Vorschriften für die Einrichtung der Anerbenbehörden

§ 1

Amtsbezeichnung der bäuerlichen Beisitzer

Die bäuerlichen Beisitzer führen bei den Anerbengerichten die Amtsbezeichnung Anerbenrichter, bei den Erbhofgerichten die Amtsbezeichnung Erbhofrichter und bei dem Reichserbhofgericht die Amtsbezeichnung Reichserbhofrichter.

§ 2

Vertretung des Vorsitzenden des Anerbengerichts

(1) Der Vorsitzende des Anerbengerichts wird durch seinen ständigen Stellvertreter (§ 41 des Gesetzes) und, wenn auch dieser verhindert ist, durch denjenigen vertreten, der den Vorsitzenden allgemein im Richteramt vertritt. Ist hiernach eine Vertretung nicht möglich, so wird der Vertreter vom Landgerichtspräsidenten bestimmt.

(2) Hört der Vorsitzende oder der ständige Stellvertreter auf, Richter an dem Ort zu sein, an dem er tätig war, als seine Ernennung zum Vorsitzenden oder ständigen Stellvertreter erfolgte, so endet damit zugleich auch sein Amt im Anerbengericht.

§ 3

Ernennung der Anerbenrichter

(1) Der Landesbauernführer reicht durch die Hand des Vorsitzenden des Anerbengerichts dem Oberlandesgerichtspräsidenten für den Bezirk eines jeden Anerbengerichts je eine Vorschlagsliste für die Ernennung von drei Anerbenrichtern und drei stellvertretenden Anerbenrichtern ein.

(2) Ist das Oberlandesgericht als gemeinschaftliches Gericht für mehrere Länder errichtet, so richtet der Landesbauernführer seinen Vorschlag für die Anerbengerichte, die ihren Sitz nicht im Lande des Oberlandesgerichts haben, durch die Hand des Vorsitzenden des Anerbengerichts an die Justizverwaltung des Landes des Anerbengerichts.

(3) Es sind nur Bauern vorzuschlagen, die mit einem Erbhof im Bezirk des Anerbengerichts angesessen sind und bei denen keiner der Hinderungsgründe der §§ 31 bis 33 des Gerichtsverfassungsgesetzes vorliegt. Der Vorsitzende des Anerbengerichts prüft vor Weitergabe der Vorschlagsliste, ob diese Voraussetzungen bei den Vorgeschlagenen vorliegen.

(4) Sind die Voraussetzungen des Abs. 3 gegeben, so ernennt der Oberlandesgerichtspräsident, im Falle des Abs. 2 die Landesjustizverwaltung, die vorgeschlagenen Bauern zu Anerbenrichtern und stellvertretenden Anerbenrichtern. Sie können, falls mehr Bauern vorgeschlagen sind, als zu ernennen sind, unter den Vorgeschlagenen wählen. Sie teilen die Liste der Ernannten dem Anerbengericht und dem Landesbauernführer mit.

(5) Die Ernennung der Anerbenrichter und stellvertretenden Anerbenrichter erfolgt auf die Dauer von drei Jahren, erstmalig bis zum 31. Dezember 1936. Die Landesbauernführer machen mindestens drei Monate vor Ablauf der Amtszeit dem Oberlandesgerichtspräsidenten, im Falle des Abs. 2 der Landesjustizverwaltung durch die Hand des Vorsitzenden des Anerbengerichts die Vorschläge für die Neuernennung der Beisitzer. Die bisherigen Beisitzer können wiederernannt werden.

(6) Reicht die Zahl der Beisitzer nicht aus, so können weitere ernannt werden.

§ 4
Einzelvorschriften über die Anerbenrichter

(1) Die Anerbenrichter sollen zu den Sitzungen nach der Reihenfolge einer Liste herangezogen werden, die der Vorsitzende des Anerbengerichts vor Beginn des Geschäftsjahres aufstellt.

(2) Jeder Anerbenrichter wird bei seiner ersten Dienstleistung im Anerbengericht auf die Dauer des Richteramts vereidigt. Der Vorsitzende des Anerbengerichts richtet an die zu Vereidigenden die Worte: „Sie schwören bei Gott, dem Allmächtigen und Allwissenden, die Pflichten eines Anerbenrichters getreulich zu erfüllen und Ihre Stimme nach bestem Wissen und Gewissen abzugeben.“ Der Anerbenrichter leistet den Eid, indem er die rechte Hand erhebt und die Worte spricht: „Ich schwöre es, so wahr mir Gott helfe.“

(3) Die Anerbenrichter üben während der Sitzung des Anerbengerichts das Richteramt in vollem Umfang und mit gleichem Stimmrecht wie der Vorsitzende aus.

(4) Die Vorschriften der §§ 41 bis 48 der Zivilprozeßordnung über die Ausschließung und Ablehnung der Gerichtspersonen gelten hinsichtlich der Anerbenrichter sinngemäß. Über die Ausschließung oder Ablehnung eines Anerbenrichters entscheidet der Vorsitzende endgültig.

§ 5
Vertretung des Vorsitzenden des Erbhofgerichts und Ernennung der Erbhofrichter

(1) Für die Vertretung des Vorsitzenden des Erbhofgerichts gelten die Vorschriften des § 2 Abs. 1 sinngemäß. An die Stelle des Landgerichtspräsidenten tritt der Oberlandesgerichtspräsident.

(2) Der Reichsbauernführer schlägt der Landesjustizverwaltung für jedes Erbhofgericht die erforderliche Zahl von Bauern für die Ernennung zu Erbhofrichtern und stellvertretenden Erbhofrichtern vor. Es sind nur Bauern vorzuschlagen, die mit einem Erbhof im Bezirk des Erbhofgerichts angesessen sind und bei denen keiner der Hinderungsgründe der §§ 31 bis 33 des Gerichtsverfassungsgesetzes vorliegt. Sind diese Voraussetzungen erfüllt, so werden die Vorgeschlagenen von der Landesjustizverwaltung ernannt.

(3) Ist das Erbhofgericht als gemeinschaftliches Gericht für mehrere Länder errichtet, so richtet der Reichsbauernführer die Vorschläge an die Justizverwaltung des Landes, in dessen Gebiet das Erbhofgericht seinen Sitz hat. Diese Justizverwaltung ernennt die Erbhofrichter und deren Stellvertreter im Einvernehmen mit den Justizverwaltungen der übrigen beteiligten Länder.

(4) Im übrigen finden die Vorschriften des § 2 Abs. 2, § 3 Abs. 4 bis 6, § 4 entsprechende Anwendung.

§ 6[1)]

Einrichtung des Reichserbhofgerichts

(1) Das Reichserbhofgericht wird beim Reichsministerium für Ernährung und Landwirtschaft gebildet. Es kann auch außerhalb von Berlin Sitzungen abhalten.

(2) Präsident des Reichserbhofgerichts ist der Reichsminister für Ernährung und Landwirtschaft. Auf seinen Vorschlag ernennt der Reichspräsident einen zum Richteramt befähigten Beamten hauptamtlich oder für die Dauer seines Hauptamtes nebenamtlich zum Vizepräsidenten.

(3) Das Reichserbhofgericht entscheidet in der Besetzung des Präsidenten, zweier Beamten und zweier Reichserbhofrichter. Die Beamten müssen die Befähigung zum Richteramt haben.

(4) Die Mitglieder aus dem Kreise der Beamten werden vom Reichsminister für Ernährung und Landwirtschaft im Einvernehmen mit dem Reichsminister der Justiz vorgeschlagen und durch den Reichspräsidenten nebenamtlich für die Dauer ihres Hauptamtes oder für einen Zeitraum von mindestens drei Jahren ernannt.

(5) Die Reichserbhofrichter werden auf Vorschlag des Reichsbauernführers vom Reichsminister für Ernährung und Landwirtschaft auf die Dauer von drei Jahren ernannt. Im übrigen finden die Vorschriften des § 45 des Gesetzes sowie des § 3 Abs. 3 bis 6, § 4 dieser Verordnung entsprechende Anwendung.

(6) Den Vorsitz in den Sitzungen des Reichserbhofgerichts führt der Präsident oder der Vizepräsident, im Falle von dessen Behinderung der vom Präsidenten mit dem Vorsitz beauftragte Beamte.

(7) Vor Beginn des Geschäftsjahrs bestimmt der Präsident, in welcher Reihenfolge die Mitglieder des Reichserbhofgerichts zu den Sitzungen heranzuziehen sind, und bezeichnet ihre regelmäßigen Vertreter.

§ 7

Arische Abstammung der beamteten Mitglieder der Anerbenbehörden

(1) Zu Vorsitzenden des Anerbengerichts, zu Vorsitzenden oder richterlichen Mitgliedern des Erbhofgerichts oder zu beamteten Mitgliedern des Reichserbhofgerichts dürfen nur Personen ernannt werden, die im Sinne des § 13 des Gesetzes deutschen oder stammesgleichen Blutes sind.

(2) Das Vorliegen der Voraussetzung des Abs. 1 wird vermutet, wenn die arische Abstammung im Sinne des § 1a des Reichsbeamtengesetzes nachgewiesen ist.

---

1) Neufassung und § 6a, s. § 8 der 3. DV.

§ 8
Geschäftsstelle

(1) Bei den Anerbengerichten, Erbhofgerichten und dem Reichserbhofgericht wird eine Geschäftsstelle eingerichtet. Auf die Ausschließung des Urkundsbeamten der Geschäftsstelle finden die Vorschriften der §§ 6, 7 des Reichsgesetzes über die Angelegenheiten der freiwilligen Gerichtsbarkeit entsprechende Anwendung.

(2) Die erforderlichen Einrichtungen und Kräfte werden bei den Anerben- und Erbhofgerichten von den Gerichten gestellt, bei denen sie errichtet sind. Zu Urkundsbeamten der Geschäftsstelle bei den Anerbengerichten soll der mit der Dienstaufsicht betraute Amtsrichter tunlichst diejenigen Beamten bestimmen, denen auch die Bearbeitung der Grundbuchsachen obliegt.

§ 9
Geschäftsordnung

(1) Die Obliegenheiten der Geschäftsstelle bei den Anerbengerichten und den Erbhofgerichten werden durch eine von der Landesjustizverwaltung zu erlassende Geschäftsordnung geregelt.

(2) Beim Reichserbhofgericht wird die Geschäftsordnung vom Präsidenten des Gerichts aufgestellt.

§ 10
Nichtöffentlichkeit der Verhandlung. Pflicht zur Amtsverschwiegenheit

(1) Die Verhandlungen vor den Anerbenbehörden sind nicht öffentlich. Dem Kreis-, Landes- oder Reichsbauernführer oder seinem Beauftragten ist die Anwesenheit bei der mündlichen Verhandlung gestattet. Der Vorsitzende kann Personen, die ein berechtigtes Interesse nachweisen, die Anwesenheit gestatten.

(2) Die Mitglieder der Anerbenbehörden sind zur Amtsverschwiegenheit verpflichtet. Dasselbe gilt für den Kreis-, Landes- oder Reichsbauernführer hinsichtlich der Sachen, mit denen er auf Grund des Reichserbhofgesetzes oder seiner Durchführungsbestimmungen befaßt ist.

2. Abschnitt
Allgemeine Vorschriften über das Verfahren vor den Anerbenbehörden
I. Vorschriften für alle Anerbenbehörden

§ 11
Grundsatz

Soweit nicht im Reichserbhofgesetz oder in den zu seiner Durchführung ergangenen Vorschriften etwas anderes bestimmt ist, finden auf das Verfahren vor den Anerbenbehörden die Vorschriften des Reichsgesetzes über die Angelegenheiten der freiwilligen Gerichtsbarkeit sinngemäß Anwendung.

§ 12[1]
Amtsbetrieb. Rechtliches Gehör. Einstweilige Anordnungen

(1) Das Gericht hat von Amts wegen die zur Feststellung der Tatsachen erforderlichen Ermittlungen anzustellen und die geeignet erscheinenden Beweise aufzunehmen.

---
[1]) Neufassung des Abs. 2, s. § 7 der 3. DV.

(2) Eine Entscheidung darf nur ergehen, nachdem den Beteiligten zuvor Gelegenheit zur Äußerung gegeben ist.

(3) Das Gericht kann, soweit es ihm nach den Umständen geboten erscheint, auf Antrag oder von Amts wegen sichernde Maßnahmen oder einstweilige Anordnungen treffen. Die Anordnungen können nur zusammen mit der Hauptentscheidung angefochten werden. Auf die Vollstreckung dieser Anordnungen finden die Vorschriften der Zivilprozeßordnung über die Zwangsvollstreckung entsprechende Anwendung.

§ 13

Mündliche Verhandlung

(1) Die Anberaumung einer mündlichen Verhandlung steht im Ermessen des Gerichts.

(2) Das Gericht kann einem Beteiligten, der die mündliche Verhandlung beantragt, aufgeben, den übrigen Beteiligten die Kosten vorzuschießen oder zu erstatten, die ihnen durch die persönliche Wahrnehmung des Termins oder die Bestellung eines Prozeßbevollmächtigten erwachsen.

(3) Für die mündliche Verhandlung gelten die Vorschriften des § 136 der Zivilprozeßordnung entsprechend. Der Urkundsbeamte der Geschäftsstelle nimmt über die Verhandlung eine Niederschrift auf, die von ihm und dem Vorsitzenden zu unterschreiben ist. Die Niederschrift soll Ort und Tag der Verhandlung, die Bezeichnung der mitwirkenden Gerichtspersonen und der Beteiligten sowie das Ergebnis der Verhandlung enthalten.

§ 14

Prozeßvertretung

(1) Die Beteiligten können vor den Anerbenbehörden mit Beiständen erscheinen. Sie können sich, soweit nicht das persönliche Erscheinen angeordnet wird, auch durch Bevollmächtigte vertreten lassen. Das Gericht kann die Vorlage einer öffentlich beglaubigten Vollmacht verlangen.

(2) Personen, die nicht arischer Abstammung im Sinne des § 1a des Reichsbeamtengesetzes sind oder die, ohne Rechtsanwalt zu sein, das Verhandeln vor Gericht geschäftsmäßig betreiben, sind vor den Anerbenbehörden als Beistände oder Prozeßbevollmächtigte ausgeschlossen. Werden von diesen Personen schriftliche Eingaben eingereicht, so soll der Vorsitzende oder das Gericht sie zurückweisen; das gleiche gilt für Eingaben, die von einem anderen eingereicht, aber von diesen Personen angefertigt sind. Im übrigen finden die Vorschriften des § 157 Abs. 1 Satz 2, Abs. 2 der Zivilprozeßordnung in der Fassung des Gesetzes vom 20. Juli 1933 (Reichsgesetzbl. I S. 522) entsprechende Anwendung.

(3) Vorbehaltlich des Abs. 2 ist zur Vertretung vor den Anerbenbehörden jeder bei einem deutschen Gericht zugelassene Rechtsanwalt berechtigt.

§ 15

Güteversuch. Vergleich

(1) Im Verfahren über die Ansprüche der Versorgungsberechtigten (§ 32 des Gesetzes) sowie über die Verteilung von Verbindlichkeiten (§§ 22, 36 des Gesetzes) soll in allen geeigneten Fällen zunächst der Versuch einer gütlichen Einigung gemacht werden.

(2) Kommt ein Vergleich zustande, so ist er in der Niederschrift festzustellen. Die Niederschrift ist, soweit sie einen Vergleich enthält, den Beteiligten vorzulesen oder zur Durchsicht vorzulegen. In der Niederschrift ist zu bemerken, daß dies geschehen und die Genehmigung erteilt ist.

(3) Aus dem Vergleich findet die Zwangsvollstreckung nach den Vorschriften der Zivilprozeßordnung statt.

§ 16

Vorbereitung der Entscheidung

(1) Der Vorsitzende oder ein von ihm zu bestimmendes Mitglied des Gerichts hat schon vor der mündlichen Verhandlung oder der Sitzung alle Anordnungen zu treffen, die angebracht erscheinen, damit die Sache tunlichst in einer Sitzung erledigt wird; § 272 b der Zivilprozeßordnung gilt sinngemäß.

(2) Der Vorsitzende kann insbesondere auch, wenn die Eignung eines Hofes zum Erbhof in Frage steht (§§ 2, 3 des Gesetzes), einem bäuerlichen Beisitzer des Gerichts aufgeben, den Hof vorher zu besichtigen.

§ 17

Beweisaufnahme

(1) Über Art und Umfang der Beweisaufnahme entscheidet das Gericht nach freiem Ermessen.

(2) Es kann eines seiner Mitglieder mit der Beweisaufnahme oder mit örtlichen Ermittlungen oder mit Verhandlungen mit den Beteiligten beauftragen. Die Vorschriften der Zivilprozeßordnung über das Verfahren vor einem beauftragten Richter einschließlich des § 576 der Zivilprozeßordnung gelten sinngemäß. Zur Abnahme von Eiden sind die bäuerlichen Beisitzer des Gerichts auch dann nicht befugt, wenn sie mit der Durchführung einer Beweisaufnahme beauftragt sind.

§ 18

Amtshilfe

(1) Die Anerbenbehörden, für die Zwecke der Durchführung des § 5 des Gesetzes auch der Reichsminister für Ernährung und Landwirtschaft, können andere Gerichte und Behörden um Amtshilfe ersuchen. Sie können insbesondere die Gemeinde- oder Polizeibehörden ersuchen, die für die Eignung eines Hofes zum Erbhof wesentlichen Tatsachen (§§ 2, 3 des Gesetzes) festzustellen. Sie können auch die Gemeinde- oder Polizeibehörden sowie den Kreis- oder Landesbauernführer um eine gutachtliche Äußerung ersuchen.

(2) Die im Abs. 1 bezeichnete ersuchende Behörde kann auch den Vorsitzenden eines Anerbengerichts um die Aufnahme von Beweisen ersuchen. Bei der Einnahme des Augenscheins durch das ersuchte Anerbengericht kann ein Bauer, der Beisitzer des Anerbengerichts ist, als sachkundiger Beisitzer zugezogen werden. Die §§ 55, 56 des Gerichtsverfassungsgesetzes gelten sinngemäß.

§ 19

Vorentscheidung des Vorsitzenden

(1) In Fällen, in denen das Anerbengericht endgültig entscheidet oder in denen eine Beschwerde als unzulässig verworfen wird, sowie in den

Fällen des § 22 Abs. 4, 5 des Gesetzes kann der Entscheidung des Gerichts eine Vorentscheidung durch den Vorsitzenden vorangehen.

(2) Die Vorentscheidung wird endgültig, wenn nicht binnen zwei Wochen seit ihrer Zustellung Einspruch eingelegt wird. Hierauf ist bei der Zustellung hinzuweisen.

§ 20

Einspruch

(1) Der Einspruch ist bei dem Gericht, dessen Vorsitzender die Vorentscheidung erlassen hat, einzulegen und zwar schriftlich oder zur Niederschrift des Urkundsbeamten der Geschäftsstelle.

(2) Der Einspruch kann auf neue Tatsachen oder Beweise gestützt werden.

(3) Der Vorsitzende gewährt einem Einspruchsberechtigten, der ohne sein Verschulden behindert war, die Einspruchsfrist einzuhalten, auf Antrag die Wiedereinsetzung in den vorigen Stand, wenn der Einspruchsberechtigte binnen zwei Wochen nach Beseitigung des Hindernisses den Einspruch einlegt und die Tatsachen, welche die Wiedereinsetzung begründen, glaubhaft macht.

§ 21

Entscheidung

(1) Das Gericht entscheidet durch begründeten Beschluß.

(2) Der Beschluß enthält die Bezeichnung des Gerichts und der Sache, die Namen der bei der Entscheidung beteiligten Gerichtsmitglieder und den Tag der Entscheidung.

(3) Der mit Gründen versehene Beschluß wird beim Anerbengericht vom Vorsitzenden, bei den übrigen Gerichten von dem Vorsitzenden und den beamteten Mitgliedern unterzeichnet. Wenn der Beschluß nach Vorentscheidung des Vorsitzenden ergeht, wird die Formel des Beschlusses beim Anerbengericht auch von den Anerbenrichtern mitunterschrieben.

(4) Ergeht die Entscheidung im Anschluß an eine mündliche Verhandlung, so ist sie, wenn die Beteiligten anwesend sind, durch den Vorsitzenden zu verkünden. Die Verkündung besteht in der Verlesung der Beschlußformel. Der Vorsitzende kann auch die Entscheidungsgründe verlesen oder deren wesentlichen Inhalt mitteilen.

(5) Die Entscheidung ist den Beteiligten von Amts wegen zuzustellen.

§ 22

Gerichtsferien

Auf das Verfahren vor den Anerbenbehörden sind die Gerichtsferien ohne Einfluß.

II. Verfahren vor den Erbhofgerichten und dem Reichserbhofgericht

§ 23

Allgemeines

In Ergänzung der §§ 11 bis 22 gelten für das Verfahren vor den Erbhofgerichten und dem Reichserbhofgericht die folgenden besonderen Vorschriften.

§ 24

Schriftliche Vorbereitung. Vertretung durch Rechtsanwälte. Beiordnung eines Rechtskundigen.

(1) Das Gericht kann die schriftliche Vorbereitung der Sache anordnen. In einem solchen Falle finden die §§ 130 bis 134 der Zivilprozeßordnung sinngemäß Anwendung.

(2) Das Gericht kann auch anordnen, daß sich ein Beteiligter durch einen Rechtsanwalt vertreten läßt. In diesem Falle finden hinsichtlich dieses Beteiligten auf das weitere Verfahren die für den Anwaltsprozeß geltenden Vorschriften des § 78, § 115 Abs. 1 Nr. 3 und Abs. 2, § 129, § 135 Abs. 1, 2 der Zivilprozeßordnung entsprechende Anwendung.

(3) Das Gericht kann auch in anderen als den in § 116 der Zivilprozeßordnung bezeichneten Fällen der Partei einen Rechtskundigen, der die vorgeschriebene erste Prüfung für den Justizdienst bestanden hat, beiordnen.

§ 25

Form der sofortigen weiteren Beschwerde

Die sofortige weitere Beschwerde an das Reichserbhofgericht (§ 49 des Gesetzes) muß von einem Rechtsanwalt unterzeichnet sein. Dies gilt nicht für die Beschwerde des Landesbauernführers (§ 49 Abs. 2 des Gesetzes).

§ 26

Entscheidung des Reichserbhofgerichts

Hebt das Reichserbhofgericht die Entscheidung des Erbhofgerichts auf, so kann es in der Sache selbst entscheiden oder die Sache zu neuer Entscheidung an das Erbhofgericht oder an ein anderes Erbhofgericht zurückverweisen. Das Erbhofgericht ist an die Beurteilung des Reichserbhofgerichts gebunden.

3. Abschnitt

Die Erbhöferolle

I. Allgemeine Bestimmungen über die Erbhöferolle

§ 27

Eintragungen

(1) In der Erbhöferolle sind die zum Erbhof gehörigen Grundstücke aufzuführen. Bei jedem Grundstück ist die Wirtschaftsart (z. B. Acker, Wiese), die Größe und das Grundbuchblatt, auf dem es eingetragen ist, anzugeben. Dies gilt auch für diejenigen Grundstücke, welche der Bauer nach der Eintragung des Hofes zum Hof hinzuerwirbt.

(2) Für die Erbhöferolle soll ein Vordruck nach anliegendem Muster (Anlage 1) verwendet werden.

§ 28

Löschungen

(1) Verliert der Erbhof die Erbhofeigenschaft, so ist der Hof in der Rolle zu löschen.

(2) Werden einzelne Grundstücke vom Erbhof abgetrennt, so werden diese Grundstücke in der Rolle gelöscht.

(3) Stellt sich nachträglich heraus, daß der Eigentümer bei der Ein-

tragung des Hofs nicht deutscher Staatsangehöriger war und daß der Hof infolgedessen nicht Erbhof geworden ist, so ist dem Eigentümer eine angemessene Frist zu setzen, innerhalb deren er den Erwerb der deutschen Staatsangehörigkeit nachzuweisen hat. Bei fruchtlosem Ablauf der Frist ist die Eintragung zu löschen. § 16 des Gesetzes bleibt unberührt.

§ 29

Form der Eintragungen und Löschungen

Die Eintragungen und Löschungen in der Rolle werden vom Vorsitzenden des Anerbengerichts unter Angabe des Wortlauts verfügt, vom Urkundsbeamten der Geschäftsstelle ausgeführt und von beiden gemeinschaftlich unter Angabe des Unterzeichnungstages unterschrieben.

§ 30

Benachrichtigung des Bauern

Von allen Eintragungen und Löschungen in der Rolle ist der Bauer zu benachrichtigen. Im Falle der Eintragung eines Erbhofs ist der Nachricht eine beglaubigte Abschrift des die Eintragung enthaltenden Blatts der Erbhöferolle beizufügen.

§ 31

Einsicht in die Erbhöferolle

Die Einsicht in die Erbhöferolle ist jedem gestattet, der ein berechtigtes Interesse darlegt.

§ 32

Grundbuchvermerk

(1) Gleichzeitig mit der Eintragung des Erbhofs übersendet der Vorsitzende des Anerbengerichts dem Grundbuchamt eine Abschrift des auf den Erbhof bezüglichen Blatts der Erbhöferolle mit dem Ersuchen, im Grundbuch bei den Grundstücken den Erbhofvermerk einzutragen.

(2) Der Erbhofvermerk wird in der Aufschrift des Grundbuchs eingetragen und lautet:

„Erbhof.

Eingetragen in der Erbhöferolle von ..... Bl. ...“

(3) Der Vorsitzende des Anerbengerichts benachrichtigt das Grundbuchamt auch von den weiteren Eintragungen (Hinzuerwerb eines Grundstücks, Löschung eines Grundstücks, Löschung des Erbhofs) mit dem Ersuchen, bei den Grundstücken den Erbhofvermerk einzutragen oder zu löschen.

(4) Die Abschrift des auf den Erbhof bezüglichen Blatts der Erbhöferolle wird bei den Grundakten der Hofstelle aufbewahrt. Sie soll vom Urkundsbeamten der Geschäftsstelle des Grundbuchamts auf dem Laufenden gehalten werden.

§ 33

Sonstige Vorschriften für das Grundbuchamt

(1) Nicht zum Erbhof gehörige Grundstücke sind nicht auf dem Grundbuchblatt des Erbhofs einzutragen.

(2) Das Grundbuchamt soll dem Anerbengericht Nachricht geben, wenn der Bauer zum Erbhof ein Grundstück hinzuerwirbt oder wenn er ein zum Erbhof gehöriges Grundstück veräußert.

II. Anlegung der Erbhöferolle

§ 34

Gemeindeverzeichnis der Höfe bis zu einer Größe von 125 Hektar (Verzeichnis A)

(1) Die Gemeindevorsteher stellen ein Verzeichnis der in ihrem Bezirk gelegenen Besitzungen auf, die durch Land- oder Forstwirtschaft oder durch Wein-, Gemüse- oder Obstbau genutzt werden und deren Umfang mindestens 7½ Hektar, aber nicht mehr als 125 Hektar beträgt. Besitzungen unter 7½ Hektar sind nur aufzunehmen, wenn sie eine Ackernahrung im Sinne der §§ 2, 6 des Gesetzes darstellen.

(2) In dem Verzeichnis ist bei jeder Besitzung anzugeben

1. Zu- und Vorname des Eigentümers,
2. gegebenenfalls der gebräuchliche Hofname und die Nummer der Häuserliste,
3. die Art der Besitzung (z. B. Vollhof, Halbhof, Kötnerstelle, Weingut),
4. die Größe der Besitzung in Hektar,
5. nach Möglichkeit das Grundbuchblatt, auf dem die Hofstelle sowie die übrigen zum Hof gehörenden Grundstücke eingetragen sind. Bei den Grundstücken ist auch die Wirtschaftsart (z. B. Acker, Wiese) sowie die Größe in Hektar anzugeben.

(3) Der Gemeindevorsteher bemerkt bei jeder Besitzung, ob sie als Erbhof im Sinne der §§ 1 bis 4, 6, 11 bis 17 des Gesetzes und § 62 dieser Verordnung anzusehen ist. Die Stellungnahme ist nötigenfalls kurz zu begründen. Bestehen Zweifel, ob der Eigentümer deutscher Staatsangehöriger oder deutschen oder stammesgleichen Blutes ist, so ist dies besonders zu vermerken.

(4) Für das Gemeindeverzeichnis soll ein Vordruck verwendet werden, der dem anliegenden Muster entspricht (Anlage 2). Der Vordruck besteht aus einem Umschlagbogen und Einlageblättern, die mit fortlaufenden Blattzahlen zu versehen sind. Es empfiehlt sich, für jeden Hof ein besonderes Einlageblatt zu verwenden. Auf dem Umschlagbogen ist die Zahl der Einlageblätter anzugeben.

(5) Der Gemeindevorsteher bescheinigt die Vollständigkeit des Verzeichnisses.

(6) Der Gemeindevorsteher übersendet das Verzeichnis A spätestens bis zum 1. Januar 1934 der unteren Verwaltungsbehörde (z. B. in Preußen dem Landrat).

(7) Die untere Verwaltungsbehörde nimmt zu den einzelnen Nummern des Verzeichnisses A gutachtlich Stellung und übersendet die Verzeichnisse sämtlicher Gemeinden spätestens bis zum 1. Februar 1934 dem Anerbengericht.

(8) Bürgermeister von Gemeinden, welche nicht der unteren Verwaltungsbehörde unterstellt sind (z. B. in Preußen von kreisfreien Städten), reichen das Verzeichnis spätestens bis zum 1. Januar 1934 unmittelbar dem Anerbengericht ein.

(9) Die Landesregierung kann kürzere als die in Abs. 6, 7, 8 bezeichneten Termine vorsehen.

§ 35

Gerichtliches Verzeichnis

(1) Der Vorsitzende des Anerbengerichts stellt unter Zugrundelegung der Verzeichnisse A die gerichtlichen Verzeichnisse der Erbhöfe für den Bezirk des Anerbengerichts auf.

(2) Er hat hierbei auf Grund des beim Grundbuchamt geführten Eigentümerverzeichnisses die Vollständigkeit der Verzeichnisse A nachzuprüfen und dafür zu sorgen, daß sämtliche zu den einzelnen Besitzungen gehörenden Grundstücke unter Angabe des Grundbuchblattes im gerichtlichen Verzeichnis bei der betreffenden Besitzung vermerkt werden. Nötigenfalls kann er weitere Ermittlungen anstellen.

(3) Für das gerichtliche Verzeichnis soll ein amtlicher Vordruck nach anliegendem Muster (Anlage 3) verwendet werden. Der Vordruck besteht aus einem Umschlagebogen und Einlageblättern, die mit Blattzahlen zu versehen sind.

§ 36

Zustellung eines Auszugs aus dem gerichtlichen Verzeichnis an den Eigentümer

Der Vorsitzende des Anerbengerichts soll jedem in das gerichtliche Verzeichnis aufgenommenen Eigentümer einen Auszug aus dem Verzeichnis zustellen und den Eigentümer hierbei auffordern, wenn sein Hof zu Unrecht in das Verzeichnis aufgenommen sei oder wenn die zum Hof gehörigen Grundstücke nicht richtig, insbesondere nicht vollständig angegeben seien, dies binnen einem Monat nach der Zustellung durch Einspruch beim Anerbengericht geltend zu machen.

§ 37

Aushang des gerichtlichen Verzeichnisses an der Gerichtstafel

(1) Das gerichtliche Verzeichnis ist einen Monat lang durch Aushang an der Gerichtstafel öffentlich bekanntzumachen.

(2) Das Verzeichnis ist am Schluß mit dem Hinweis zu versehen, daß jeder Eigentümer, dessen Hof in das Verzeichnis zu Unrecht nicht eingetragen ist, binnen zwei Wochen nach Beendigung des Aushangs an der Gerichtstafel, beim Anerbengericht Einspruch erheben kann.

§ 38

Auslegung des gerichtlichen Verzeichnisses beim Gemeindevorsteher

(1) Der Vorsitzende des Anerbengerichts läßt jedem Gemeindevorsteher eine Abschrift des seine Gemeinde betreffenden gerichtlichen Verzeichnisses einschließlich des im § 37 Abs. 2 vorgesehenen Hinweises zustellen mit der Aufforderung, die Abschrift zu jedermanns Einsicht auszulegen.

(2) Der Gemeindevorsteher hat den Eingang des gerichtlichen Verzeichnisses zweimal in der Gemeinde in ortsüblicher Weise bekanntzumachen und hierbei auf die im § 37 Abs. 2 bezeichnete Einspruchsfrist hinzuweisen.

§ 39

Mitteilung des gerichtlichen Verzeichnisses an den Kreisbauernführer

Der Vorsitzende des Anerbengerichts läßt dem Kreisbauernführer eine Abschrift des seinen Bezirk betreffenden gerichtlichen Verzeichnisses zustellen mit der Aufforderung, das Verzeichnis auch seinerseits nachzuprüfen und gegen etwaige Unrichtigkeiten (Eintragung oder Nichteintragung eines Hofs oder einzelner Grundstücke) binnen einem Monat nach Zustellung beim Anerbengericht Einspruch einzulegen.

§ 40
Entscheidung über den Einspruch

(1) Über den Einspruch (§§ 36, 37, 39) entscheidet das Anerbengericht.

(2) Die Entscheidung wird dem Eigentümer und dem Kreisbauernführer zugestellt.

§ 41
Eintragung in die Erbhöferolle

Die Höfe, gegen deren Eintragung kein Einspruch eingelegt ist, oder bei denen der Einspruch rechtskräftig abgewiesen ist, werden in die Erbhöferolle eingetragen.

§ 42
Liste der Besitzungen aus den Verzeichnissen A, welche nicht in die Erbhöferolle aufgenommen werden

(1) Will der Vorsitzende des Anerbengerichts eine im Verzeichnis A stehende Besitzung nicht in das gerichtliche Verzeichnis aufnehmen, so hat er die Gründe hierfür zu den Akten zu vermerken.

(2) Der Urkundsbeamte der Geschäftsstelle führt eine Liste (Anlage 4), in welche die im Abs. 1 bezeichneten Fälle aufzunehmen sind.

(3) In Fällen, in denen eine Besitzung zur Eintragung als Erbhof sachlich geeignet ist, aber zur Zeit nicht eingetragen werden kann aus Gründen, die in der Person des Eigentümers liegen (§§ 12 bis 15, 17 des Gesetzes), hat der Vorsitzende des Anerbengerichts durch entsprechende Wiedervorlageverfügung dafür zu sorgen, daß die Eintragung erfolgt, sobald der Hinderungsgrund weggefallen ist.

III. Berichterstattung über die Besitzungen von mehr als 125 Hektar. Zulassung von Erbhöfen auf Grund des § 5 des Gesetzes

§ 43
Statistisches Verzeichnis der Besitzungen über 125 Hektar (Verzeichnis B)

(1) Die Gemeindevorsteher stellen ein Verzeichnis der in ihrem Bezirk gelegenen Besitzungen auf, die durch Land- oder Forstwirtschaft oder durch Wein-, Gemüse- oder Obstbau genutzt werden und größer sind als 125 Hektar (Verzeichnis B).

(2) Für das Verzeichnis soll ein amtlicher Vordruck nach anliegendem Muster (Anlage 5) verwendet werden. Die Vorschriften des § 34 Abs. 2 finden entsprechende Anwendung.

(3) Der Gemeindevorsteher soll in dem Verzeichnis die Besitzungen so anordnen, daß zuerst die im Alleineigentum einer natürlichen Person stehenden Besitzungen aufgeführt werden und erst danach die Besitzungen, die im Eigentum mehrerer Personen oder einer juristischen Person stehen.

(4) Der Gemeindevorsteher reicht das Verzeichnis spätestens bis zum 1. Januar 1934 der unteren Verwaltungsbehörde ein. Diese übersendet

das Verzeichnis nach Prüfung der Vollständigkeit alsbald durch die Hand des Kreisbauernführers an den Landesbauernführer. Der Bürgermeister einer Stadt, die nicht der unteren Verwaltungsbehörde unterstellt ist, übersendet das Verzeichnis bis zum 1. Januar 1934 unmittelbar dem Kreisbauernführer zur Weitergabe an den Landesbauernführer.

(5) Der Landesbauernführer übersendet die Verzeichnisse nach Kreisbauernschaften geordnet alsbald dem Reichsminister für Ernährung und Landwirtschaft.

§ 44

Antrag auf Zulassung einer Besitzung von mehr als 125 Hektar als Erbhof gemäß § 5 des Gesetzes

(1) Grundbesitz von mehr als 125 Hektar kann im allgemeinen nur auf Antrag des Eigentümers gemäß § 5 des Gesetzes als Erbhof zugelassen werden.

(2) Der Eigentümer reicht den mit einer Begründung versehenen Antrag beim Anerbengericht ein. Für den Antrag ist ein Formblatt nach anliegendem Muster (Anlage 6) zu verwenden, das beim Anerbengericht angefordert werden kann. Der Eigentümer versichert die Richtigkeit seiner Angaben an Eides Statt.

(3) Das Anerbengericht prüft, ob, abgesehen von §§ 3, 5 des Gesetzes, die Voraussetzungen für die Zulassung gegeben sind. Ist dies offenbar nicht der Fall, so lehnt das Anerbengericht durch begründeten Beschluß die Weiterleitung des Antrags ab.

(4) Andernfalls übersendet das Anerbengericht den Antrag mit seiner gutachtlichen Stellungnahme dem Kreisbauernführer. Dieser reicht den Antrag mit seiner Stellungnahme an den Landesbauernführer weiter. Dieser nimmt gleichfalls Stellung und legt den Antrag dem Reichsminister für Ernährung und Landwirtschaft vor.

§ 45

Entscheidung des Ministers

Eintragung der zugelassenen Höfe in die Rolle

(1) Die Entscheidung, durch welche der Minister auf Grund des § 5 des Gesetzes die Besitzung zum Erbhof erklärt, wird dem Eigentümer zugestellt und dem Anerbengericht zugefertigt. Die Entscheidung wird mit der Zustellung an den Eigentümer oder, falls die Entscheidung dem Anerbengericht eher zugeht, mit dem Zeitpunkt des Eingangs beim Anerbengericht wirksam.

(2) Das Anerbengericht trägt den Hof in die Erbhöferolle ein. Es benachrichtigt hiervon den Eigentümer und übersendet ihm eine Abschrift der Eintragung.

IV. Ergänzende Vorschriften

§ 46

Regelmäßige Nachprüfung der Erbhöferolle

(1) Im Jahre 1940 und danach im Zeitraum von regelmäßig zehn Jahren hat der Vorsitzende des Anerbengerichts der unteren Verwaltungsbehörde oder dem Bürgermeister einer Stadt, welche nicht der unteren Verwaltungsbehörde unterstellt ist, ein Verzeichnis der eingetragenen Erbhöfe zu übersenden.

(2) Die untere Verwaltungsbehörde oder der Bürgermeister prüft, ob die Eintragung in die Erbhöferolle noch zu Recht besteht und ob im Bezirk noch andere Besitzungen vorhanden sind, die als Erbhöfe anzusehen, aber noch nicht eingetragen sind.

(3) Die untere Verwaltungsbehörde oder der Bürgermeister teilt das Ergebnis der Prüfung dem Anerbengericht mit. Der Vorsitzende des Anerbengerichts entscheidet nach Anhörung des Eigentümers und nötigenfalls nach Anstellung weiterer Ermittlungen über die Berichtigung der Erbhöferolle. Die Entscheidung ist dem Eigentümer und dem Kreisbauernführer zuzustellen. Diesen steht binnen einem Monat nach Zustellung der Einspruch bei den Anerbengerichten zu.

§ 47
Ergänzung der Erbhöferolle

(1) Der Vorsitzende des Anerbengerichts hat auch in der Zeit zwischen den im § 46 vorgesehenen regelmäßigen Nachprüfungen dafür zu sorgen, daß die Erbhöferolle auf dem laufenden bleibt und daß alle zur Eintragung geeigneten Höfe und zugehörigen Grundstücke in die Rolle eingetragen werden.

(2) Wird die Eintragung in die Rolle außerhalb des Anlegungsverfahrens angeordnet, so ist der die Eintragung anordnende Beschluß des Vorsitzenden des Anerbengerichts dem Eigentümer und dem Kreisbauernführer zuzustellen mit der Aufforderung, binnen einer Frist von einem Monat Einspruch einzulegen, wenn die Eintragung in die Rolle zu Unrecht erfolgt sei oder wenn die zum Hof gehörenden Grundstücke nicht richtig, insbesondere nicht vollständig angegeben seien.

§ 48
Beschaffung der Vordrucke

Die im § 27 Abs. 2, § 34 Abs. 4, § 35 Abs. 3, § 42 Abs. 2, § 43 Abs. 2, § 44 Abs. 2 vorgesehenen Vordrucke werden den Gemeindebehörden und Anerbengerichten durch die Landesjustizverwaltungen zur Verfügung gestellt.

4. Abschnitt
Gebühren und Auslagen

§ 49
Grundsatz

(1) Im Verfahren vor den Anerbenbehörden werden Gebühren nach dem Werte des Gegenstandes erhoben.

(2) Bei Verfahren über die in §§ 10, 13, 15, 18, § 21 Abs. 3, § 25 des Gesetzes bezeichneten Angelegenheiten darf kein höherer Wert des Gegenstandes als dreitausend Reichsmark der Gebührenrechnung zugrunde gelegt werden.

(2) Der Mindestbetrag einer Gebühr ist zwei Reichsmark.

§ 50
Die volle Gebühr

(1) Die volle Gebühr beträgt bei Gegenständen im Werte:

1. bis 50 *RM* einschließlich . . . . 2 *RM*
2. von mehr als 50 *RM* bis 100 *RM* einschl. 3 *RM*
3. „ „ „ 100 „ „ 200 „ „ 4 „

4.	von	mehr	als	200 *RM*	bis	300 *RM*	einschl.	5 *RM*
5.	„	„	„	300 „	„	500 „	„	6 „
6.	„	„	„	500 „	„	1000 „	„	8 „
7.	„	„	„	1000 „	„	1500 „	„	10 „
8.	„	„	„	1500 „	„	2000 „	„	12 „
9.	„	„	„	2000 „	„	2500 „	„	14 „
10.	„	„	„	2500 „	„	3000 „	„	16 „
11.	„	„	„	3000 „	„	3500 „	„	18 „
12.	„	„	„	3500 „	„	4000 „	„	20 „
13.	„	„	„	4000 „	„	5000 „	„	22 „
14.	„	„	„	5000 „	„	6000 „	„	24 „
15.	„	„	„	6000 „	„	7000 „	„	26 „
16.	„	„	„	7000 „	„	8000 „	„	28 „
17.	„	„	„	8000 „	„	9000 „	„	30 „
18.	„	„	„	9000 „	„	10000 „	„	32 „
19.	„	„	„	10000 „	„	12000 „	„	36 „
20.	„	„	„	12000 „	„	14000 „	„	40 „
21.	„	„	„	14000 „	„	16000 „	„	44 „
22.	„	„	„	16000 „	„	18000 „	„	48 „
23.	„	„	„	18000 „	„	20000 „	„	52 „
24.	„	„	„	20000 „	„	22000 „	„	56 „
25.	„	„	„	22000 „	„	24000 „	„	60 „
26.	„	„	„	24000 „	„	26000 „	„	64 „
27.	„	„	„	26000 „	„	28000 „	„	68 „
28.	„	„	„	28000 „	„	30000 „	„	72 „
29.	„	„	„	30000 „	„	35000 „	„	80 „
30.	„	„	„	35000 „	„	40000 „	„	88 „
31.	„	„	„	40000 „	„	50000 „	„	100 „
32.	„	„	„	50000 „	„	60000 „	„	112 „
33.	„	„	„	60000 „	„	70000 „	„	124 „
34.	„	„	„	70000 „	„	80000 „	„	136 „
35.	„	„	„	80000 „	„	90000 „	„	148 „
36.	„	„	„	90000 „	„	100000 „	„	160 „

(2) Die ferneren Wertklassen steigen um je 10000 Reichsmark und die Gebühren um je 12 Reichsmark.

§ 51

Gebührensätze

(1) Die volle Gebühr wird erhoben für Verfahren, welche betreffen:

1. die Genehmigung der Veräußerung, Belastung, Verpachtung, Teilung oder Verkleinerung des Erbhofes (§ 37 des Gesetzes, § 64 dieser Verordnung);
2. die Entscheidung über Erbhofeigenschaft oder Bauernfähigkeit (§ 10, § 13 Abs. 3, § 18 des Gesetzes); ergeht die Entscheidung im Zusammenhang mit dem Verfahren zur Eintragung oder Löschung der Besitzung in der Erbhöferolle, so werden keine Gebühren erhoben (§ 52 Abs. 2 des Gesetzes);
3. die Entscheidung darüber, ob Ältesten- oder Jüngstenrecht Brauch ist (§ 21 Abs. 3 des Gesetzes);
4. eine Entscheidung nach § 25 des Gesetzes.

(2) Die Hälfte der Gebühr wird erhoben für:

1. die Entgegennahme anerbenrechtlicher Erklärungen in den Fällen des § 22 Abs. 2, § 23 Abs. 2, § 29 Abs. 2 des Gesetzes;
2. Verfahren, betreffend die Fristsetzung im Falle des § 23 Abs. 2 Satz 2 des Gesetzes.

(3) Für das Verfahren bei Streitfällen über die Verteilung von Verbindlichkeiten (§ 22 Abs. 4, 5, § 36 Abs. 3 des Gesetzes) oder über die Ansprüche von Versorgungsberechtigten (§ 32 des Gesetzes) werden folgende Gebühren erhoben:

1. ein Viertel der vollen Gebühr, wenn die Beteiligten in dem Verfahren vor dem Vorsitzenden oder vor dem Gericht den Streit durch Vergleich beenden oder vor dem Erlaß der Entscheidung auf diese durch Rücknahme des Antrags oder in sonstiger Weise verzichten;
2. die volle Gebühr, wenn in dem Verfahren vor dem Vorsitzenden oder vor dem Gericht eine dieses Verfahren abschließende Entscheidung ergeht;
3. eine weitere Gebühr für das Einspruchsverfahren vor dem Gericht einschließlich der das Verfahren abschließenden Entscheidung; kommt es im Einspruchsverfahren zu einem Vergleich oder wird der Einspruch zurückgezogen, so ermäßigt sich diese Gebühr auf ein Viertel der vollen Gebühr.

(4) Die Gebührensätze der Abs. 1 bis 3 gelten auch für das Verfahren vor dem Erbhofgericht und dem Reichserbhofgericht.

(5) Die Gebühr wird vorbehaltlich des Abs. 3 Nr. 3 in jedem Rechtszug nur einmal erhoben.

§ 52

Kostenschuldner, Fälligkeit, Vorschuß

(1) Zur Zahlung der Kosten ist, soweit nicht in dieser Verordnung ein anderes bestimmt ist, derjenige verpflichtet, durch dessen Antrag die Tätigkeit des Gerichts veranlaßt ist, und bei Geschäften, welche von Amts wegen betrieben werden, derjenige, dessen Belange hierbei wahrgenommen werden. Das Gericht kann aus besonderen Gründen anordnen, daß von der Erhebung von Gerichtskosten ganz oder teilweise abgesehen wird.

(2) In den Sachen, die an sich gebührenfrei sind, kann das Gericht einem Beteiligten, der eine unbegründete Beschwerde eingelegt hat, eine Gebühr bis zur Höhe einer vollen Gebühr auferlegen.

(3) In dem Verfahren bei Streitfällen über die Verteilung von Verbindlichkeiten (§ 22 Abs. 4, 5, § 36 Abs. 3 des Gesetzes) und bei Streitfällen über die Ansprüche von Versorgungsberechtigten (§ 32 des Gesetzes) sowie in anderen Fällen, in denen mehrere Personen an dem Verfahren beteiligt sind, entscheidet das Gericht nach billigem Ermessen darüber, wer die Kosten zu tragen hat oder wie die Kosten zu verteilen sind. Das Gericht kann hierbei bestimmen, daß auch die außergerichtlichen Kosten ganz oder teilweise zu erstatten sind; die Vorschriften der §§ 103 bis 107 der Zivilprozeßordnung finden entsprechende Anwendung.

(4) Der Kreis-, Landes- oder Reichsbauernführer ist in keinem Falle zur Zahlung von Kosten verpflichtet.

(5) Bei einem Verfahren, das auf einem Antrag oder einer Beschwerde des Kreis-, Landes- oder Reichsbauernführers beruht, entscheidet das Gericht nach billigem Ermessen darüber, ob den anderen am Verfahren Beteiligten die Kosten ganz oder teilweise aufzuerlegen sind. In den Fällen

des § 15 Abs. 2, 3 des Gesetzes kann unter diesen Voraussetzungen eine Gebühr auferlegt werden.

(6) Soweit einem Beteiligten die Kosten auferlegt werden, trifft ihn auch die Zahlungspflicht.

(7) Gebühren und Auslagen werden erst fällig, wenn das Verfahren in dem Rechtszug beendet ist. Kostenvorschüsse werden vorbehaltlich des § 13 Abs. 2 nicht erhoben.

§ 53

Verfahren

(1) Über die Kosten ist zugleich mit der Entscheidung über die Hauptsache zu entscheiden. Die Anfechtung der Entscheidung über den Kostenpunkt ist unzulässig, wenn nicht gegen die Entscheidung in der Hauptsache ein Rechtsmittel eingelegt wird.

(2) Der Wert des Gegenstandes wird vom Vorsitzenden des Gerichts vorbehaltlich des § 49 Abs. 2 nach freiem Ermessen festgesetzt.

§ 54

Erinnerung

Über Erinnerungen des Zahlungspflichtigen gegen den Ansatz von Gebühren und Auslagen entscheidet der Vorsitzende des Gerichts gebührenfrei. Der Ansatz der Gebühren und Auslagen kann im Verwaltungsweg berichtigt werden, solange nicht über die Erinnerung des Zahlungspflichtigen eine gerichtliche Entscheidung getroffen ist.

§ 55

Beschwerde

(1) Gegen die Entscheidung des Vorsitzenden des Anerbengerichts über den Wert des Gegenstandes (§ 53 Abs. 2) sowie über die Erinnerung (§ 54) findet Beschwerde statt, sofern die Beschwerdesumme den Betrag von fünfzig Reichsmark übersteigt; über die Beschwerde entscheidet das Landgericht endgültig.

(2) Gegen Entscheidungen des Vorsitzenden des Erbhofgerichts über den Wert des Gegenstandes oder über die Erinnerung findet keine Beschwerde statt.

§ 56

Beitreibung

Die Beitreibung der Gerichtskosten einschließlich der Kosten des Reichserbhofgerichts richtet sich nach den Vorschriften, die allgemein für die Beitreibung von Gerichtskosten in dem Lande gelten, dem das Gericht angehört. Die für das Reichserbhofgericht eingezogenen Beträge sind an die Reichskasse abzuführen. Die für Beitreibung der Kosten des Reichsgerichts geltenden Vorschriften finden entsprechende Anwendung.

§ 57

Armenrecht

Ein nach den Vorschriften der Zivilprozeßordnung (§ 118 Abs. 2) für den Schuldner des Kostenbetrags ausgestelltes Zeugnis soll in der Regel ausreichen, um die völlige oder teilweise Niederschlagung oder die Stundung des Kostenbetrags wegen Armut begründen.

§ 58

Ergänzende Bestimmungen

Für die Gebühren und Auslagen im Verfahren vor den Anerbenbehörden gelten im übrigen die Vorschriften des deutschen Gerichtskostengesetzes entsprechend.

§ 59[1])

Gebühren der Rechtsanwälte

(1) Im Verfahren vor den Anerbenbehörden finden die für bürgerliche Rechtsstreitigkeiten geltenden Vorschriften der deutschen Gebührenordnung für Rechtsanwälte sinngemäß Anwendung. In jedem Rechtszuge darf jedoch nicht mehr als eine Gebühr erhoben werden.

(2) Die Vorschriften des § 53 Abs. 2, §§ 54, 55 finden entsprechende Anwendung.

Verschiedenes

§ 60

Ausführungsvorschrift zu §§ 3, 5 des Gesetzes (Vergrößerung eines Erbhofes über die zugelassene Höchstgrenze)

(1) Soll ein Erbhof durch Hinzunahme von Grundstücken über eine Gesamtfläche von einhundertfünfundzwanzig Hektar hinaus vergrößert werden, so werden die hinzugenommenen Flächen nur dann Bestandteil des Erbhofs, wenn der Reichsminister für Ernährung und Landwirtschaft gemäß § 5 des Gesetzes hierzu die Genehmigung erteilt.

(2) Dasselbe gilt, wenn eine Besitzung, die auf Grund des § 5 Erbhof geworden ist, vergrößert werden soll.

(3) Die Vorschriften der §§ 44, 45 dieser Verordnung finden entsprechende Anwendung.

§ 61

Ausführungsvorschrift zu §§ 10, 13 Abs. 3, § 18 des Gesetzes (Erbhofeigenschaft, Bauernfähigkeit)

Der Antrag auf Entscheidung über die Erbhofeigenschaft, Rassereinheit oder Bauernfähigkeit kann auch von demjenigen gestellt werden, der ein rechtliches Interesse an der Feststellung nachweist.

§ 62[2])

Übergangsvorschriften zu § 17 (Eigentum von Ehegatten)

(1) Befindet sich beim Inkrafttreten des Gesetzes eine Besitzung, die abgesehen vom Alleineigentum den Voraussetzungen der §§ 1 bis 4, 6 des Gesetzes entspricht, im Gesamtgut einer ehelichen Gütergemeinschaft oder sonst im Miteigentum von Ehegatten, so ist die Besitzung vom Inkrafttreten des Gesetzes ab Erbhof.

(2) Die Ehegatten können in einem Erbvertrag oder in einem gemeinschaftlichen Testament sich gegenseitig zu Anerben des Erbhofs einsetzen oder bestimmen, daß der Erbhof nach dem Tode des Erstversterbenden oder des überlebenden an eine Person als Anerben fallen soll, die nach dem Reichserbhofgesetz als Anerbe des einen oder des anderen Ehegatten berufen wäre oder bestimmt werden könnte.

---

[1]) Neufassung, s. § 9 der 3. DV.

[2]) Zusatz zu Abs. 4, s. § 2 der 3. DV.

(3) Machen die Ehegatten von dem Recht des Abs. 2 keinen Gebrauch, so fällt der Hof beim Tode der Frau dem Manne als Anerben an. Stirbt der Mann, gleichviel ob vor oder nach der Frau, so fällt der Hof derjenigen Person als Anerben an, die nach dem Reichserbhofgesetze als Anerbe des Mannes berufen ist.

(4) Die Vorschriften der Abs. 1, 2 finden entsprechende Anwendung, wenn die Besitzung zum Gesamtgut einer fortgesetzten Gütergemeinschaft gehört. Haben die Ehegatten keine Bestimmung gemäß Abs. 2 getroffen, so fällt der Hof bei Beendigung der fortgesetzten Gütergemeinschaft derjenigen Person an, die nach dem Reichserbhofgesetz als Anerbe des Mannes berufen ist.

§ 63

Übergangsvorschriften zu § 21 des Gesetzes (Annahme an Kindes Statt)

Hat der Erblasser vor dem 1. Oktober 1933 eine Person an Kindes Statt angenommen, so steht dieses Kind hinsichtlich der Anerbenfolge einem ehelichen Kinde gleich.

§ 64

Ausführungs- und Übergangsvorschriften zu § 37 des Gesetzes (Belastung mit Dienstbarkeiten. Verpachtung des Erbhofs. Teilung eines Erbhofs. Auszahlung einer Hypothek. Siedlungen).

(1) Das im § 37 des Gesetzes ausgesprochene Verbot der Belastung des Erbhofs bezieht sich nicht auf Grunddienstbarkeiten, beschränkte persönliche Dienstbarkeiten oder öffentliche Lasten.

(2) Vom Inkrafttreten des Gesetzes ab bedarf ein Vertrag, durch den der Erbhof oder ein Teil des Erbhofs für einen Zeitraum von mehr als drei Jahren verpachtet wird, der Genehmigung des Anerbengerichts. § 48 Abs. 2, § 49 Abs. 2 des Gesetzes findet entsprechende Anwendung.

(3) Vom Inkrafttreten des Gesetzes ab bedarf die Bildung mehrerer Erbhöfe durch Teilung eines bestehenden Erbhofs der Genehmigung des Anerbengerichts. Einzelnen Teilen des Erbhofs kann die Erbhofeigenschaft nur mit Genehmigung des Anerbengerichts entzogen werden. § 48 Abs. 2, § 49 Abs. 2 des Gesetzes findet entsprechende Anwendung.

(4) Ist vor dem Inkrafttreten des Gesetzes auf eine Besitzung, die Erbhof im Sinne des Gesetzes geworden ist, eine Hypothek eingetragen, der Gegenwert aber noch nicht ausgezahlt, so hindert die Vorschrift des § 37 Abs. 1 des Gesetzes den Gläubiger nicht, durch Auszahlung des Gegenwerts die Hypothek zu erwerben.

(5) Hat eine Besitzung, die auf Grund des Reichssiedlungsgesetzes vom 11. August 1919 oder des Gesetzes über die Neubildung deutschen Bauerntums vom 14. Juli 1933 geschaffen ist, die Erbhofeigenschaft, so steht § 37 Abs. 1 des Gesetzes einer von der Siedlungsbehörde zugelassenen Belastung des Hofes nicht entgegen.

§ 65

Ausführungsvorschriften zu § 39 des Gesetzes (Beitreibung öffentlich-rechtlicher Geldforderungen)

(1) Unterliegt eine unter § 39 Abs. 1 des Gesetzes fallende öffentlich-rechtliche Geldforderung der Beitreibung im Wege des Verwaltungszwangsverfahrens, so gelten die Bestimmungen im Abs. 2 bis 4.

(2) Die mit der Beitreibung befaßte Vollstreckungsbehörde stellt eine Erklärung aus, in der sie

1. Gläubiger und Schuldner sowie Grund und Höhe des Anspruchs bezeichnet,
2. die Verfügung (Entscheidung, Anordnung, Beschluß) angibt, aus der die Verpflichtung zur Zahlung hervorgeht,
3. bescheinigt, daß der Anspruch vollstreckbar und im Verwaltungszwangsverfahren beizutreiben ist.

(3) Die Vollstreckungsbehörde läßt diese Bescheinigung dem Kreisbauernführer zustellen. Hierdurch wird die im § 39 Abs. 2 des Gesetzes vorgesehene Zustellung des Vollstreckungstitels ersetzt.

(4) Falls der Kreisbauernführer gemäß § 39 Abs. 3 des Gesetzes die Schuld für den Reichsnährstand übernehmen will, hat er dies der Vollstreckungsbehörde gegenüber zu erklären. Der Reichsnährstand befriedigt den Gläubiger durch Zahlung an die Vollstreckungsbehörde. Die Verpflichtung des Reichsnährstandes zur Befriedigung des Gläubigers ist abhängig von der Aushändigung einer von der Vollstreckungsbehörde vollzogenen und mit dem Dienstsiegel versehenen Bescheinigung, die den in Abs. 2 angegebenen Inhalt hat und außerdem die Bestätigung enthält, daß der Reichsnährstand die Schuld übernommen und beglichen hat und daß gemäß § 39 Abs. 3 des Gesetzes die Forderung gegen den Schuldner auf den Reichsnährstand übergegangen ist.

(5) Ist die im Abs. 4 bezeichnete Bescheinigung dem Kreisbauernführer ausgehändigt worden, so ist der Reichsnährstand berechtigt, die Forderung nach den Vorschriften über die Beitreibung öffentlicher Abgaben beitreiben zu lassen.

§ 66

Ausführungsvorschrift zu § 43 (Erbhofgericht)

Die Landesgesetzgebung kann bestimmen, daß die Erbhofgerichte als selbständige Behörden eingerichtet werden.

§ 67

Ausführungsvorschrift zu § 55 des Gesetzes (Abgabenfreiheit und Gebührenermäßigung)

(1) Wird eine den §§ 1 bis 4, 6 des Gesetzes entsprechende Besitzung, welche im Eigentum mehrerer Personen oder einer juristischen Person steht, nach dem 30. September 1933 in das Alleineigentum einer bauernfähigen Person überführt und hierdurch, soweit sie es nicht schon ist, in einen Erbhof im Sinne des Reichserbhofgesetzes verwandelt, so wird von der Erhebung von Grunderwerbsteuer, Erbschaftssteuer und Stempelabgaben für die Überführung sowie von Gerichtskosten für die Umschreibung im Grundbuch abgesehen.

(2) Die notariellen oder gerichtlichen Gebühren für die Beurkundung von Erklärungen, welche für die im Abs. 1 bezeichnete Überführung erforderlich sind, werden auf die Hälfte ermäßigt.

(3) Wird eine Besitzung, welche größer ist als 125 Hektar, nach dem 30. September 1933 aus dem Eigentum mehrerer Personen oder einer juristischen Person in das Alleineigentum einer bauernfähigen Person überführt und wird die Besitzung auf Grund eines unverzüglich zu stellenden Antrags gemäß § 5 des Gesetzes als Erbhof zugelassen, so finden die Vor-

schriften der Abs. 1, 2 entsprechende Anwendung. Beträge, die sich hiernach als zuviel gezahlt herausstellen, sind zu erstatten.

§ 68

Übergangsvorschrift zu § 57 des Gesetzes (Gegenseitige Erbeinsetzung. Vor- und Nacherbschaft)

(1) Haben Ehegatten vor dem Inkrafttreten des Gesetzes sich gegenseitig zu Erben eingesetzt und soll nach den Bestimmungen der Verfügung von Todes wegen nach dem Tode des Überlebenden der Nachlaß an Verwandte des Erstverstorbenen fallen, so fällt der Erbhof beim Tode des Überlebenden demjenigen der eingesetzten Verwandten als Anerben an, der nach dem Gesetz als Anerbe des Erstverstorbenen berufen wäre. Soll nach der gemeinschaftlichen Verfügung von Todes wegen ein Verwandter des Erstverstorbenen allein den Hof übernehmen, so fällt der Hof diesem Verwandten als Anerben an, falls er zu den Personen gehört, die nach § 25 des Gesetzes als Anerbe des Erstverstorbenen hätten bestimmt werden können.

(2) Ein Erbhof, der beim Inkrafttreten des Gesetzes zu einer Vorerbschaft gehört, fällt beim Tode des Vorerben demjenigen als Anerbe an, der Anerbe wäre, wenn der Erblasser im Zeitpunkt des Todes des Vorerben verstorben wäre. Hat der Erblasser in einer Verfügung von Todes wegen bestimmt, daß einer der Nacherben allein den Hof übernehmen soll, so fällt der Hof diesem Nacherben als Anerben an, falls er zu den Personen gehört, die nach § 25 des Gesetzes als Anerbe des Erblassers hätten bestimmt werden können.

§ 69

Inkrafttreten

Diese Verordnung tritt mit Wirkung vom 1. Oktober 1933 ab in Kraft.

Anlage 1
(§ 27 Abs. 2)

Gemeinde: *Buchhain*

Erbhöferolle Blatt 25

Name des Erbhofs: *Niederhof* Art: *Abbaustelle*

im Erbe der Bauernfamilie: *Korn*

(auf dem Hof urkundlich seit *1867*).

Lfde. Nr.	Zum Hofe gehören:							Eintragung	Löschung	Bemerkungen
	Bezeichnung im Bestandsverzeichnis des Grundbuchs	eingetragen im Grundbuche von	Bd.	Bl.	in einer Größe von ha	a	qm			
1	2	3	4	5	6	7	8	9	10	11
1	*Hofstelle Abbaustelle Nr. 8*	*Buchhain*	*IV*	*87*	*4*	*3*	*16*	*Nr. 1, 2 u. 3 einge- tragen am 26. 2. 1934 Richter Führer*		
2	*Acker im Mittelfelde*	*Buchhain*	*IV*	*89*	*15*	*2*	—			
3	*Waldwiese*	*Buchhain*	*IV*	*90*	*1*	*32*	*05*			

Gemeinde: ....

Kreis: ....

Anlage 2
(§ 34 Abs. 4)
— Titelseite des Umschlagbogens —

Gemeindeverzeichnis A

(Besitzungen bis zu 125 ha)

Das Verzeichnis besteht aus .... Einlageblättern (Aufzählung auf inliegendem ersten Blatt). Das Verzeichnis enthält sämtliche zur Ernährung einer Familie ausreichenden Besitzungen in unserer Gemeinde, die durch Land- oder Forstwirtschaft oder durch Wein-, Gemüse- oder Obstbau genutzt werden und nicht größer sind als 125 ha.

.........................., den .... 1933.

....
Gemeindevorsteher

An
den Herrn Landrat
in ....

Noch Anlage 2*)

Aufzählung der Einlageblätter

Lfde. Nr.	Name des Eigentümers	Lfde. Nr.	Name des Eigentümers
1	2	1	2
1		28	
2		29	
3		30	
4		31	
5		32	
6		33	
7		34	
8		35	
9		36	
10		37	
11		38	
12		39	
13		40	
14		41	
15		42	
16		43	
17		44	
18		45	
19		46	
20		47	
21		48	
22		49	
23		50	
24		51	
25		52	
26		53	
27		54	

*) Anmerkung: Diese Aufzählung ist das erste Blatt zum Umschlagbogen; sind mehr als 54 Höfe vorhanden, so ist ein neues Blatt einzulegen.

Noch Anlage 2

— Einlageblatt —

Gemeinde: *Buchhain*

Kreis: *Seefeld*

Einlageblatt Nr. ......

Gemeindeverzeichnis A

(Besitzungen bis 125 ha)

Lfde. Nr.	Eigentümer		Hof	Bestandteile			Stellungnahme			Bemerkungen des Anerbengerichts
	Zuname	Vorname	a) Name b) Art (Haus-Nr.) c) Gesamtfläche in ha	Wirtschaftsart	Grundbuchblatt	Größe in ha	des Gemeindevorstehers a) Ist die Besitzung Erbhof? (Nötigenfalls kurze Begründung) b) Bemerkungen	des Landrats	des Kreisbauernführers	
1	2	3	4	5	6	7	8	9	10	11
1	*Korn*	*Peter*	a) *Niederhof* b) *Abbaustelle Nr. 8* c) *20 ha*	*Hofstelle* *Acker* *Wiese*	*Buchhain Bd.IV, Bl. 87* *ebenda Bl. 89* *ebenda Bl. 90*	*4* *15* *1*	a) *Ja* b) *Seit 1867 im Besitz der Familie K.*	*Einverstanden*	*Einverstanden*	*Gerichtliches Verzeichnis Buchhain Nr. 6* *Erbhöferolle Buchhain Bl. 25*

Anerbengericht *Seefeld*

Anlage 3

(§ 35 Abs. 3)

— Titelseite des Umschlagbogens —

Gerichtliches Verzeichnis

der in der Gemeinde *Buchhain* belegenen Höfe, deren Eintragung in die Erbhöferolle in Aussicht genommen ist.

Für die Dauer eines Monats an die Gerichtstafel geheftet am *10. I. 1934*

Dem Gemeindevorsteher in *Buchhain* zugestellt am *17. I. 1934*

Hinweis

Jeder Eigentümer, der in dem Verzeichnisse zu Unrecht nicht eingetragen ist, kann beim Anerbengericht binnen zwei Wochen nach Beendigung des Aushangs an der Gerichtstafel Einspruch einlegen.

Anerbengericht *Seefeld*

Gerichtliches

der Höfe, deren Eintragung in die

Gemeinde

Lfde. Nr.	Lfde. Nr. des Gemeindeverzeichnisses	Eigentümer		Hof a) Name b) Art c) Gesamtgröße in ha	Bestandteile				
		Familienname	Vorname		Wirtschaftsart	Grundbuchblatt	Größe		
							ha	a	qm
1	2	3	4	5	6	7	8	9	10
1	*1*	*Korn*	*Peter*	a) *Niederhof* b) *Abbaustelle Nr. 8* c) *20 ha*	*Hofstelle*	*Buchhain Bd IV Bl. 87*	*4*	*3*	*16*
					Acker im Mittelfeld	*ebenda Bl. 89*	*15*	*2*	—
					Waldwiese	*ebenda Bl. 90*	*1*	*32*	*05*

Einlageblatt Nr.................

Verzeichnis

Noch Anlage 3
— Einlageblatt —

Erbhöferolle in Aussicht genommen ist.

Buchhain

Unterschrift des die Aufnahme anordnenden Vorsitzenden (mit Datum)	Einspruch ist eingelegt a) am b) von	Auf den Einspruch ist entschieden durch		Beschwerde beim Erbhofgericht ist eingelegt	Eingetragen in die Erbhöferolle von *Buchhain*		Bemerkungen
		Zurückweisung am	Stattgabe am		Blatt	am	
11	12	13	14	15	16	17	18
Richter *9. I. 34.*	a) *20. I. 34* b) *Eigentümer*	*10. II. 34*	—	—	*25*	*26. II. 34*	

Noch Anlage 8

— Rückseite der Titelseite —

Aufzählung der Einlageblätter

Lfde. Nr.	Name des Eigentümers	Lfde. Nr.	Name des Eigentümers
1	2	1	2
1		28	
2		29	
3		30	
4		31	
5		32	
6		33	
7		34	
8		35	
9		36	
10		37	
11		38	
12		39	
13		40	
14		41	
15		42	
16		43	
17		44	
18		45	
19		46	
20		47	
21		48	
22		49	
23		50	
24		51	
25		52	
26		53	
27		54	

Das gerichtliche Verzeichnis, enthaltend .... Einlageblätter, wird hiermit abgeschlossen.

Seefeld, den *10. Januar 1934*

Der Vorsitzende des Anerbengerichts

Richter

Anlage 4
(§ 42 Abs. 2)

Liste

der Höfe, die aus dem Gemeindeverzeichnis nicht in das gerichtliche Verzeichnis übernommen sind

Lfde. Nr.	Gemeindeverzeichnis		Sammelakten, Heft, Blatt	Name des Eigentümers	Auszugsweise Angabe der Gründe nach den zu den Akten gebrachten Gründen	Fristen zur Wiedervorlage sind notiert für den	Bemerkungen, insbesondere über etwa später erfolgte Eintragungen in die Erbhöferolle
	der Gemeinde	Nr.					
1	2	3	4	5	6	7	8

Anlage 5
(§ 43 Abs. 2)

Gemeinde .... Einlageblatt Nr. ....

Kreis ....

Gemeindeverzeichnis B

(Besitzungen über 125 ha)

Lfde. Nr.	Eigentümer		Besitzung			
	Zuname	Vorname	Name	Art	Grundbuch	Größe in ha
1	2	3	4	5	6	7

Anlage 6
(§ 44 Abs. 2)
— Titelseite des Antragbogens —

Antrag

auf Zulassung einer Besitzung über 125 ha als Erbhof gemäß § 5 des Reichserbhofgesetzes vom 29. September 1933 (Reichsgesetzbl. I S. 685) und § 44 der 1. DurchfVO. vom 19. Oktober 1933 (Reichsgesetzbl. I S. 749)

Antragsteller: ....
(Zuname, Vorname, Stand)

in ....
(genaue Anschrift)

Anerbengericht in ....

Kreisbauernschaft des Kreises .... in ....

Landesbauernschaft .... in ....

Noch Anlage 6

— Seite 2 des Antragbogens —

Ich bitte, *meine* unten näher bezeichnete Besitzung, die in der Gemeinde *Buchhain* Kreis *Seefeld* gelegen ist, als Erbhof zuzulassen.

Eigentümer Zuname Vorname	Besitzung a) Name b) Art c) Gesamtgröße in ha	Bestandteile der Besitzung: Wirtschaftsart der Grundstücke	Grundbuchblatt	Größe in ha	Steuerlicher Einheitswert in RM	Belastung	Persönliche Schulden des Eigentümers in RM	Angaben über sonstige Besitzungen des Antragstellers, und zwar Lage, Art und Größe
1	2	3	4	5	6	7	8	9
Schäfer, Paul	*a) Heidehof* *b) Vollhof* *c) 210 ha*	*Hofstelle*	*Buchhain Bd. V Bl. 15*	*10*				
		Acker	*ebenda Bl. 20*	*50*				
		Wiese	*Bl. 20*	*50*				
		Wald	*Bl. 20*	*100*				

Zur Begründung meines Antrags führe ich folgendes an*):

(Ort, Tag) (Unterschrift)**)

*) Falls der Raum nicht ausreicht, kann ein Blatt eingelegt werden.
**) Die Richtigkeit der Angaben ist an Eides Statt zu versichern (§ 44 Abs. 2).

Noch Anlage 6

— Seite 3 des Antragbogens —

Stellungnahme***)

1. des Anerbengerichts
2. des Kreisbauernführers
3. des Landesbauernführers

***) Für längere Stellungnahmen steht Seite 4 des Antragbogens zur Verfügung.

2. Zweite Durchführungsverordnung z. Reichserbhofgesetz.

Vom 19. Dezember 1933.

Auf Grund der §§ 46, 51, 52, 61 des Reichserbhofgesetzes vom 29. September 1933 (Reichsgesetzbl. I S. 685) wird folgendes verordnet:

§ 1

Ausführungsvorschrift zu § 1 des Gesetzes
(Eintragung in die Erbhöferolle)

(1) Die Eintragung eines Grundstücks in die Erbhöferolle begründet die Vermutung, daß das Grundstück Erbhofeigenschaft besitzt.

(2) Sobald die Erbhöferolle als angelegt anzusehen ist, wird vermutet, daß Grundstücke, die nicht in die Erbhöferolle eingetragen sind, die Erbhofeigenschaft nicht besitzen.

(3) Der Zeitpunkt, in dem die Erbhöferolle als angelegt anzusehen ist, wird vom Reichsminister der Justiz im Reichsgesetzblatt bekanntgegeben.

§ 2

Ausführungsvorschrift zu § 9 des Gesetzes
(Nutzungsrechte)

Forstnutzungsrechte, sonstige dem Erbhof dienende dingliche Nutzungsrechte, Anteile an einer Waldgenossenschaft und ähnliche dem Erbhof dienende Rechte gehören zum Erbhof, gleichviel ob sie mit dem Eigentum am Erbhof verbunden sind oder dem Bauern persönlich zustehen. Das gleiche gilt für den Anteil an einer Molkerei, Zuckerfabrik oder ähnlichen Einrichtung, in der Erzeugnisse des Erbhofs verarbeitet oder verwertet werden, sowie für den Anteil an einer gemeinschaftlichen benutzten Dreschmaschine oder ähnlichen Anlage.

§ 3

Ausführungsvorschrift zu § 12 des Gesetzes
(Staatsangehörigkeit)

Von dem Erfordernis der deutschen Staatsangehörigkeit kann der Reichsminister für Ernährung und Landwirtschaft auf Antrag des Eigentümers Ausnahmen gewähren.

§ 4

Ausführungsvorschrift zu §§ 12, 13 des Gesetzes (Nachweis der Staatsangehörigkeit und der Abstammung)

Bescheinigungen von Verwaltungs- oder Kirchenbehörden, die zur Durchführung der §§ 12, 13 des Gesetzes erforderlich werden, sind gebühren- und stempelfrei.

§ 5

Übergangsvorschrift zu § 17 des Gesetzes
(Eigentum von Ehegatten)

(1) Befindet sich beim Inkrafttreten dieser Verordnung eine von einer Hofstelle aus bewirtschaftete Besitzung

a) zum Teil im Alleineigentum des Ehemannes und zum Teil im Alleineigentum der Ehefrau oder

b) zum Teil im gemeinschaftlichen Eigentum beider Ehegatten und zum Teil im Alleineigentum eines oder jedes der Ehegatten

und entspricht die Besitzung, abgesehen von diesen Eigentumsverhältnissen, den Voraussetzungen der §§ 1 bis 4, 6 des Gesetzes, so wird die Besitzung vom Inkrafttreten dieser Verordnung ab Erbhof.

(2) Die Ehegatten können durch Erbvertrag oder gemeinschaftliches Testament sich gegenseitig zu Anerben des Erbhofs einsetzen oder bestimmen, daß der Erbhof nach dem Tode des Erstversterbenden oder des Überlebenden an eine Person als Anerbe fallen soll, die nach dem Reichserbhofgesetz als Anerbe des einen oder des anderen Ehegatten berufen wäre oder bestimmt werden könnte. Die Vorschriften, wonach zur Bestimmung des Anerben in gewissen Fällen die Zustimmung des Anerbengerichts erforderlich ist, bleiben unberührt; dies gilt nicht für gemeinschaftliche Testamente und Erbverträge, die vor dem Inkrafttreten dieser Verordnung errichtet worden sind.

(3) Machen die Ehegatten von dem Recht des Abs. 2 keinen Gebrauch, so fällt der Erbhof beim Tode der Frau dem Manne als Anerben an. Stirbt der Mann, gleichviel ob vor oder nach der Frau, so fällt der Hof derjenigen Person als Anerben an, die nach dem Reichserbhofgesetz als Anerbe des Mannes berufen ist; der Ehefrau steht bis zur Vollendung des 25. Lebensjahres des Anerben die Verwaltung und Nutznießung des Hofes zu, falls dieses Recht nicht durch Erbvertrag oder gemeinschaftliches Testament ausgeschlossen oder beschränkt ist.

§ 6

Übergangsvorschrift zu § 17 des Gesetzes (Eigentum von Ehegatten)

(1) Haben im Falle des § 62 Abs. 4 der Ersten Durchführungsverordnung die Ehegatten den Anerben nicht gemeinschaftlich bestimmt, so kann mit Zustimmung des Anerbengerichts auch der überlebende Ehegatte allein unter den anteilsberechtigten Abkömmlingen den Anerben bestimmen.

(2) In den Fällen des § 62 Abs. 2 der Ersten Durchführungsverordnung bleiben die Vorschriften, wonach zur Bestimmung des Anerben in gewissen Fällen die Zustimmung des Anerbengerichts erforderlich ist, unberührt; dies gilt nicht für gemeinschaftliche Testamente und Erbverträge, die vor dem Inkrafttreten des Gesetzes errichtet worden sind.

(3) Im Falle des § 62 Abs. 4 Satz 2 der Ersten Durchführungsverordnung kann das Anerbengericht auf Antrag bestimmen, daß in der Zeit nach Beendigung der fortgesetzten Gütergemeinschaft dem überlebenden Ehegatten die Verwaltung und Nutznießung des Erbhofs zustehen soll, und zwar auch über das fünfundzwanzigste Lebensjahr des Anerben hinaus, jedoch höchstens auf Lebenszeit. Dies gilt nicht, wenn die fortgesetzte Gütergemeinschaft auf Grund § 1495 des Bürgerlichen Gesetzbuchs durch Urteil aufgehoben worden ist.

(4) In den Fällen der Abs. 1, 3 finden die Vorschriften des § 48 Abs. 2, § 49 Abs. 2 des Gesetzes entsprechende Anwendung.

(5) Für das Verfahren gemäß Abs. 1, 3 wird eine volle Gebühr erhoben. Die Vorschriften der § 49 Abs. 2, § 53 Abs. 2 der Ersten Durchführungsverordnung finden entsprechende Anwendung.

§ 7

Übergangsvorschrift zu § 21 Abs. 6 des Gesetzes (Annahme an Kindes Statt)

Das Anerbengericht kann für den nächsten auf das Inkrafttreten des Gesetzes folgenden Erbfall zulassen, daß ein an Kindes Statt angenommenes Kind zum Anerben bestimmt wird, wenn es beim Inkrafttreten des Gesetzes bereits längere Zeit wie ein Kind im Haus des Bauern gelebt hatte. Die Vorschriften des § 48 Abs. 2, § 49 Abs. 2 des Gesetzes finden entsprechende Anwendung.

§ 8

Ausführungsvorschrift zu § 21 Abs. 7 des Gesetzes (Vorrang der Tochter)

Die Vorschrift des § 21 Abs. 7 findet nur für den ersten Erbfall nach dem Zeitpunkt Anwendung, in dem die Besitzung Erbhof geworden ist; bei Anwendung der Vorschrift macht es keinen Unterschied, ob die Söhne oder Sohnessöhne schon zu dem vorbezeichneten Zeitpunkt nicht vorhanden oder nicht bauernfähig waren oder erst später weggefallen sind.

§ 9

Ausführungsvorschrift zu § 25 des Gesetzes (Zustimmung des Anerbengerichts)

In allen Fällen, in denen nach dem Gesetz oder den Durchführungsvorschriften zur Errichtung einer Verfügung von Todes wegen die Zustimmung des Anerbengerichts erforderlich ist, kann die Zustimmung vor oder nach der Errichtung der Verfügung von Todes wegen beantragt werden. Antragsberechtigt ist der Erblasser, bei einem Erbvertrag auch die andere Vertragspartei. Nach dem Tode des Erblassers ist, falls bis dahin eine rechtskräftige Entscheidung des Anerbengerichts nicht ergangen ist, jeder antragsberechtigt, der ein berechtigtes Interesse an der Entscheidung des Anerbengerichts nachweist.

§ 10[1])

Ausführungsvorschrift zu §§ 25, 37 des Gesetzes (Notar)

Ist ein Rechtsgeschäft, das der Zustimmung oder Genehmigung des Anerbengerichts bedarf, von einem Notar beurkundet oder beglaubigt, so gilt der Notar als ermächtigt,[2]) im Namen des Antragsberechtigten die Entscheidung des Anerbengerichts zu beantragen. Anträgen und Eingaben, die der Notar in diesen Sachen an die Anerbenbehörden richtet, stehen die Vorschriften des § 14 Abs. 2 der Ersten Durchführungsverordnung, mit Ausnahme der die arische Abstammung betreffenden, nicht entgegen.

Zur Einlegung der sofortigen weiteren Beschwerde an das Reichserbhofgericht bedarf es der Zuziehung eines Rechtsanwalts nicht, wenn die Be-

---

[1]) Neue Absätze 3 und 4, s. § 9 der 3. DV.

[2]) Die Ermächtigung des Notars nach Abs. 1 ist eine gesetzliche Vollmachtsvermutung, welche den Nachweis einer Vollmacht des Notars entbehrlich macht. Die Vermutung beschränkt sich auf die Antragstellung zur Herbeiführung einer Entscheidung der Anerbenbehörde erster Instanz. Vermutet wird nur, daß der Antragsberechtigte eine Entscheidung des Anerbengerichts beantragen will, nicht aber, daß der Notar zur Wahrung der Rechte der Partei im Verfahren selbst (z. B. Einlegung von Rechtsmitteln) bevollmächtigt sein soll. Die Bekanntmachung der Entscheidung hat deshalb nicht nur an den Notar, sondern auch an den Antragsberechtigten zu erfolgen, damit die Rechtsmittelfristen in Lauf gesetzt werden. Diese Auffassung steht nicht im Widerspruch mit Abs. 2, da diese Bestimmung nicht die Frage der Bevollmächtigung des Notars, sondern die Entbehrlichkeit der Zuziehung eines Rechtsanwalts betrifft; vgl. § 29 Abs. 1 S. 3 FGG., a. A. Vogels Anm. zu § 10 der 2. DV.

schwerde von einem Notar eingelegt wird, der in der Angelegenheit für den Beschwerdeführer einen Antrag beim Anerbengericht gestellt hat.

§ 11

Ausführungsvorschrift zu §§ 25, 37 des Gesetzes (Wirksamkeit der Zustimmung oder Genehmigung des Anerbengerichts)

In allen Fällen, in denen nach dem Gesetz oder den Durchführungsvorschriften die Zustimmung oder Genehmigung des Anerbengerichts erforderlich ist, wirkt diese erst mit der Rechtskraft.

§ 12

Übergangsvorschrift zu § 25 des Gesetzes (Bestimmung des Anerben)

Ist jemand, dessen Ehegatte vor dem Inkrafttreten des Gesetzes gestorben ist, Eigentümer eines Erbhofs, der von der Seite des Verstorbenen herstammt, so kann er zum Anerben auch eine Person bestimmen, die zum Anerben des anderen Ehegatten hätte bestimmt werden können. Die Vorschriften wonach zur Bestimmung des Anerben in gewissen Fällen die Zustimmung des Anerbengerichts erforderlich ist, bleiben unberührt; dies gilt nicht für Verfügungen von Todes wegen, die vor dem Inkrafttreten des Gesetzes errichtet worden sind.

§ 13

Ausführungsvorschrift zu § 26 des Gesetzes (Verwaltung und Nutznießung des Ehegatten des Erblassers)

(1) Durch Testament oder Erbvertrag kann bestimmt werden, daß dem Ehegatten des Erblassers die Verwaltung und Nutznießung des Erbhofs zustehen soll, und zwar für den Fall, daß der Anerbe zur ersten oder vierten Anerbenordnung gehört, bis zur Vollendung des fünfundzwanzigsten Lebensjahrs des Anerben, für andere Fälle auch darüber hinaus, jedoch höchstens auf Lebenszeit.

(2) Hat der Anerbe das dreißigste Lebensjahr vollendet, so kann das Anerbengericht auf Antrag des Landesbauernführers die in Abs. 1 bezeichnete Verwaltung und Nutznießung aufheben.

§ 14

Ausführungsvorschrift zu § 29 des Gesetzes (Staatsangehörigkeit)

Im Falle des § 29 Abs. 3 wird die Frist auch dadurch gewahrt, daß der zum Anerben Berufene den im § 3 dieser Verordnung vorgesehenen Antrag auf Befreiung vom Erfordernis der deutschen Staatsangehörigkeit stellt. Wird dieser Antrag abgelehnt, so beginnt die im § 29 Abs. 3 vorgesehene Frist, falls sie nicht bei Stellung des vorerwähnten Antrags bereits abgelaufen war, mit Zustellung des ablehnenden Bescheides von neuem zu laufen.

§ 15

Ausführungsvorschrift zu § 37 des Gesetzes (Veräußerung oder Belastung)

(1) Der Antrag auf Erteilung der im § 37 für die Veräußerung oder Belastung vorgesehenen Genehmigung kann sowohl von dem Eigentümer

als auch von demjenigen gestellt werden, zu dessen Gunsten die Veräußerung oder Belastung stattfindet.

(2) Die Genehmigung ist auch dann erforderlich, wenn vor dem Inkrafttreten des Gesetzes die auf Veräußerung oder Belastung gerichtete Erklärung des Eigentümers bindend geworden und der Antrag auf Eintragung beim Grundbuchamt gestellt, die Eintragung aber vor dem vorbezeichneten Zeitpunkt noch nicht bewirkt worden ist. Das Anerbengericht soll in diesen Fällen in der Regel die Genehmigung erteilen, wenn nicht besondere Gründe dagegen sprechen.

(3) Als Belastung des Grundstücks gilt vorbehaltlich des § 64 Abs. 4 der Ersten Durchführungsverordnung auch die Veräußerung oder Belastung einer Eigentümergrundschuld.

§ 16
Ausführungsvorschrift zu § 37 des Gesetzes
(Zusammenlegungsverfahren)

Zur Einbeziehung eines Erbhofs in ein Verfahren zur Zusammenlegung zersplitterten Grundbesitzes (Umlegung, Feld- und Flurbereinigung) ist die Zustimmung des Anerbengerichts nicht erforderlich.

§ 17
Übergangsvorschrift zu § 37 des Gesetzes
(Osthilfeentschuldung)

Im Osthilfegebiet (§ 97 Abs. 1 des Schuldenregelungsgesetzes vom 1. Juni 1933) können Erbhöfe in den beim Inkrafttreten des Reichserbhofgesetzes anhängigen Entschuldungsverfahren ohne Genehmigung des Anerbengerichts mit einer Entschuldungshypothek zugunsten der Bank für deutsche Industrie-Obligationen oder mit einer Betriebssicherungs-Hypothek zugunsten des Reichs belastet werden.

§ 18
Ausführungsvorschrift zu § 38 des Gesetzes
(Eigentümergrundschuld)

In eine Eigentümergrundschuld am Erbhof kann nicht vollstreckt werden.

§ 19
Übergangsvorschrift zu § 38 des Gesetzes
(Kosten)

Wird infolge des Vollstreckungsverbots des § 38 des Gesetzes ein Zwangsversteigerungs- oder Zwangsverwaltungsverfahren aufgehoben, so werden die staatlichen Gebühren des Verfahrens niedergeschlagen.

§ 20
Übergangsbestimmung zu §§ 38, 59 des Gesetzes
(Früchtepfandrecht)

Wird aus Ansprüchen, die gemäß § 1 der Notverordnung zur Sicherung der Düngemittel- und Saatgutversorgung vom 19. Januar 1933 (Reichsgesetzbl. I S. 23) und § 1 des Gesetzes zur Versorgung mit Schädlingsbekämpfungsmitteln und Hopfenbindematerial vom 25. April 1933 (Reichsgesetzbl. I S. 227) durch ein gesetzliches Pfandrecht gesichert sind, in die dem Pfandrecht unterliegenden Gegenstände vollstreckt, so unterliegt die Vollstreckung nicht den aus § 39 Abs. 2 bis 4 in Verbindung mit § 59 des Gesetzes sich ergebenden Beschränkungen.

§ 21

Ausführungsvorschrift zu § 45 des Gesetzes (Rechtsstellung des Kreis- oder Landesbauernführers im Verfahren)

Der Kreis- oder Landesbauernführer ist kraft Gesetzes von der Ausübung des Richteramts ausgeschlossen, wenn er das Verfahren durch seinen Antrag in Gang gebracht oder in der Sache Beschwerde eingelegt hat.

§ 22

Ausführungsvorschrift zu § 51 des Gesetzes (Gebühren und Auslagen der Zeugen, Sachverständigen und Gerichtsvollzieher)

(1) Für die Gebühren und Auslagen der Zeugen und Sachverständigen im Verfahren vor den Anerbenbehörden gelten die Vorschriften der deutschen Gebührenordnung für Zeugen und Sachverständige sinngemäß.

(2) Für die Gebühren und Auslagen der Gerichtsvollzieher im Verfahren vor den Anerbenbehörden gelten die Vorschriften der deutschen Gebührenordnung für Gerichtsvollzieher sinngemäß.

§ 23

Ausführungsvorschrift zu § 53 des Gesetzes (Grundbuch)

Für die Vereinigung der zu einem Erbhof gehörenden Grundstücke zu einem Grundstück sowie für die gerichtliche Beurkundung eines hierauf gerichteten Antrags werden keine Gebühren erhoben.

§ 24[1])

Ausführungsvorschrift zu § 55 des Gesetzes (Grundstückszubehörsteuer)

Der Anerbe hat für den Übergang des Erbhofzubehörs keine Grundstückszubehörsteuer (Inventarsteuer) zu zahlen.

§ 25

Übergangsvorschrift zu § 57 des Gesetzes (Gegenseitige Erbeinsetzung)

Die Vorschriften des § 68 Abs. 1 der Ersten Durchführungsverordnung gelten nur für den Fall, daß der eine der Ehegatten vor dem Zeitpunkt, in dem die Besitzung Erbhof geworden ist, gestorben ist.

§ 26

Ausführungsvorschrift zu § 60 des Gesetzes (Renten- und Ansiedlungsgüter)

Unberührt bleiben die landesgesetzlichen Vorschriften über das Anerbenrecht bei Renten- und preußischen Ansiedlungsgütern von nicht mehr als einhundertfünfundzwanzig Hektar, soweit diese Güter nicht Erbhof werden.

§ 27

Ausführungsvorschrift zu §§ 60, 61 des Gesetzes (Erbpachtgüter und Lehnbauerngüter)

(1) Entspricht ein Erbpachtgut, abgesehen davon, daß es nur im Nutzeigentum des Erbpächters steht, den Voraussetzungen für die Entstehung eines Erbhofs, so ist es als Erbhof anzusehen.

---

[1]) Neuer Zusatz, s. § 12 der 3. DV.

(2) Durch ein mit Zustimmung der Reichsminister der Justiz und für Ernährung und Landwirtschaft zu erlassendes Landesgesetz kann bestimmt werden, daß das Nutzeigentum von Erbpächtern ohne Entschädigung des Obereigentümers in freies Eigentum des Erbpächters umgewandelt wird.

(3) Durch das im Abs. 2 bezeichnete Landesgesetz kann auch bestimmt werden,

1. daß Belastungen und Beschränkungen des Nutzeigentums als Belastungen des Eigentums bestehen bleiben;
2. daß Rechte, die dem Erbpächter aus dem Erbpachtverhältnis gegen den Obereigentümer zustehen, bestehen bleiben;
3. daß die in Nr. 1, 2 bezeichneten Lasten und Rechte im Grundbuch der beteiligten Grundstücke eingetragen werden;
4. daß die aus dem Erbpachtverhältnis herrührenden Lasten und Rechte den Vorrang vor anderen Rechten haben.

(4) Die Überleitung von Belastungen und Beschränkungen des Nutzeigentums in Belastungen des Eigentums bedarf nicht der im § 37 des Gesetzes vorgesehenen Genehmigung des Anerbengerichts.

(5) Die Vorschriften der Abs. 1 bis 4 finden auf Lehnbauerngüter entsprechende Anwendung.

§ 28

Übergangsvorschrift zu § 60 des Gesetzes (Landesgesetze)

Die landesgesetzlichen Vorschriften über das Anerbenrecht treten für die Besitzungen über einhundertfünfundzwanzig Hektar, die bisher kraft Eintragung oder kraft Gewohnheitsrechts dem Anerbenrecht unterworfen waren, erst mit dem Zeitpunkt außer Kraft, in dem über ihre Zulassung gemäß § 5 des Gesetzes entschieden ist, spätestens jedoch mit dem 1. Juli 1934. Die Vorschriften des § 60 Abs. 2 des Gesetzes bleiben unberührt.

§ 29

Inkrafttreten

Diese Verordnung tritt mit Wirkung vom 1. Oktober 1933 ab, hinsichtlich der §§ 5, 27 jedoch erst mit dem Tage der Verkündung in Kraft.

3. Dritte Durchführungsverordnung zum Reichserbhofgesetz.

Vom 27. April 1934.

(RGBl. I S. 349.)

Auf Grund der §§ 46, 47, 51, 61 des Reichserbhofgesetzes vom 29. September 1933 (Reichsgesetzbl. I S. 685) wird folgendes verordnet:

§ 1

Übergangsvorschrift zu § 17 des Gesetzes (Ansiedlerstellen)

(1) Erwerben Eheleute in einem Siedlungsverfahren im Sinne des Reichssiedlungsgesetzes vom 11. August 1919 oder des Gesetzes über die Neubildung deutschen Bauerntums vom 14. Juli 1933 auf Grund eines vor dem 1. Oktober 1933 abgeschlossenen Vertrages nach dem 30. Sep-

tember 1933 eine Ansiedlerstelle zum gemeinsamen Eigentum im Sinne des § 62 Abs. 1 der Ersten Durchführungsverordnung und entspricht diese Besitzung, abgesehen vom Alleineigentum, den Voraussetzungen der §§ 1 bis 4, 6 des Gesetzes, so wird die Besitzung mit der Überführung in das Eigentum der Eheleute Erbhof.

(2) Die Vorschriften des Absatz 1 gelten entsprechend für die Vergrößerung eines Kleinbetriebes auf die Größe einer Ackernahrung gemäß § 1 des Reichssiedlungsgesetzes vom 11. August 1919.

(3) Die Vorschriften des § 62 Abs. 2, 3 der Ersten und § 6 Abs. 2 der Zweiten Durchführungsverordnung finden entsprechende Anwendung.

§ 2

Übergangsvorschrift zu § 17 des Gesetzes
(Fortgesetzte Gütergemeinschaft)

§ 62 Abs. 4 der Ersten Durchführungsverordnung erhält folgenden Zusatz:

„Der vorstehende Satz gilt nicht, wenn alle Anteile an der fortgesetzten Gütergemeinschaft sich in der Hand des überlebenden Ehegatten vereinigen (§§ 1490, 1491 des Bürgerlichen Gesetzbuchs)."

§ 3

Ausführungsvorschrift zu § 19 des Gesetzes
(Erbschein)

(1) Gehört zu einem Nachlaß ein Erbhof, so ist in dem Erbschein auch der Anerbe als solcher aufzuführen.

(2) Der Anerbe kann auch beantragen, daß ihm das Nachlaßgericht einen Erbschein ausstellt, in dem lediglich seine Folge in den Erbhof bescheinigt wird.

(3) Auf den Nachweis des Übergangs des Erbhofs gemäß § 22 Abs. 3 des Gesetzes, § 62 der Ersten Durchführungsverordnung, § 5 der Zweiten Durchführungsverordnung finden die Vorschriften über den Erbschein entsprechende Anwendung.

§ 4

Übergangsvorschrift zu §§ 21, 58 des Gesetzes
(Nächster Erbfall)

Wenn in den Fällen des § 62 der Ersten oder des § 5 der Zweiten Durchführungsverordnung zunächst der überlebende Ehegatte Anerbe geworden ist, wird bei Anwendung des § 58 des Gesetzes und der §§ 7, 8 der Zweiten Durchführungsverordnung der Tod des überlebenden Ehegatten noch als erster oder nächster Erbfall angesehen.

§ 5

Ausführungsvorschrift zu § 27 des Gesetzes
(Hofname)

(1) Hat der Erblasser gemäß §§ 27, 28 des Gesetzes durch Verfügung von Todes wegen bestimmt, daß der Anerbe als Zusatz zu seinem Namen den Hofnamen führt, so tritt die Namensänderung mit dem Anfall des Erbhofs ein; sie erstreckt sich nicht auf die Ehefrau oder die Kinder des Anerben.

(2) Der Hofname wird im Falle des Abs. 1 mit einem Bindestrich mit dem Familiennamen des Anerben verbunden. Bestehen Zweifel über den Hofnamen, so entscheidet auf Antrag eines Beteiligten oder von Amts wegen das Anerbengericht endgültig. Das Anerbengericht soll vor der Entscheidung den Kreisbauernführer hören. Das Anerbengericht teilt dem Nachlaßgericht beglaubigte Abschrift seiner Entscheidung mit.

(3) Der Anerbe kann, wenn ein wichtiger Grund vorliegt, die Führung des Namenszusatzes durch Erklärung gegenüber dem Anerbengericht ablehnen. Die Vorschriften über die Ausschlagung einer Erbschaft finden entsprechende Anwendung. Darüber, ob ein wichtiger Grund vorliegt, entscheidet von Amts wegen nach Anhörung des Kreisbauernführers das Anerbengericht endgültig. Das Anerbengericht teilt dem Nachlaßgericht beglaubigte Abschrift seiner Entscheidung mit.

(4) Sobald der Namenszusatz und seine Annahme feststeht, veranlaßt das Nachlaßgericht die Eintragung eines Randvermerks im Geburts- und Heiratsregister des Anerben.

(5) Für das Verfahren des Anerbengerichts und des Nachlaßgerichts gemäß Abs. 2 bis 4 werden keine Gebühren erhoben.

§ 6

Ausführungsvorschrift zu § 37 des Gesetzes
(Belastung eines Erbhofs bei seiner Entstehung)

Die im § 37 des Gesetzes für die Belastung eines Erbhofs vorgesehene Genehmigung des Anerbengerichts ist nicht erforderlich, wenn die Besitzung erst durch ein Veräußerungsgeschäft Erbhofeigenschaft erlangt und die Belastung im Zusammenhang mit dem Veräußerungsgeschäft erfolgt.

§ 7

Ausführungsvorschrift zu § 46 des Gesetzes
(Beteiligter)

Abs. 2 des § 12 der Ersten Durchführungsverordnung erhält folgende Fassung:

„Eine Entscheidung soll nur ergehen, nachdem den Beteiligten zuvor Gelegenheit zur Äußerung gegeben ist. Wer im Sinne dieser Vorschrift als Beteiligter anzusehen ist, entscheidet das Gericht nach freiem Ermessen."

§ 8

Ausführungsvorschrift zu § 47 des Gesetzes
(Reichserbhofgericht)

§ 6 der Ersten Durchführungsverordnung vom 19. Oktober 1933 (Reichsgesetzbl. I S. 749) wird durch folgende Vorschriften ersetzt:

„§ 6

Einrichtung des Reichserbhofgerichts

(1) Das Reichserbhofgericht wird beim Reichsministerium für Ernährung und Landwirtschaft gebildet. Es kann auch außerhalb von Berlin Sitzungen abhalten. Präsident des Reichserbhofgerichts ist der Reichsminister für Ernährung und Landwirtschaft. Auf seinen Vorschlag ernennt der Reichspräsident einen zum Richteramt befähigten

Beamten hauptamtlich oder für die Dauer seines Hauptamtes nebenamtlich zum Vizepräsidenten.

(2) Beim Reichserbhofgericht werden Senate gebildet. Die Zahl der Senate bestimmt der Reichsminister für Ernährung und Landwirtschaft im Einvernehmen mit dem Reichsminister der Justiz. Jeder Senat entscheidet in der Besetzung mit einem Vorsitzenden, zwei beamteten Beisitzern und zwei Reichserbhofrichtern.

(3) Den Vorsitz führt der Präsident, der Vizepräsident, ein Senatspräsident, ein von dem Präsidenten mit dem Vorsitz beauftragtes beamtetes Mitglied oder bei Behinderung einer dieser Personen ein zu ihrem Vertreter bestimmter beamteter Beisitzer.

(4) Die Senatspräsidenten und die beamteten Beisitzer müssen die Befähigung zum Richteramt haben. Sie werden vom Reichsminister für Ernährung und Landwirtschaft im Einvernehmen mit dem Reichsminister der Justiz vorgeschlagen und durch den Reichspräsidenten hauptamtlich auf Lebenszeit oder nebenamtlich für die Dauer ihres Hauptamts oder für einen Zeitraum von mindestens drei Jahren ernannt. Die hauptamtlich ernannten Beisitzer führen die Bezeichnung Reichserbhofgerichtsräte.

(5) Die allgemeinen Vorschriften über Dienstvergehen der Reichsbeamten finden auf die hauptamtlich ernannten Mitglieder des Reichserbhofgerichts und bei Handlungen, die in Ausübung des Richteramts begangen sind, auch auf die nebenamtlich ernannten Mitglieder nur insoweit Anwendung, als nicht nachstehend etwas anderes vorgeschrieben ist. Sie dürfen wider ihren Willen nur wegen eines Dienstvergehens und nur durch eine in einem förmlichen Dienststrafverfahren ergangene Entscheidung aus ihrem Amte entfernt werden. Die Entfernung aus dem Amte darf nur in Dienstentlassung bestehen. Dienststrafen jeder Art dürfen nur in einem förmlichen Dienststrafverfahren durch die entscheidenden Dienststrafbehörden auf Grund der §§ 84 bis 118 des Reichsbeamtengesetzes verhängt werden. Bei der Entscheidung dürfen nur richterliche Mitglieder der Dienststrafbehörden mitwirken.

(6) Die hauptamtlich ernannten Mitglieder des Reichserbhofgerichts treten mit Ablauf des Vierteljahrs in den Ruhestand, das auf den Monat folgt, in dem sie das achtundsechzigste Lebensjahr vollendet haben. Die Ernennung eines nebenamtlich ernannten Mitglieds darf, wenn sie für die Dauer seines Hauptamts erfolgt, vor Beendigung seiner hauptamtlichen Tätigkeit, wenn sie auf bestimmte Zeit erfolgt, vor Ablauf dieser Zeit nicht widerrufen werden.

(7) Der Reichsminister für Ernährung und Landwirtschaft ist ermächtigt, bei Bedarf im Einvernehmen mit dem Reichsminister der Justiz aus der Zahl der im Dienst des Reichs oder eines deutschen Landes stehenden planmäßig angestellten richterlichen Beamten Hilfsrichter zum Reichserbhofgericht einzuberufen. Die Abordnung eines Hilfsrichters ist für die Zeit, für die er einberufen ist, unwiderruflich.

(8) Die Reichserbhofrichter werden auf Vorschlag des Reichsbauernführers vom Reichsminister für Ernährung und Landwirtschaft auf die Dauer von drei Jahren ernannt. Im übrigen finden die Vorschriften des § 45 des Gesetzes sowie des § 3 Abs. 3 bis 6, § 4 dieser Verordnung entsprechende Anwendung.

(9) Vor Beginn des Geschäftsjahrs verteilt der Präsident die Geschäfte auf die Senate und bestimmt, in welcher Reihenfolge die Mitglieder des Reichserbhofgerichts zu den Sitzungen heranzuziehen sind, und bezeichnet die regelmäßigen Vertreter der Vorsitzenden und Beisitzer.

(10) Der Geschäftsgang wird durch eine Anweisung geregelt, die vom Reichsminister für Ernährung und Landwirtschaft und vom Reichsminister der Justiz gemeinschaftlich erlassen wird."

„§ 6a

Der Große Senat des Reichserbhofgerichts

(1) Will in einer grundsätzlichen Rechtsfrage ein Senat von der Entscheidung eines anderen Senats abweichen, so hat er die Sache zur Entscheidung an den Großen Senat zu verweisen. Der verweisende Senat hat in dem Verweisungsbeschluß die Entscheidung, von der er abweichen will, zu bezeichnen und seine eigene Rechtsauffassung zu begründen. Die Verweisung findet nicht statt, wenn der Senat, von dessen Entscheidung abgewichen werden soll, der Abweichung zustimmt.

(2) Die Vorschriften des Abs. 1 finden auch dann Anwendung, wenn ein Senat von einer Entscheidung des Großen Senats abweichen will.

(3) Der Große Senat besteht aus dem Vorsitzenden und acht Beisitzern. Den Vorsitz führt der Präsident oder der Vizepräsident des Reichserbhofgerichts. Als Beisitzer wirken mit vier beamtete Mitglieder des Reichserbhofgerichts und vier Reichserbhofrichter.

(4) Die Beisitzer und ihre Stellvertreter werden für je ein Kalenderjahr im voraus durch den Präsidenten des Reichserbhofgerichts ausgewählt.

(5) Der verweisende Senat bestimmt eines seiner beamteten Mitglieder, das für die Entscheidung der Sache in den Großen Senat eintritt. Gehört dieses Mitglied nicht zu den nach Abs. 4 bestimmten Beisitzern, so scheidet von den bezeichneten Beisitzern der dem Dienstalter, bei gleichem Dienstalter der dem Lebensalter nach Jüngere für die Entscheidung der Sache aus.

(6) Soweit die Entscheidung über die Sache, die an den Großen Senat verwiesen ist, eine mündliche Verhandlung erfordert, findet diese vor dem Großen Senat statt."

§ 9

Ausführungsvorschrift zu § 51 des Gesetzes
(Gebühren der Rechtsanwälte und Notare)

1. § 59 der Ersten Durchführungsverordnung erhält folgende Fassung:

„§ 59

Gebühren der Rechtsanwälte

(1) Im Verfahren vor den Anerbenbehörden finden die für bürgerliche Rechtsstreitigkeiten geltenden Vorschriften der deutschen Gebührenordnung für Rechtsanwälte mit der Maßgabe sinngemäß Anwendung, daß als volle Gebühr im Sinne jener Gebührenordnung die Gebühr des § 50 dieser Verordnung anzusehen ist.

(2) Die Vorschriften des § 53 Abs. 2, § 55 dieser Verordnung finden entsprechende Anwendung."

2. § 10 der Zweiten Durchführungsverordnung erhält die folgenden neuen Absätze:

„(3) Für den Antrag sowie für die Erledigung von Beanstandungen des Antrags kann der Notar keine Gebühren fordern. Ist es notwendig, mit einem Antrag einen das Sach- und Rechtsverhältnis entwickelnden Vortrag zu verbinden, und wird dessen Einreichung von der Partei verlangt, so erhält der Notar fünf Zehnteile der im § 50 der Ersten Durchführungsverordnung bezeichneten vollen Gebühr. Unter Anträgen im Sinne dieses Absatzes sind auch Beschwerden zu verstehen.

(4) Ist der Notar, der das Rechtsgeschäft beurkundet oder beglaubigt hat, zugleich Rechtsanwalt, so kann er als Rechtsanwalt Gebühren nur dann fordern, wenn er in dem Verfahren als Rechtsanwalt kraft besonderen Auftrags tätig ist; auch in diesem Falle steht ihm für das Verfahren die Prozeßgebühr nicht zu."

§ 10

Ausführungsvorschrift zu § 53 des Gesetzes (Gemeinschaftliches Grundbuchblatt)

(1) Über die zum Erbhof gehörenden Grundstücke kann, solange hiervon Verwirrung nicht zu besorgen ist, ein gemeinschaftliches Grundbuchblatt auch dann geführt werden, wenn die Grundstücke im Bezirk verschiedener Grundbuchämter desselben Landes gelegen sind. Zuständig ist das Grundbuchamt, in dessen Bezirk sich die Hofstelle befindet.

(2) Besteht Streit oder Ungewißheit darüber, welches von mehreren Grundbuchämtern örtlich zuständig ist, so wird das zuständige Grundbuchamt durch das gemeinschaftliche obere Gericht und, falls dieses das Reichsgericht ist, durch dasjenige Oberlandesgericht bestimmt, zu dessen Bezirk das zuerst mit der Sache befaßte Grundbuchamt gehört.

§ 11

Ausführungsvorschrift zu § 53 des Gesetzes (Einsicht des Grundbuchs)

(1) Dem Reichsbauernführer, den Landesbauernführern, den Kreisbauernführern und den von diesen Beauftragten ist die Einsicht des Grundbuchs in Wahrnehmung der ihnen durch das Reichserbhofgesetz und dessen Durchführungsverordnungen übertragenen Aufgaben ohne Darlegung eines berechtigten Interesses gestattet.

(2) Die Einsicht erstreckt sich auf die Grundakten, auch soweit es sich nicht um die im § 11 Abs. 1 Satz 2 der Grundbuchordnung bezeichneten Urkunden handelt.

(3) Soweit die Einsicht gestattet ist, kann eine Abschrift gefordert werden. Die Abschrift ist auf Verlangen zu beglaubigen.

(4) Eine Gebühr wird für die Einsicht nicht erhoben.

§ 12

Ausführungsvorschrift zu § 55 des Gesetzes (Grundstückszubehörsteuer)

§ 24 der Zweiten Durchführungsverordnung erhält folgenden Zusatz:

„Die Befreiung von der Grundstückszubehörsteuer gilt auch in den Fällen des § 67 Abs. 1, 3 der Ersten Durchführungsverordnung."

§ 13

Inkrafttreten

Diese Verordnung tritt mit Wirkung vom 1. Oktober 1933 ab, hinsichtlich der §§ 3, 5, 8 bis 11 jedoch erst mit dem Tage der Verkündung in Kraft.

4. Führung der Erbhöferolle. Allgemeine Verfügung des Reichsministers der Justiz vom 27. Februar 1934 (I f 579) — Deutsche Justiz S. 270 —.

Um eine einheitliche Handhabung der Bestimmungen über Führung der Erbhöferolle sicherzustellen (§ 52 des Reichserbhofgesetzes vom 29. September 1933, RGBl. I S. 685, und §§ 27 ff. der Ersten Durchführungsverordnung zum Reichserbhofgesetz vom 19. Oktober 1933, RGBl. I S. 749), wird folgendes angeordnet:

§ 1

Äußere Einrichtung der Erbhöferolle

(1) Die Erbhöferolle ist in der Form des gebundenen Buches für jede Gemeinde besonders anzulegen. Die Rolle kann aus mehreren Bänden bestehen. Die Bände einer Gemeinde erhalten fortlaufende Nummern.

(2) Vor jeden Band ist ein Titelblatt einzuheften, dessen Inhalt sich aus Anlage 1 dieser Verfügung ergibt. Der Vordruck für die Erbhöferolle erhält die aus Anlage 2 dieser Verfügung hervorgehende Einteilung. Für die Rolle sollen in allen Ländern nach Möglichkeit Blätter von gleicher Größe und Stärke verwendet werden. Druckmuster für das Titelblatt und die Blätter der Erbhöferolle werden den Landesjustizverwaltungen alsbald zugehen.

§ 2

Eintragungen in die Erbhöferolle

(1) In der Erbhöferolle sind die Grundstücke des Erbhofs, soweit sie im Grundbuch als selbständige Grundstücke eingetragen sind, einzeln aufzuführen.

(2) Gehört gemäß § 2 der Zweiten Durchführungsverordnung zum Reichserbhofgesetz der Anteil an einem Grundstück zum Erbhof, so ist er unter selbständiger laufender Nummer einzutragen. Die Größe des Anteils ist in Spalte 2 zu vermerken.

§ 3

Eintragung laufender Veränderungen

(1) Das Grundbuchamt hat, über den § 33 der Ersten Durchführungsverordnung zum Reichserbhofgesetz hinaus, dem Anerbengericht Nachricht zu geben, wenn im Bestandsverzeichnis des Grundbuchs Veränderungen vorgenommen werden, die für die Erbhöferolle von Bedeutung sind (z. B. Änderung des Grundbuchblatts, der Bezeichnung oder der Angabe der Wirtschaftsart des Grundstücks).

(2) Das Anerbengericht hat die Bestandsangaben (Spalten 2—8 der Erbhöferolle) auf Grund der von den Grundbuchämtern eingehenden Nachrichten über Veränderungen im Bestandsverzeichnis des Grundbuchs zu berichtigen.

(3) Die Berichtigung erfolgt in der Weise, daß die neue Angabe gegebe-

nenfalls unter oder über der rot zu unterstreichenden bisherigen Angabe in der dafür bestimmten Spalte eingetragen und die Berichtigung in Spalte 11 vermerkt wird.

(4) Sind im Grundbuch Grundstücke vereinigt oder ist ein Grundstück einem anderen als Bestandteil zugeschrieben worden, so sind die sich auf die beteiligten Grundstücke beziehenden Eintragungen der Erbhöferolle in den Spalten 1—8 rot zu unterstreichen. Das neue Grundstück ist unter einer neuen laufenden Nummer einzutragen. Neben dieser Nummer ist in Spalte 1 a auf die bisherigen laufenden Nummern der beteiligten Grundstücke zu verweisen. Die Veränderung ist in Spalte 11 zu vermerken.

(5) Sind im Grundbuch bisherige Grundstücksteile als selbständige Grundstücke eingetragen worden, so sind die sich auf das bisherige Grundstück beziehenden Eintragungen der Erbhöferolle in den Spalten 1—8 rot zu unterstreichen. Die neuen Grundstücke sind unter neuen laufenden Nummern einzutragen. Neben den Nummern ist in Spalte 1 a auf die laufende Nummer des bisherigen Grundstücks zu verweisen. Die Veränderung ist in Spalte 11 zu vermerken.

§ 4
Löschungen

(1) Soll ein Grundstück in der Erbhöferolle gelöscht werden, so ist ein entsprechender Vermerk in Spalte 10 zu machen. Die auf das bisherige Grundstück bezüglichen Eintragungen in den Spalten 1—9 und 11 sind rot zu unterstreichen.

(2) Soll ein Teil eines in der Erbhöferolle eingetragenen Grundstücks vom Erbhof abgetrennt werden, so ist ein entsprechender Vermerk in der Spalte 10 zu machen. Die auf das bisherige Grundstück bezüglichen Eintragungen in den Spalten 1—9 und 11 sind rot zu unterstreichen. Der verbleibende Restbestand ist unter neuer fortlaufender Nummer einzutragen.

§ 5
Schließung des Blattes der Erbhöferolle

(1) In den Fällen des § 28 Abs. 1 und Abs. 3 Satz 2 der Ersten Durchführungsverordnung zum Reichserbhofgesetz ist das Blatt der Erbhöferolle zu schließen.

(2) Dies geschieht durch:

a) Eintragung eines Schließungsvermerks in der Aufschrift; in dem Vermerk ist der Grund der Schließung anzugeben;

b) Rotdurchkreuzung sämtlicher Seiten des Blattes, soweit sie ausgefüllt sind.

§ 6
Benachrichtigung des Grundbuchamts

Von den ausgeführten Eintragungen, Veränderungen, Löschungen und der Schließung eines Blattes gibt das Anerbengericht dem Grundbuchamt, gegebenenfalls unter Beachtung des § 32 Abs. 3 der Ersten Durchführungsverordnung zum Reichserbhofgesetz Nachricht.

§ 7
Form der Eintragungen

Die Eintragungen sind deutlich und ohne Abkürzungen zu schreiben; in der Erbhöferolle darf nichts radiert oder sonst unleserlich gemacht werden. Die Verwendung von Stempeln ist unzulässig.

Anlage 1
(Erste Seite des Titelblatts)

Anerbengericht..

Erbhöferolle

für die Gemeinde..

Noch Anlage 1
(Zweite Seite des Titelblattes)

Verzeichnis der in diesem Band eingetragenen Erbhöfe

Gemeinde..............................

Name des Hofs	Erbe der Familie	Blatt-Nr. der Rolle	Name des Hofs	Erbe der Familie	Blatt-Nr. der Rolle

Anlage 2

Gemeinde: *Buchhain*

Erbhöferolle Blatt: *25*

Name des Erbhofs: *Niederhof*

im Erbe der Bauernfamilie: *Korn*

(auf dem Hof urkundlich seit: *1867*)

Art: *Abbaustelle*

Lfde. Nr.	Bisherige lfd. Nr.	Bezeichnung im Bestandsverzeichnis des Grundbuchs	Zum Hofe gehören: eingetragen im Grundbuch von	Bd.	Bl.	Lfde. Nr.	In einer Größe von ha	a	qm	Eintragung Zu lfd. Nr.		Löschung Zu lfd. Nr.		Bemerkungen
1	1a	2	3	4	5	5a	6	7	8	9		10		11
1		*Hofstelle, Abbaustelle Nr. 8*	*Buchhain*	*IV*	*87*	*3*	*4*	*3*	*16*	*1, 2, 3*	*eingetrag. am 26. 2. 1934*			
2		*Acker im Mittelfelde*	*Buchhain*	*IV*	*89*	*7*	*15*	*2*	—		*Richter Führer*			
3		*Waldwiese*	*Buchhain*	*IV*	*90*	*2*	*1*	*32*	*05*					

5. Statistische Angaben zum Reichserbhofgesetz. Rdschr. d. RJM. an die Landesjustizverwaltungen v. 4. 1. 1934 (I f 18). — Deutsche Justiz S. 45 —

Im Einvernehmen mit dem Herrn Reichsminister für Ernährung und Landwirtschaft bitte ich mir für jedes Kalenderjahr, das erste Mal für 1934, die folgenden statistischen Angaben über die Durchführung des REErbhG. zukommen zu lassen:

1. Zahl und Ergebnis der Verfahren zur Eintragung einer Besitzung in die Erbhöferolle (§ 52 des Ges., §§ 34 ff. der 1. DfVO.). Beim Verfahren zur Anlegung der Rolle bitte ich jede Besitzung als besonderes Verfahren zu zählen.
2. Zahl der Besitzungen, die auf Grund § 62 der 1. DfVO. eingetragen werden (Eigentum von Ehegatten).
3. Zahl der Besitzungen, die auf Grund § 5 der 2. DfVO. eingetragen werden (Zusammenrechnung des Eigentums von Ehegatten).
4. Zahl der Fälle, in denen das Anerbengericht auf Grund § 44 Abs. 3 der 1. DfVO. die Weiterleitung des Antrags auf Zulassung einer Besitzung von mehr als 125 Hektar ablehnt.
5. Zahl und Ergebnis der Übertragungsverfahren:
   a) gemäß § 15 Abs. 2 RErbhG.,
   b) gemäß § 15 Abs. 3 RErbhG.,
   c) gemäß § 13 Abs. 2 der 2. DfVO.
6. Zahl und Ergebnis der Anträge auf Zustimmung zur Auswahl des Anerben gemäß § 25 RErbhG. und des § 6 Abs. 1, § 7 der 2. DfVO., und zwar getrennt nach den einzelnen Fällen der vorgenannten Vorschriften.
7. Zahl und Ergebnis der Streitigkeiten gemäß § 32 des Gesetzes.
8. Zahl und Ergebnis der Anträge aus § 37 des Gesetzes nebst 1. DfVO. § 64, und zwar getrennt nach Veräußerung, Belastung, Verpachtung, Teilung usw.

6. Statistische Angaben zum Reichserbhofgesetz. Allgemeine Verfügung des Reichsministers der Justiz vom 12. 3. 1934 (I f 761) — Deutsche Justiz S. 340 —

Rdschr. vom 4. Jan. 1934 (Deutsche Justiz S. 45).

I.

Zwecks Feststellung der nach dem Rundschreiben vom 4. Januar 1934 zu ermittelnden Geschäftszahlen in Erbhofsachen ist bei jedem Anerbengericht eine Hilfsliste nach besonderem Muster zu führen. Die Hilfsliste ist nach Ablauf eines jeden Kalenderjahres abzuschließen. Auf Grund der so gewonnenen Ergebnisse stellt das Anerbengericht eine Geschäftsübersicht auf, die es bis zum 10. Januar eines jeden Jahres dem Landgericht übersendet. Die Landgerichte fertigen für ihren Bezirk aus diesen Übersichten eine Zusammenstellung, die sie in zwei Stücken bis zum 20. Januar dem Oberlandesgericht mitteilen. Dort werden die Zahlen für den ganzen Oberlandesgerichtsbezirk zusammengestellt und mit je einem Stück der von den Landgerichten eingereichten Zusammenstellungen bis zum Schluß des Monats Januar der Landesjustizverwaltung eingereicht. Gehört das Landgericht oder das Oberlandesgericht einem anderen Lande an als das Anerbengericht, so erfolgt die Übersendung an das für Verwaltungssachen zuständige Landgericht oder Oberlandesgericht des eigenen Landes, und wenn ein solches nicht bestimmt ist, unmittelbar an die Landesjustizverwaltung. Die Landesjustizverwaltungen bitte ich, mir die Zahlen für ihren Geschäftsbereich alljährlich bis zum 15. Februar zugehen zu lassen, und zwar das erstemal bis zum 15. Februar 1935.

Von den Vordrucken für

a) die Hilfsliste (Titelbogen) REG. Nr. 66,
b) Einlagebogen dazu, REG. Nr. 66 a,
c) die Geschäftsübersicht des Anerbengerichts, REG. Nr. 67,
d) die Zusammenstellung aus den Geschäftsübersichten der Anerbengerichte (für Landgericht und Oberlandesgericht), REG. Nr. 68

gehen den Landesjustizverwaltungen demnächst mehrere Stücke zu. Sie sind vom Strafgefängnis in Berlin-Tegel, Seidelstraße 39, hergestellt. Es empfiehlt sich, sie von dort, und zwar möglichst gesammelt nach dem Bedarf für jeden Oberlandesgerichtsbezirk, zu beziehen. Das Strafgefängnis nimmt auch Bestellungen der nichtpreußischen Justizbehörden entgegen.

II.

Über jeden in die Erbhöferolle eingetragenen Erbhof ist ferner sogleich nach der Eintragung von der Geschäftsstelle des Anerbengerichts eine Zählkarte anzufertigen. Die Zählkarten sind für jeden Kalendermonat zu sammeln und bis zum 5. des darauf folgenden Monats dem Statistischen Amt des Landes*) zu übersenden. Die Vordrucke für die Zählkarten, deren Muster den Landesjustizverwaltungen gleichfalls von hier aus übersandt werden, können gleichfalls vom Strafgefängnis in Berlin-Tegel bezogen werden (Vordruck REG. Nr. 69, Zählkarte für Erbhöfe).

7. Eintragung und Löschung des Erbhofvermerks im Grundbuch. Allg. Verf. des RJM. v. 3. 4. 1934 (I f 988) — Deutsche Justiz S. 434 —

Um eine einheitliche Anwendung des § 32 der Ersten Durchführungsverordnung zum Reichserbhofgesetz vom 19. Oktober 1933 (RGBl. I S. 749) sicherzustellen, wird folgendes angeordnet:

§ 1

(1) Der Erbhofvermerk ist in der Aufschrift (Titelseite) des Grundbuchblatts einzutragen.

(2) In den Ländern, deren Grundbuchblätter eine besondere Titelseite nicht aufweisen, ist der Vermerk im Kopf oder am oberen Rande der ersten

*) Für Preußen: Preußisches Statistisches Landesamt in Berlin SW. 68, Lindenstr. 28.

Seite des Blattes einzutragen. In diesem Falle ist auf jeder Seite des zu dem Blatt gehörenden Grundstücksverzeichnisses am oberen Rande auf den Erbhofvermerk hinzuweisen.

(3) Der Erbhofvermerk lautet:

„Erbhof.

Eingetragen in der Erbhöferolle von .... Bl. ....; auf Ersuchen des Anerbengerichts in ..... vom ..... hier vermerkt am ....“

(4) Der Vermerk ist von den nach Landesrecht für die Unterzeichnung von Grundbucheintragungen zuständigen Beamten zu unterzeichnen.

§ 2

(1) Fällt die Erbhofeigenschaft aller auf einem Blatt eingetragenen Grundstücke weg, so ist unter oder neben der bisherigen Eintragung folgender Löschungsvermerk einzutragen:

„Auf Ersuchen des Anerbengerichts in .... vom .... ist der Erbhofvermerk gelöscht am ....“ (Unterschrift.)

(2) Gleichzeitig sind der Erbhofvermerk und der in § 1 Abs. 2 Satz 2 erwähnte Hinweis mit roter Tinte zu unterstreichen. In den Ländern, wo diese Art der Löschung von Grundbucheintragungen nicht eingeführt ist, werden der Erbhofvermerk und der Hinweis mit roter Tinte durchkreuzt.

(3) Scheiden nur einzelne Grundstücke aus dem Erbhofverband aus, so besteht die Löschung darin, daß diese Grundstücke auf ein anderes Blatt übertragen werden.

§ 3

Der Umstand, daß der Eigentümer noch nicht im Grundbuch eingetragen ist (etwa weil sich Eigentumsveränderungen von Todes wegen oder durch Ehevertrag außerhalb des Grundbuchs vollzogen haben), steht der Eintragung oder Löschung des Erbhofvermerks nicht entgegen.

8. Geschäftsgang des Reichserbhofgerichts. Anweisung d. RM. f. Ernährung u. Landwirtsch. u. d. RM. d. Justiz v. 2. 5. 1934. (RMin. f. E. u. L. Nr. E. IV. 2. 1414, RJM. I f 1139) — Deutsche Justiz S. 594 —

Auf Grund des § 6 Abs. 10 der Ersten Durchführungsverordnung zum Reichserbhofgesetz in der Fassung des § 8 der Dritten Durchführungsverordnung vom 27. April 1934 (Reichsgesetzbl. I S. 349) wird folgendes angeordnet:

§ 1

Senate

(1) Bei dem Reichserbhofgericht bestehen bis auf andere Anordnung drei Senate.

(2) Jedes beamtete Mitglied des Gerichts muß mindestens einem Senat als ständiges Mitglied angehören.

§ 2
Präsident und Vizepräsident

(1) Der Präsident leitet und beaufsichtigt den gesamten Geschäftsgang. Ihm steht die Verfügung in allen Verwaltungsangelegenheiten zu.

(2) Ständiger Vertreter des Präsidenten hinsichtlich der ihm nach Abs. 1 obliegenden Dienstgeschäfte ist der Vizepräsident, im Falle von dessen Verhinderung ein vom Präsidenten mit der Wahrnehmung der Geschäfte beauftragtes beamtetes Mitglied des Gerichts.

(3) Der Vizepräsident ist berechtigt, laufende Verwaltungsgeschäfte einem beamteten Mitglied des Reichserbhofgerichts zu übertragen.

§ 3
Sitzungen. Berichterstatter.

(1) Die Sitzungen der Senate finden nach Bedarf statt. Der Vorsitzende kann auch, wenn es ihm zweckmäßig erscheint, die Tage im Monat bestimmen, an denen regelmäßig Sitzungen des Senats stattfinden.

(2) Der Vorsitzende kann zur Vorbereitung der Verhandlung und Beratung einen Berichterstatter ernennen. Die Beratung beginnt mit dem Vortrag und Vorschlag des Berichterstatters.

§ 4
Form der Erlasse

(1) Das Gericht erläßt alle Beschlüsse, Verfügungen, Berichte, Ersuchen usw. unter dem Namen „Das Reichserbhofgericht." Gehen diese von einem Senat oder vom Großen Senat aus, so ist ein entsprechender Zusatz beizufügen: „Das Reichserbhofgericht. Erster Senat", „Das Reichserbhofgericht. Der Große Senat".

(2) Die Entscheidungen (§ 21 der 1. Durchführungsverordnung) gehen „Im Namen des deutschen Volkes". Die Beschlußformel schließt mit den Worten „Von Rechts wegen". Auf die Beschlußformel folgen die Gründe.

§ 5
Entscheidungsgründe

(1) Die Gründe sind in bündiger Kürze, unter strenger Beschränkung auf den Gegenstand der Entscheidung und tunlichster Vermeidung von Fremdworten und nicht allgemein üblichen Ausdrücken, abzufassen.

(2) Sind die Gründe nicht bereits bei Erledigung der Sache schriftlich festgelegt, so liegt ihre Abfassung dem Berichterstatter, und wenn ein solcher nicht bestellt oder ausgeschieden oder verhindert ist, einem vom Vorsitzenden damit zu beauftragenden anderen beamteten Mitglied ob. Den Entwurf hat zunächst der Vorsitzende zu prüfen oder durch ein von ihm zu beauftragendes anderes beamtetes Mitglied prüfen zu lassen. Werden hierbei oder von einem sonstigen beamteten Mitglied Bedenken gegen die Fassung des Entwurfs erhoben und diese nicht von dem Verfasser durch Änderung des Entwurfs beseitigt, so werden die Entscheidungsgründe durch Beschluß der beamteten Mitglieder, die bei der Entscheidung mitgewirkt haben, festgestellt.

§ 6
Siegel

(1) Das Reichserbhofgericht führt zwei Siegel:
1. das große Reichssiegel; dieses wird nur bei förmlichen Ausfertigungen, insbesondere der Beschlüsse, gebraucht;

2. das kleine Reichssiegel mit der Umschrift: „Deutsches Reich. Reichserbhofgericht".

(2) Die Geschäftsstelle bedient sich eines Siegels, welches das Wappen des Deutschen Reiches mit der Umschrift: „Deutsches Reich. Geschäftsstelle des Reichserbhofgerichts" enthält.

§ 7

Geschäftsstelle

(1) Über die Einrichtung der Geschäftsstelle beim Reichserbhofgericht ergehen besondere Vorschriften. Diese regeln auch die Einrichtung der Akten, Geschäftsbücher und Register.

(2) Die Urschriften der Beschlüsse sowie etwaige Gutachten der Berichterstatter werden beim Reichserbhofgericht zurückbehalten und von der Geschäftsstelle gesammelt aufbewahrt. Die Gutachten sind der Einsichtnahme durch Parteien oder Dritte entzogen.

§ 8

Sammlung der Entscheidungen.

(1) Die Geschäftsstelle führt eine Sammlung der Entscheidungen über zweifelhafte und wichtige sachlich-rechtliche oder verfahrensrechtliche Fragen. In die Sammlung sind alle Entscheidungen des Großen Senats sowie diejenigen Entscheidungen der Senate einzutragen, deren Eintragung die beamteten Mitglieder des Senats beschließen. Die wörtliche Fassung des Eintrags und die Angabe der Gesetzesbestimmung, auf die sich die Entscheidung bezieht, liegt dem Berichterstatter ob.

(2) Die Sammlung ist nach Bestimmung des Präsidenten in Buchform oder in Form von Kartenblättern anzulegen und nach Gesetzen sowie innerhalb dieser, nach Gesetzesparagraphen zu ordnen.

(3) Veröffentlichte Entscheidungen sind als solche kenntlich zu machen.

§ 9

Kosten- und Kassenwesen

Die Einziehung und Verrechnung der für die Geschäfte des Reichserbhofgerichts in Ansatz kommenden Kosten richtet sich nach der entsprechenden Dienstanweisung für das Reichsgericht vom 31. März 1922 (Zentralblatt für das Deutsche Reich S. 155) mit der Maßgabe, daß an die Stelle der Kasse des Reichsgerichts die Zahlstelle des Reichserbhofgerichts tritt.

§ 10

Geschäftsjahr

Das Geschäftsjahr des Reichserbhofgerichts ist das Kalenderjahr.

9. Bearbeitung der Anträge auf Zulassung einer Besitzung von mehr als 125 ha als Erbhof gemäß § 5 des Reichserbhofgesetzes. AV. d. RJM. v. 8. 5. 1934 (I f 1317). — Deutsche Justiz S. 628 —

Nach § 5 des Reichserbhofgesetzes kann der Reichsminister für Ernährung und Landwirtschaft eine über 125 ha große Besitzung aus besonderen Gründen als Erbhof zulassen. Hierzu schreibt § 44 der Ersten Durchführungsverordnung vor, daß der Eigentümer den Zulassungsantrag beim Anerbengericht einzureichen, und daß das Anerbengericht den Antrag nach Vorprüfung mit seiner gutachtlichen Stellungnahme an den Kreisbauernführer weiterzugeben hat. Der Reichsminister für Ernährung und Landwirtschaft hat unter dem 1. Mai 1934 den Landes- und Kreisbauernführern Richtlinien zugehen lassen, nach denen sie diese Anträge bearbeiten sollen. Diese Richtlinien gebe ich nachstehend bekannt mit dem Ersuchen, daß auch die Anerbengerichte sie bei Bearbeitung der Anträge beachten.

Richtlinien des Reichsministers für Ernährung und Landwirtschaft für die Landes- und Kreisbauernführer vom 1. Mai 1934 für die Bearbeitung der Anträge auf Zulassung einer Besitzung von mehr als 125 ha als Erbhof gemäß § 5 des Reichserbhofgesetzes.

Über den Zulassungsantrag kann nur nach genauester Prüfung aller in Betracht zu ziehenden Umstände entschieden werden.

Es müssen daher von mir an Hand des Antrages und der beigefügten Anlagen nebst der Stellungnahme der zuständigen Stellen die gesamten für die Entscheidung bedeutsamen Umstände geprüft werden können.

I.

In jedem Falle sind dem Antrag ein vollständiger Grundbuchauszug in beglaubigter Form und ein Lageplan der Gebäude und Ländereien (z. B. Meßtischblatt) beizufügen.

Ferner muß vom Antragsteller u. a. angegeben und nachgewiesen sowie von den übrigen Stellen an Hand geeigneter Unterlagen nachgeprüft werden:

1. die genaue grundbuchliche Bezeichnung der Grundstücke, die als zum Erbhof gehörig zugelassen werden sollen,
2. ob das Grundbuch mit den derzeitigen tatsächlichen und wirtschaftlichen Zuständen übereinstimmt, ob insbesondere abverkaufte Grundstücke im Grundbuch noch nicht umgeschrieben sind,
3. die Lage und Wirtschaftsart der Grundstücke im einzelnen, u. a. gesondert die nähere Bezeichnung und Größe der Gärten, Äcker, Wiesen, Weiden, des Waldes, Wassers und Öd-Unlandes,
4. die genauen Eigentumsverhältnisse hinsichtlich der Besitzung, (anzugeben ist insbesondere auch, ob es sich um ein Renten-, Ansiedlungs-, Fideikommiß-, Erbpacht-, Wald- oder Deichgut usw. handelt),
5. eine nähere Bezeichnung und Darstellung der Grundstücke der Besitzung, die nicht (als zum Erbhof gehörig) zugelassen werden sollen, unter Angabe der Gründe (z. B. zwecks Verkaufs, Absiedlung, Umschreibung im Grundbuch usw.),
   — diese Grundstücke sind in dem beigefügten Grundbuchauszug und auf dem Lageplan durch besondere Umrandung kenntlich zu machen, —
6. ob und welche Grundstücke mit dinglichen Nutzungsrechten Dritter belastet sind (mit welchen?),

7. ob, in welchem Umfange, seit wann und zu welchen Bedingungen Grundstücke verpachtet sind bzw. verpachtet waren (für welchen Zeitraum, für welchen Pachtzins?),
8. a) ob und welche Vorwerke vorhanden sind (welcher Art?),
   b) ob und welche Grundstücke vom Vorwerk aus bewirtschaftet werden (von welchem und in welchem Umfange?),
   c) für welche Grundstücke insbesondere Vorwerke notwendig sind vgl § 3 Abs. 2 des REG.),
9. die Zahl der in dem Betriebe beschäftigten Personen,
10. ob und welche Nebenbetriebe (Molkerei, Käserei, Brennerei, Brauerei usw.) vorhanden sind, deren Umfang, jährlicher Umsatz, Gewinn, Zahl der in diesem Betriebe beschäftigten Personen,
11. der letzte steuerliche Einheitswert der Besitzung (falls Teile des Betriebes gesondert eingeschätzt sind, diese Werte auch getrennt) unter Angabe des Bewertungsjahres,
12. ob und welche Grundstücke angepachtet sind (Lage, Größe, Höhe des Pachtzinses usw.),
13. ob und welche weiteren Grundstücke dem Eigentümer der Besitzung, dessen Ehegatten und Abkömmlingen im In- oder Auslande gehören (grundbuchliche Bezeichnung, Lage, Wirtschaftsart, Wert, Höhe der Belastung usw.).

II.

Der Zulassungsantrag hat ebenso wie die Stellungnahme der zuständigen Stellen eine Äußerung zu allen für den Eigentümer in Anspruch genommenen Punkten des § 5 Abs. 2 und 3 des REG. zu enthalten.
— Das Vorliegen einer bzw. mehrerer Voraussetzungen des § 5 des REG. ist je nach den Umständen durch geeignete Unterlagen darzutun (z. B. bei § 5 Abs. 2 Nr. 4 des REG. durch eine genaue Beschreibung der Werte unter Angabe des jetzigen Wertes, gegebenenfalls unter Beifügung von Abbildungen). —

III.

Es ist festzustellen:
ob der Eigentümer bereit ist,
Grundstücke, bejahendenfalls welche,
zu Siedlungs- oder ähnlichen Zwecken,
insbesondere zum Zwecke der Schuldentilgung,
in welchem Umfange und zu welchen Bedingungen
zur Verfügung zu stellen;
— grundbuchliche Bezeichnung, Größe, Wert, Lage, Wirtschaftsart, Belastungen usw. dieser Grundstücke ist anzugeben. Die Grundstücke sind auf dem beizufügenden Kartenblatt rot zu umranden.

IV.

Darzulegen ist ferner unter Beifügung geeigneter Unterlagen:
1. auf welche Art und Weise das Besitztum in seinem jetzigen Umfange entstanden ist, und zwar vom Jahre 1800 ab,
ob z. B. durch Erbgang (wann, von wem usw.?), ob durch Hinzukauf (wann, von wem, zu welchem Preis? usw.),

2. seit wann es im Eigentum des jetzigen Eigentümers steht, durch welchen Rechtsvorgang und unter welchen Bedingungen es von diesem erworben worden ist (ob z. B. durch Kauf, Erbgang usw.),
3. das Vermögen des Eigentümers, seines Ehegatten und seiner Abkömmlinge unter genauer Angabe der Vermögenswerte und Schulden,
   bei größeren Posten sind die Anschriften der Gläubiger und Schuldner und der Zeitpunkt der Entstehung der Verbindlichkeiten anzugeben, Bürgschaften sind selbst dann aufzuführen, wenn eine Inanspruchnahme unwahrscheinlich ist.
   Gefälligkeitsakzepte usw. sind selbstverständlich mit unter Schulden, Pensionen, Renten, Lebensversicherungen, Beteiligungen an Gesellschaften usw. unter Vermögenswerte aufzuführen,
4. die Gründe einer Verschuldung des Eigentümers, seines Ehegatten und der Abkömmlinge,
5. a) ob und wann für das Besitztum, dessen Zulassung als Erbhof nachgesucht wird bzw. für andere landwirtschaftliche Betriebe des Eigentümers, seines Ehegatten oder seiner Abkömmlinge ein Entschuldungsverfahren beantragt oder abgelehnt ist oder zur Zeit schwebt,
   (Schuldenregelungsverfahren, landwirtschaftliches Vermittlungsverfahren, Osthilfeentschuldungsverfahren usw.),
   b) ob gegen den Eigentümer, dessen Ehegatten oder Abkömmlinge ein Zwangsversteigerungs- oder Zwangsverwaltungsverfahren schwebt oder geschwebt hat (wann?),
   c) ob gegen den Eigentümer, dessen Ehegatten oder Abkömmlinge ein sonstiges Zwangsvollstreckungsverfahren schwebt oder geschwebt hat
   (allgemeines Vollstreckungsverfahren, Offenbarungseidsverfahren, Konkursverfahren, Vergleichsverfahren usw.),
   zu 5 a bis c:
   Die mit den in Frage kommenden Verfahren befaßten Stellen (Amtsgerichte, Landstellen, Entschuldungsstellen usw.) und die Aktenzeichen der betreffenden Verfahren sind anzugeben;
6. der Stand bzw. der Ausgang sämtlicher in Frage kommenden Verfahren (5 a bis c),
7. ob und welcher Privatvergleich (Akkord) vom Antragsteller, von dessen Ehegatten oder Abkömmlingen getätigt worden ist.

V.

Die Bauernfähigkeit des Eigentümers ist im einzelnen darzulegen und einer besonders eingehenden Prüfung zu unterziehen.

An Hand genauer Unterlagen, Auskünfte usw. ist vor allem anzugeben und festzustellen:

1. die genaue Anschrift, der Beruf, Familienstand, das Geburtsdatum und der Geburtsort des Eigentümers, seines Ehegatten und seiner Abkömmlinge,
2. a) die deutsche Staatsangehörigkeit des Eigentümers,
   b) die arische Abstammung des Eigentümers und seines Ehegatten,

die Abstammung ist bis auf die Vorfahren, die am 1. Januar 1800 gelebt haben, urkundlich zu belegen; die Urkunden sind beizufügen,

3. die Ehrbarkeit des Eigentümers und seines Ehegatten,
4. die Grundsätze, nach denen das Besitztum bewirtschaftet wird, u. a. in welchen Händen die Betriebsleitung liegt (des Eigentümers, eines Verwalters usw.); ob und welcher Landberatungsstelle der Betrieb angeschlossen ist usw.,
5. wo sich der dauernde Wohnsitz des Eigentümers der Besitzung befindet,
6. die nach der gesetzlichen Anerbenordnung beim nächsten Erbfall in Frage kommenden Anerben nach Anschrift, Familienstand, Alter, Beruf und vor allem deren Bauernfähigkeit.

VI.

Die Angaben sind vom Antragsteller auf einem dem Antragsformulare beizufügenden Einlagebogen unter genauer Unterteilung wie vorstehend unter I bis V niederzulegen.

Ihre Richtigkeit ist vom Antragsteller an Eidesstatt zu versichern (§ 44 Abs. 2 der 1. DVO. zum RErbhG., § 156 StGB.).

Die Angaben müssen daher in jedem Falle dem Anerbengericht gegenüber eingereicht werden.

VII.

Diese Richtlinien sollen keineswegs eine erschöpfende Darstellung der nachzuprüfenden Umstände sein.

Es ist vielmehr den zuständigen Stellen anheimgestellt, von sich aus gegebenenfalls weitere Ermittlungen anzustellen.

10. Verordnung über die Entschädigung der Schöffen, Geschworenen und Vertrauenspersonen

vom 18. März 1924, 22. Dezember 1925, 27. September 1929 und 5. Dezember 1931.
(RGBl. I 1924 S. 282, 1925 S. 476, 1929 S. 150, 1931 S. 696.)

§ 1

Schöffen, Geschworene und Vertrauenspersonen des zur Auswahl der Schöffen und Geschworenen berufenen Ausschusses erhalten als Entschädigung für den ihnen durch ihre Dienstleistung entstehenden Verdienstausfall für jede angefangene Stunde der durch die Dienstleistung versäumten Arbeitszeit einen Betrag von 20 Reichspfennig bis zu 1,50 Reichsmark. Die Höhe der Entschädigung ist im Einzelfall unter Berücksichtigung der regelmäßigen Erwerbstätigkeit festzusetzen. Die Entschädigung ist für höchstens zehn Stunden für den Tag zu gewähren.

§ 2

Schöffen, Geschworene und Vertrauenspersonen erhalten außerdem
1. für jeden Tag der Dienstleistung ein Tagegeld,
2. für jedes durch die Dienstleistung notwendig gewordene Nachtquartier ein Übernachtungsgeld

nach den Sätzen, die ein Reichsbeamter der Stufe I (vgl. § 2 Abs. 2 der Reisekostenverordnung für die Reichsbeamten vom 14. Oktober 1921 — Reichsgesetzbl. S. 1345 —) für eine Dienstreise erhält. Ob das gewöhnliche Tage- und Übernachtungsgeld oder das für teure Orte zu zahlende zu gewähren ist, entscheidet sich nach dem Orte, an dem der Schöffe, Geschworene oder die Vertrauensperson die Dienste zu leisten hat.

Als Tag der Dienstleistung im Sinne des Abs. 1 gilt jeder Tag, an dem der Schöffe, der Geschworene oder die Vertrauensperson dienstlich am Sitzungsorte des Gerichts anwesend ist.

Ob überhaupt und in welcher Höhe Tage- und Übernachtungsgeld zu gewähren ist, bestimmt sich nach den gleichen Vorschriften wie bei Dienstreisen der Reichsbeamten *).

§ 3

Schöffen, Geschworene und Vertrauenspersonen erhalten als Fahrkosten

1. bei Wegestrecken, die auf Eisenbahnen, Schiffen, Kraftposten oder sonstigen regelmäßig fahrenden Verkehrsmitteln zurückgelegt sind oder hätten zurückgelegt werden können, die wirklich erwachsenen Auslagen einschließlich der Kosten für Beförderung des notwendigen Gepäcks, jedoch bei Eisenbahnen, Kleinbahnen oder Schiffen höchstens den Fahrpreis der Wagenklasse in Personenzügen oder der Schiffsklasse, für deren Benutzung ein Amtsrichter nach den am Sitze des Gerichts geltenden Vorschriften bei Dienstreisen entschädigt wird. Daneben können Zuschläge erstattet werden:
   für die Benutzung eines Eilzugs, wenn sie nach Lage der Verkehrsgelegenheiten, insbesondere zur Abkürzung der Gesamtdauer der Reise, zweckmäßig war;
   für die Benutzung eines Schnellzugs, wenn dadurch die Reise und die Abwesenheit vom Wohnort derart abgekürzt wurde, daß die Mehrkosten der Benutzung gegenüber den Kosten der Benutzung eines Eilzugs durch eine Minderausgabe an Entschädigung für Verdienstausfall, Aufwandsentschädigung und Übernachtungsgeldern ausgeglichen werden;
2. bei Wegestrecken, die nicht auf diese Art zurückgelegt werden können, für jedes angefangene Kilometer des Hin- und Rückwegs 10 Reichspfennig. Ist der Schöffe, der Geschworene oder die Vertrauensperson durch besondere Umstände genötigt, sich eines Fuhrwerkes zu bedienen, so sind die dadurch erwachsenen Unkosten in angemessenen Grenzen zu ersetzen; dies gilt auch dann, wenn ein eigenes Fuhrwerk benutzt worden ist.

§ 4

Die Fahrkosten werden auch für die Reise gewährt, die der Schöffe, der Geschworene oder die Vertrauensperson während der Tagung nach dem Wohnort und zurück macht. Sie dürfen jedoch die Höhe der Bezüge

*) Seit 1. April 1934 ist an Stelle der Reisekostenverordnung für die Reichsbeamten vom 14. Oktober 1921 das Gesetz vom 15. Dezember 1933 über die Reisekostenvergütung der Reichsbeamten, RGBl. 1933 I 1067 ff. getreten; vgl. Der deutsche Rechtspfleger 1934 S. 181 ff.

nicht übersteigen, die der Schöffe, der Geschworene oder die Vertrauensperson erhalten haben würde, wenn der Schöffe, der Geschworene oder die Vertrauensperson am Sitzungsorte geblieben wäre.

§ 5

Die Gesamtsumme der dem Schöffen, dem Geschworenen oder der Vertrauensperson zu gewährenden Entschädigung (§§ 1 bis 4) ist auf volle 5 Reichspfennig aufzurunden.

Verzeichnis der wesentlichen landesrechtlichen Ausführungsvorschriften.

I. Preußen.

1. Ausführungsgesetz zum RErbhG., vom 26. Oktober 1933 — GS. 384.

2. Anordnung des JM. über die Bildung gemeinschaftlicher Anerbengerichte, vom 18. November 1933 — GS. 414.

3. AV. des JM. über Führung der Erbhofbücher und des Buchs der alten Erbhöfe, vom 16. November 1933 — Deutsche Justiz 678.

4. AV. des JM. über Aufstellung der Gemeindeverzeichnisse in den Regierungsbezirken Aachen, Koblenz, Köln (ohne Wipperfürth), Trier, Wiesbaden (ohne Biedenkopf) und in den Kreisen Gelnhausen und Hanau, vom 29. November 1933 — Deutsche Justiz 735.

5. AV. des JM. über Anlegung der Erbhöferolle, vom 29. November 1933 — Deutsche Justiz 734.

6. Erl. des M. d. Inn.:

a) über die Verzeichnisse der unter das RErbhG. fallenden Besitzungen, vom 21. Dez. 1933 — MBl. der inneren Verwaltung 1489,

b) über die Ergänzungsverzeichnisse usw., vom 21. Dez. 1933 — MBl. der inneren Verwaltung 1491,

c) über die Verzeichnisse der Besitzungen von über 125 ha, vom 21. Dez. 1933 — MBl. der inneren Verwaltung 1492.

7. AV. des JM. über Mithilfe der Katasterämter bei Anlegung der Erbhöferolle, vom 9. Januar 1934 — Deutsche Justiz 46.

8. AV. des JM. über vorl. Anordnungen für die geschäftliche Behandlung der Erbhofsachen, vom 12. Januar 1934 — Deutsche Justiz 79.

9. Staatsverträge mit Anhalt (15./19. Januar 1934), Lippe (15./26. Januar 1934) und Schaumburg-Lippe (15./20. Januar 1934), Bek. vom 6. Februar 1934 — GS. 63 ff.

10. AV. des JM. über Verfahren der Gerichtsvollzieher bei Zwangsvollstreckungen gegen einen Bauern, vom 29. Januar 1934 — Deutsche Justiz 144.

11. AV. des JM. über Niederschlagung der Auslagen aus Anlaß der Vereinigung der zu einem Erbhof gehörigen Grundstücke, vom 31. Januar 1934 — Deutsche Justiz 146.

12. AV. des JM. über Beschleunigung anerbengerichtlicher Genehmigungsverfahren in Siedelungssachen — Deutsche Justiz 632.

II. Bayern.

1. V. zum Vollzug des RErbhG., vom 19. Oktober 1933 — JMBl. 75 [1]).

2. Bek. über die Geschäftsordnung für die Geschäftsstellen der Anerben- und Erbhofgerichte, vom 28. Oktober 1933 — JMBl. 80.

3. Entschl. über die Anlegung der Erbhöferolle, vom 28. Oktober 1933 — JMBl. 96.

4. Entschl. über den Vollzug des RErbhG., vom 7. November 1933 — JMBl. 98 [2]).

---

1) Gerichte, Verfahren.

2) An die Notariate.

5. JME. über die Ernennung der Anerbenrichter, vom 22. November 1933 — StAnz. Nr. 272.

6. Bek. zum Vollzug des RErbhG., vom 28. November 1933 — StAnz. Nr. 278[3]).

7. JME. über den Vollzug des RErbhG., vom 30. November 1933 — StAnz. Nr. 280[4]).

8. Entschl. über den Vollzug des RErbhG., vom 12. Dezember 1933 — StAnz. Nr. 289[5]).

9. Bek. zum Vollzug des RErbhG., vom 12. Dez. 1933 — StAnz. Nr. 289[6]).

10. Bek. zum Vollzug des RErbhG., vom 13. Dezember 1933 — JMBl. 112[7]).

11. Zweite V. zum Vollzug des RErbhG., vom 19. Dezember 1933 — JMBl. 1934 S. 2[8]).

12. Entschl. vom 29. Dezember 1933 — StAnz. Nr. 302[9]).

13. JME. über den Vollzug des RErbhG., vom 4. Januar 1934 — JMBl. 16[10]).

14. JME. vom 15. Januar 1934 — StAnz. Nr. 13[11]).

15. Bek. über den Vollzug des RErbhG., vom 20. März 1934 — JMBl. 71[12]).

16. Bek. über Führung der Erbhöferolle, vom 20. März 1934 — JMBl. 72[13]).

17. Bek. über den grundbuchamtlichen Vollzug des RErbhG., vom 18. April 1934 — JMBl. 106[14]).

18. Dritte V. zum Vollzug des RErbhG., vom 28. Mai 1934 — JMBl. 144[15]).

III. Sachsen.

1. AusfV. zum RErbhG., vom 23. Oktober 1933 — GBl. 185.

2. V. über Mitwirkung der Verwaltungsbehörden bei Anlegung der Erbhöferolle, vom 28. Oktober 1933 — VBl. 767.

3. V. über die Geschäftsführung der Anerbenbehörden, vom 10. Januar 1934 — JMBl. 6.

4. V. über das Verfahren der Gerichtsvollzieher bei Zwangsvollstreckung gegen einen Bauern, vom 15. Januar 1934 (20. April 1934) — JMBl. 8 (JMBl. 41).

---

[3]) Geschäftsverkehr der Notariate und Erbhämter.

[4]) Beschleunigte Behandlung der Anträge gemäß § 37 RErbhG. durch die Anerbengerichte.

[5]) Verzeichnisse B.

[6]) Mithilfe der Notariatsbeamten bei Fertigung der Höfeverzeichnisse.

[7]) Gerichtsvollzieher.

[8]) Anerbengerichtsbezirk Annweiler-Landau Pf.

[9]) Vollzug des § 5 der 2. DV.

[10]) Belastungsgenehmigung bei Ablösung von Amerikaanleihen.

[11]) Aushang der gerichtlichen Verzeichnisse.

[12]) Mitteilung von Entsch.-Abdrucken der Erbhofgerichte.

[13]) inhaltlich die AV. vom 27. Febr. 1934 — oben abgedruckt.

[14]) inhaltlich die AV. vom 3. April 1934 — oben abgedruckt.

[15]) Anerbengerichtsbezirk Bischofsheim-Neustadt a. d. Saale.

5. V. über die Aufhebung von Anerbengerichten, vom 25. Januar 1934 — GBl. 23.

IV. Württemberg.

1. V. des JM. über die Bildung der Anerbengerichte und des Erbhofgerichts, vom 27. November 1933 — RegBl. 421.

2. V. des JM. über die Dienstvorschriften für die Anerbenbehörden, vom 30. November 1933 — ABl. des WüJM. 189.

3. Zweite V. über die Bildung von Anerbengerichten, vom 30. Dezember 1933 — RegBl. 1934, 9.

V. Baden.

1. V. über die Bildung der Anerbengerichte und eines Erbhofgerichts, vom 21. Oktober 1933 — GuVBl. 228.

2. MinErl. über den Vollzug des RErbhG., vom 5. Dezember 1933 — JMBl. 145.

3. Geschäftsordnung für die Geschäftsstellen der Anerbenbehörden, vom 15. Dezember 1933 (25. April 1934) — JMBl. 145 (1934, 155).

4. Zweite V. über Bildung der Anerbengerichte usw., vom 27. April 1934 — GVBl. 175.

VI. Hessen.

1. MBek. zur Ausführung des RErbhG., vom 20. November 1933 — RegBl. 241.

2. Geschäftsordnung für die Geschäftsstellen der Anerbengerichte und des Erbhofgerichts, vom 12. Dezember 1933 — MinAbt. 1 c Justiz Nr. 5.

VII. Thüringen.

Erste allg. Verfügung des Thür. Justizministeriums zur Durchführung des RErbhG., vom 2. November 1933 — Amts- u. Nachr.Bl. f. Thür. S. 486.

VIII. Oldenburg.

1. Bek. des JustizMin. über die Anerbengerichte, vom 8. November 1933 — StAnz.

2. Bek. über Bildung eines gemeinschaftlichen Erbhofgerichts mit Bremen, vom 7. Februar 1934 — StAnz.

IX. Braunschweig.

VO. des Braunschw. Justizministeriums über die Bildung der Anerbenbehörden, vom 25. Oktober 1933 — GuVBl. S. 171.

X. Anhalt.

1. VO. des Anhalt. Staatsministeriums Abt. Allg. Staatsverw. u. Just. vom 4. Nov. 1933, über die Anerbengerichte — ABl. f. Anhalt S. 329.

2. Geschäftsordnung für die Geschäftsstellen der Anerbengerichte, vom 14. Dezember 1933 — I 5995.

XI. Hamburg.

1. VO. der LandesjustVerw. über Bildung der Anerbengerichte, vom 27. Oktober 1933 — GuVBl. S. 475.

2. Bek. des Sen. über Bestimmung der „unteren Verwaltungsbehörde" (1. DV. z. RErbhG.), vom 8. Nov. 1933 — GuVBl. S. 507.

3. VO. der LandesjustVerw. über Bildung des Erbhofgerichts, vom 8. Dezember 1933 — GuVBl. S. 541.

XII. Bremen.

VO. zur Ausf. des RErbhG., vom 14. Nov. 1933 — GBl. 407.

XIII. Lübeck.

1. V. zum Vollzug des RErbhG., vom 3. März 1934 — GuVBl. 53.

2. Bek. über die „untere Verwaltungsbehörde" (1. DV. z. RErbhG.), vom 2. Dez. 1933 — GuVBl. 55.

XIV. Mecklenburg.

a) Mecklenburg-Schwerin:

1. V. zur Ausführung des RErbhG., vom 11. Januar 1934 — RegBl. 15.

2. Bek. über geschäftliche Behandlung von Erbhofsachen, vom 11. März 1934 — RegBl. 89.

b) Mecklenburg-Strelitz:

1. V. zur Ausf. des RErbhG., vom 29. Dez. 1933 — Amtl. Anz. 475.

2. Bek. über die Vorsitzenden der Anerbengerichte usw., vom 29. Dez. 1933 — Amtl. Anz. 477.

XV. Lippe.

1. V. über Bildung der Anerbengerichte, vom 28. Oktober 1933 — GS. 191.

2. AG. zum RErbhG., vom 4. November 1933 — GS. 199.

3. AV. über Führung der Erbhofbücher und des Buchs der alten Erbhöfe, vom 17. April 1934 — GS. 261.

XVI. Schaumburg-Lippe.

1. AG. zum RErbhG., vom 5. November 1933 — LandesV. 405.

2. V. über Anlegung der Erbhöferolle, vom 6. November 1933 — LandesV. 407.

Sachübersicht

(Die Zahlen bedeuten die Seiten).

FSC
www.fsc.org
MIX
Papier | Fördert
gute Waldnutzung
FSC® C083411

Kolibri 360 GmbH
Ferdinand-Jühlke-Straße 7
99095 Erfurt, Deutschland
produktsicherheit@kolibri360.de